착! 붙는 일본어

상용한자
1026

저 **일본어 공부기술연구소**   감수 **황영아**

시사일본어사

　일본어는 한글과 문법 구조가 같아 다른 외국어에 비해 익히기 쉽습니다. 그리고 SNS와 커뮤니티 등의 이용으로 다양한 플랫폼 안에서 일본어를 쉽게 접할 수 있게 되었습니다. 이 영향으로 일본어 학습자들 중에는 청해나 회화 실력은 좋지만, 한자는 제대로 공부해 본 적이 없어 글을 읽지 못하는 모순된 상황이 펼쳐지기도 합니다. 본 교재는 한자 공부의 필요성을 느꼈던 학습자 분들에게 도움을 드릴 수 있는 교재입니다.

　우리나라와 일본은 같은 한자 문화권에 속하여 한자를 사용하지만, 일본은 문장 안에서 한자를 그대로 사용하는 데 비해, 우리나라는 문장 안에 직접 한자를 표기하지 않습니다. 또 우리는 한자의 음만 사용하여 나타내지만, 일본에서는 음과 훈을 모두 활용하며 다양하게 읽는 법이 있습니다. 일본어를 공부하는 학습자들이 이 부분에서 어려움을 느끼고 일본어를 포기하는 경향이 있습니다. 하지만 일본어 학습에서 한자는 빼놓을 수 없는 요소입니다.

　본 교재는 2020년 일본 문부과학성이 새롭게 개정한 학습지도요령에 따른 일본의 초등학교 상용한자를 수록하였습니다. 기존의 상용한자 1006자에서 일본 지명에 쓰이는 한자 20자가 추가된 1026자를 담았습니다. 1학년 한자부터 6학년까지 차근차근 알기 쉽고 알차게 학습할 수 있도록 제시하였고, 기초 한자 학습에 유용한 단어와 예문을 통해 한자의 쓰임을 알 수 있게 하였습니다. 그리고 한자 읽기 연습 문제를 통해 단어를 확실히 익힐 수 있도록 하였고, 부록으로 쓰기 노트를 제공하여 직접 한자를 따라 쓰며 공부할 수 있도록 하였습니다. 또한, JLPT 일본어능력시험 유형이 담긴 문제도 수록하여 자격증 시험에 대비해 도움이 될 수 있는 내용을 실었습니다. 쉬운 한자부터 한 단계씩 난이도를 높이며 학습하다 보면 어느새 6학년까지 1026자를 마스터하게 되는 날이 올 것입니다.

　지금까지 한자 때문에 일본어 공부를 어려워했다면, 이제는 마음을 다잡고 한자에 집중해 봅시다. 그러다 보면 한자에 자신감이 생기고 재미를 느껴 일본어 실력이 쑥쑥 성장할 수 있습니다. 한자 공부를 통해 일본어 실력이 느는 즐거움도 느끼고, 일본어와 관련해 목표하는 바를 꼭 이루시기 바랍니다.

목차

제1장 일본 초등학교 1학년 한자 80자

제2장 일본 초등학교 2학년 한자 160자

제3장 일본 초등학교 3학년 한자 200자

이 책의 **구성과 특징**

일본어에서 가장 기초가 되는 초등학교 상용한자 1026자를 학습하기 가장 편한 구성으로 정리하여 학습의 효율을 높였습니다. 또한 꼭 필요한 내용을 제대로 익힐 수 있도록 하는 데 집중하였습니다. 여러분의 일본어 한자 학습에 큰 도움이 될 것을 확신합니다.

1. 내용 구성 새로운 글자를 알아보고 학습하며, 익힌 한자를 확인하고 시험에도 대비하는 알찬 구성으로 마련하였습니다.

• 실력 체크

각 장에서 익힐 한자들을 한데 모아 한눈에 알아볼 수 있도록 정리했습니다. 본격적인 본문 학습을 시작하기 전에 나의 한자 실력을 체크해 볼 수 있습니다.

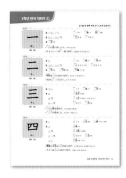

• 한자 익히기

숫자 1, 2, 3, 4나 상, 하, 좌, 우처럼 주제별로 묶어서 외울 수 있는 한자는 함께 제시했습니다. 주제별로 묶을 수 없는 한자는 가나다 순으로 배치해 한자의 우리말 발음과 일본어 발음을 즉시 비교할 수 있도록 구성했습니다.

• 이런 차이점에 주의!

시험에 자주 나오는 항목을 중심으로 한자 학습에 도움이 되는 내용을 중간중간 배치했습니다. 쉬어가면서 즐기는 원포인트 레슨입니다.

• 쓱쓱 확인해 보자!

앞에서 익힌 한자어를 점검하는 페이지입니다. 읽는 법과 뜻을 직접 써 보며 학습이 잘 되었는지 확인할 수 있습니다.

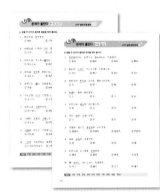

• 술술 문제가 풀린다

한자 읽기와 표기는 일본어능력시험에서도 꼭 나오
는 문제 유형입니다. 일본어능력시험과 똑같은 형식
의 연습문제를 통해 시험에도 대비할 수 있습니다.

• 쓰기 노트

별책 부록으로 〈쓰기 노트〉가 제공됩니다. 필순을
참고하여 올바르게 쓰는 연습을 할 수 있습니다.
한 글자 한 글자 정확하게 쓰는 데 집중하면 한자
학습에 큰 도움이 됩니다.

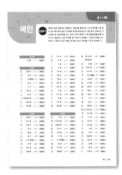

• 색인

총획 순으로 나열하고 같은 획수 안에서는 가나다
순으로 정리했습니다. 또한, 한자의 페이지 수와
일련번호가 표시되어 있어 다시 복습하고 싶은 한
자를 쉽고 빠르게 찾아볼 수 있습니다.

• 원어민 음성

모든 예문은 원어민 음성을 제공합니다. 정확한 발음의 문장을 들으면서
학습하세요. 음원 확인은 QR코드 스캔으로 간편하게 이용 가능하며,
시사일본어사 홈페이지(www.sisabooks.com/jpn)에서 mp3 파일을
무료로 다운로드하실 수 있습니다.

◀)) 음성 듣기

2. 한자 공부 방법 주요 학습 코너인 한자 익히기 부분을 어떻게 구성했고, 어떻게 학습하면 좋은지를 소개합니다.

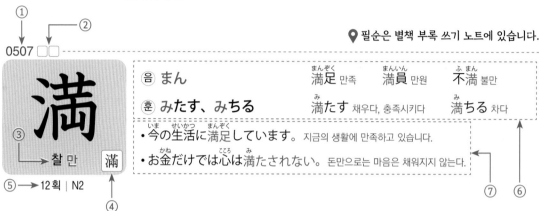

① 일련번호
한자마다 순서대로 번호를 매겼습니다. 언제든지 복습하고 싶은 한자를 빠르게 확인할 수 있습니다.

② 한자 체크 박스
한자 학습을 스스로 체크할 수 있습니다. 확실하게 이해했다고 생각되면 체크하고, 완벽하게 익혔다고 생각되면 한 번 더 체크합시다.

③ 우리말 뜻과 소리
각 한자를 우리말로는 어떻게 읽는지 뜻과 소리를 표기했습니다.

④ 우리나라 한자
우리나라는 번체자(정자)를 쓰고, 일본은 획수를 간략화한 신자체를 씁니다. 이처럼 일본과 다른 우리나라 한자를 따로 표기하여, 학습에 도움이 되도록 했습니다.

⑤ 한자의 획수와 JLPT 급수 표기
한자의 획수와 JLPT(일본어능력시험)의 급수를 표기해 한자 학습에 참고할 수 있도록 했습니다.

⑥ 일본 한자의 음·훈·특
각 한자의 읽는 법을 음독과 훈독, 특수 읽기 등으로 구분하여 표기했습니다. 표기는 많이 쓰이는 순으로 제시하여 학습에 도움이 되도록 했습니다.

  • 음독 : 한자음을 기본으로 하여 읽는 법
  • 훈독 : 한자의 뜻으로 읽는 법
  • 특수 읽기 : 일본어 한자 본래의 음훈으로 읽지 않고 특이하게 예외로 읽는 법(예:熟字訓 숙자훈)

⑦ 예문
한자의 이해 및 활용도를 높이기 위해 예제 단어와 관련된 예문을 제시했습니다.

제1장

일본 초등학교
1학년 한자
80자

일본 초등학교 1학년 한자 80자

❈ 아래는 제1장에서 배우는 한자 일람표입니다. 알고 있는 한자에 체크해 보세요.

一 한 일	二 두 이	三 석 삼	四 넉 사	五 다섯 오	六 여섯 륙(육)	七 일곱 칠	八 여덟 팔	九 아홉 구	十 열 십
百 일백 백	千 일천 천	円 둥글 원	年 해 년(연)	日 날 일	月 달 월	火 불 화	水 물 수	木 나무 목	金 쇠금/ 성 김
土 흙 토	夕 저녁 석	天 하늘 천	空 빌 공	雨 비 우	山 메 산	川 내 천	花 꽃 화	草 풀 초	竹 대 죽
石 돌 석	虫 벌레 충	貝 조개 패	林 수풀 림(임)	森 수풀 삼	村 마을 촌	田 밭 전	町 밭두둑 정	人 사람 인	子 아들 자
男 사내 남	女 여자 녀(여)	王 임금 왕	犬 개 견	口 입 구	目 눈 목	耳 귀 이	手 손 수	足 발 족	気 기운 기
白 흰 백	赤 붉을 적	青 푸를 청	上 윗 상	下 아래 하	左 왼 좌	右 오른 우	大 큰 대	中 가운데 중	小 작을 소
出 날 출	入 들 입	学 배울 학	校 학교 교	先 먼저 선	生 날 생	文 글월 문	字 글자 자	本 근본 본	名 이름 명
見 볼 견	力 힘 력(역)	立 설 립(입)	糸 실 사	玉 구슬 옥	音 소리 음	正 바를 정	早 이를 조	車 수레 차(거)	休 쉴 휴

1학년 한자 익히기 ①

📍 필순은 별책 부록 쓰기 노트에 있습니다.

0001 ☐☐

一
한 일
1획 | N5

음 いち、いつ

훈 ひと、ひとつ

특 一日 1일

一 1, 하나　　一時 1시　　同一 동일

一口 한 입　　一つ 한 개

・一時に会いましょう。 1시에 만납시다.

・チョコレートが一つあります。 초콜릿이 한 개 있습니다.

0002 ☐☐

二
두 이
2획 | N5

음 に

훈 ふた、ふたつ

특 二日 2일　　二十日 20일　　二十歳 스무 살

二 2, 둘　　二時 2시　　二月 2월

二人 두 명, 두 사람　　二つ 둘, 두 개

・学校は二時におわります。 학교는 2시에 끝납니다.

・みかん二つください。 귤 두 개 주세요.

0003 ☐☐

三
석 삼
3획 | N5

음 さん

훈 み

　　みつ

　　みっつ

三 3, 셋　　三時 3시　　三月 3월

三日月 초승달

三つ子 세 쌍둥이, 세 살 된 아이

三つ 세 개　　三日 3일

・三時に家を出ます。 3시에 집을 나옵니다.

・三日月が出ました。 초승달이 나왔습니다.

0004 ☐☐

四
넉 사
5획 | N5

음 し

훈 よ

　　よつ

　　よっつ

　　よん

四 4, 넷　　四月 4월　　四季 사계, 사계절

四時 4시

四つ角 네 모퉁이

四つ 네 개　　四日 4일

四回 4회, 네 번

・韓国と日本は四季があります。 한국과 일본은 사계절이 있습니다.

・テストは四時におわります。 시험은 4시에 끝납니다.

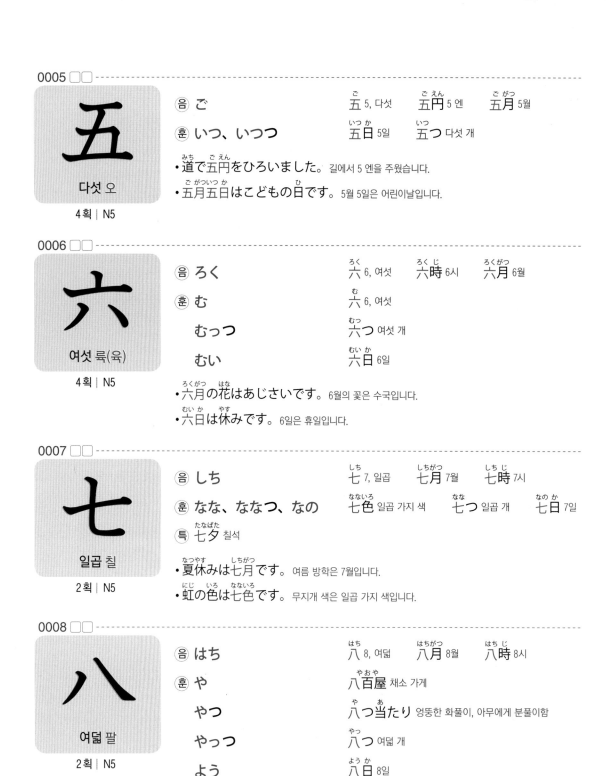

0005 ☐☐

五

다섯 오

4획 | N5

(음) ご

五 5, 다섯　　五円 5 엔　　五月 5월

(훈) いつ、いつつ

五日 5일　　五つ 다섯 개

- 道で五円をひろいました。 길에서 5 엔을 주웠습니다.
- 五月五日はこどもの日です。 5월 5일은 어린이날입니다.

0006 ☐☐

六

여섯 륙(육)

4획 | N5

(음) ろく

六 6, 여섯　　六時 6시　　六月 6월

(훈) む

六 6, 여섯

むっつ

六つ 여섯 개

むい

六日 6일

- 六月の花はあじさいです。 6월의 꽃은 수국입니다.
- 六日は休みです。 6일은 휴일입니다.

0007 ☐☐

七

일곱 칠

2획 | N5

(음) しち

七 7, 일곱　　七月 7월　　七時 7시

(훈) なな、ななつ、なの

七色 일곱 가지 색　　七つ 일곱 개　　七日 7일

(특) 七夕 칠석

- 夏休みは七月です。 여름 방학은 7월입니다.
- 虹の色は七色です。 무지개 색은 일곱 가지 색입니다.

0008 ☐☐

八

여덟 팔

2획 | N5

(음) はち

八 8, 여덟　　八月 8월　　八時 8시

(훈) や

八百屋 채소 가게

やつ

八つ当たり 엉뚱한 화풀이, 아무에게 분풀이함

やっつ

八つ 여덟 개

よう

八日 8일

- 日本の八月はとてもあついです。 일본의 8월은 매우 덥습니다.
- 八百屋は遠いです。 채소 가게는 멉니다.

0009

아홉 **구**

2획 | N5

⊜ きゅう、く

九 9, 아홉　九人 9명　九時 9시

⊛ ここの、ここのつ

九日 9일　九つ 아홉 개

• 九時にドラマを見ます。 9시에 드라마를 봅니다.
• りんごが九つあります。 사과가 아홉 개 있습니다.

0010

열 **십**

2획 | N5

⊜ じゅう、じっ

十 10, 열　十人 열 명　十回 10회

⊛ と、とお

十 십, 열　十人十色 십인십색　十日 10일

• パーティーに十人来ました。 파티에 열 명 왔습니다.
• 十日にテストがあります。 10일에 테스트가 있습니다.

0011

일백 **백**

6획 | N5

⊜ ひゃく

百 백　百点 백 점　百年 백 년

• テストで百点をとりました。 시험에서 백 점을 받았습니다.
• あの家は百年前にたてられました。 저 집은 백 년 전에 세워졌습니다.

0012

일천 **천**

3획 | N5

⊜ せん

千 천　千円 천 엔　千人 천 명

⊛ ち

千歳 천 년, 긴 세월

• このペンは千円です。 이 펜은 천 엔입니다.
• 千歳空港につきました。 지토세공항에 도착했습니다.

0013

둥글 **원**　圓

4획 | N5

⊜ えん

円形 원형　円満 원만　一万円 일만 엔

⊛ まるい

円い 둥글다

⊛ 円ら 둥글고 귀여운 모양

• このテーブルは円形です。 이 테이블은 원형입니다.
• この皿は円いかたちです。 이 접시는 둥근 모양입니다.

0014 ☐☐

年
해 년(연)
6획 | N5

- **음** ねん

年末 연말　　来年 내년　　少年 소년

- **훈** とし

年 나이, 연령　　年下 연하　　毎年 매년, 매해

- 来年大学生になります。 내년에 대학생이 됩니다.
- 彼女は私より年下です。 그녀는 나보다 연하입니다.

0015 ☐☐

日
날 일
4획 | N5

- **음** にち、じつ

日時 일시　　一日中 하루 종일　　休日 휴일

- **훈** か、ひ

五日 5일　　日にち 날짜

- **특** 今日 오늘

- 一日中あそびました。 하루 종일 놀았습니다.
- 日にちをきめましょう。 날짜를 정합시다.

0016 ☐☐

月
달 월
4획 | N5

- **음** がつ、げつ

正月 정월, 설　　月末 월말　　満月 만월, 보름달

- **훈** つき

月 달　　月見 달구경, 달맞이

- お正月におぞうにを食べます。 설날에 오조니(일본식 떡국)를 먹습니다.
- 月見に行きませんか。 달구경하러 가지 않을래요?

0017 ☐☐

火
불 화
4획 | N5

- **음** か

火事 화재　　火口 화구(화산의 분화구, 점화구)

- **훈** ひ、ほ

花火 불꽃(놀이)　　火影 불빛, 등불

- 夜中に火事が起こりました。 밤중에 화재가 일어났습니다.
- 彼氏と花火大会に行きます。 남자 친구와 불꽃 축제에 갑니다.

0018 ☐☐

水
물 수
4획 | N5

- **음** すい、ずい

水分 수분　　海水 해수, 바닷물　　洪水 홍수

- **훈** みず

お水 물　　水色 물빛, 옥색

- 水分がたりないです。 수분이 부족합니다.
- 水色のドレスがきれいですね。 물빛 드레스가 예쁘네요.

0019 ☐☐

木
나무 목
4획 | N5

- 음 もく、ぼく　　木材 목재　　土木 토목
- 훈 き、こ　　木 나무　　木陰 나무 그늘

• 木材でつくえを作ります。 목재로 책상을 만듭니다.
• 木を植えました。 나무를 심었습니다.

0020 ☐☐

金
쇠 금/성 김
8획 | N5

- 음 きん、こん　　金額 금액　　現金 현금　　金色 금빛, 황금빛
- 훈 かね、かな　　お金持ち 부자　　金づち 쇠망치, 헤엄을 못침

• 現金を持ってきてください。 현금을 갖고 와 주세요.
• 泳げない人を金づちといいます。 헤엄 못치는 사람을 맥주병이라고 합니다.

0021 ☐☐

土
흙 토
3획 | N5

- 음 ど、と　　土星 토성　　国土 국토　　土地 토지
- 훈 つち　　土 흙　　赤土 붉은 흙

• 土地が広いです。 토지가 넓습니다.
• 土で皿が作れます。 흙으로 접시를 만들 수 있습니다.

0022 ☐☐

夕
저녁 석
3획 | N3

- 음 せき　　一朝一夕 하루아침, 짧은 시일
- 훈 ゆう　　夕ごはん 저녁밥　　夕方 해 질 녘
- 특 七夕 칠석

• 日本語をマスターするのは一朝一夕にはできない。
　일본어를 마스터 하는 것은 하루아침에는 되지 않는다.
• 今日の夕ごはんはカレーです。 오늘의 저녁밥은 카레입니다.

0023 ☐☐

天
하늘 천
4획 | N5

- 음 てん　　天気 날씨　　天才 천재　　雨天 우천, 비오는 날
- 훈 あめ、あま　　天 하늘　　天の川 은하수

• 今日は天気がいいですね。 오늘은 날씨가 좋네요.
• ここは天の川が見える場所で有名です。 여기는 은하수가 보이는 장소로 유명합니다.

0024

空
빌 공
8획 | N5

음 くう	空気 공기　空港 공항　航空 항공
훈 あく	空く (속이) 비다, 들어 있지 않다
あける	空ける 비우다
から	空っぽ 빈 껍데기, 텅 빔
そら	空 하늘　青空 파란 하늘

- 空港へ行くバスはどこで乗りますか。 공항에 가는 버스는 어디서 탑니까?
- 今日は空がとても青いですね。 오늘은 하늘이 매우 파랗군요.

0025

雨
비 우
8획 | N5

음 う	雨量 강우량　梅雨 장마
	雨天 우천, 비오는 날
훈 あめ、あま	雨 비　雨足 빗줄기　雨具 우비
특	梅雨 장마

- 雨天のため、運動会は中止です。 우천으로 인해 운동회는 중지입니다.
- 雨具を着てください。 우비를 입으세요.

0026

山
메 산
3획 | N5

음 さん、ざん	山荘 산장　火山 화산　高山 고산
훈 やま	山 산　山道 산길　山場 고비, 절정

- 日本は火山が多い国です。 일본은 화산이 많은 나라입니다.
- 山道がけわしいです。 산길이 험합니다.

0027

川
내 천
3획 | N5

음 せん	河川 하천
훈 かわ	川 강　川魚 민물고기　小川 작은 시내

- 河川の水はきれいです。 하천의 물은 깨끗합니다.
- 川魚はあまり好きではありません。 민물고기는 별로 좋아하지 않습니다.

0028 ☐☐

花

꽃 화

7획 | N5

(음) か

(훈) はな

花壇 화단   花瓶 화병   生花 생화

花 꽃   花火 불꽃놀이   花見 꽃구경

- テーブルの上に花瓶があります。 테이블 위에 화병이 있습니다.
- 花火を見に行きます。 불꽃놀이를 보러 갑니다.

0029 ☐☐

草

풀 초

9획 | N2

(음) そう

(훈) くさ

草食 초식   草書 초서   海草 해초

草 풀   草花 화초

- 海草でおいしい料理ができます。 해초로 맛있는 요리를 할 수 있습니다.
- 朝早く起きて草花に水をやります。 아침 일찍 일어나서 화초에 물을 줍니다.

0030 ☐☐

竹

대 죽

6획 | N2

(음) ちく

(훈) たけ

竹林 대나무 숲   松竹梅 송죽매(소나무, 대나무, 매화나무)

竹 대나무   竹の子 죽순

- 竹林に行ってみたいです。 대나무 숲에 가 보고 싶습니다.
- パンダは竹を食べるそうです。 판다는 대나무를 먹는다고 합니다.

0031 ☐☐

石

돌 석

5획 | N2

(음) せき、しゃく

(훈) いし

石材 석재   宝石 보석   磁石 자석

石 돌   小石 자갈

- 夜の空は宝石のようにきれいです。 밤 하늘은 보석처럼 예쁩니다.
- 庭に石がしかれています。 정원에 돌이 깔려있습니다.

0032 ☐☐

虫

벌레 충   蟲

6획 | N2

(음) ちゅう

(훈) むし

昆虫 곤충   害虫 해충   成虫 성충

虫 벌레   虫歯 충치   毛虫 모충, 송충이

- 趣味は昆虫をとることです。 취미는 곤충을 채집하는 것입니다.
- 子どものころから虫がだいきらいです。 어렸을 때부터 벌레를 매우 싫어합니다.

0033

貝
조개 패
7획 | N2

(음) かい

貝 조개　魚貝類 어패류

- うちの子どもには貝アレルギーがある。 우리 아이에게는 조개 알레르기가 있다.
- 海辺でかわいい貝殻を見つけました。 바닷가에서 귀여운 조개껍질을 발견했습니다.

0034

林
수풀 림(임)
8획 | N3

(음) りん

山林 산림　密林 밀림

(훈) はやし

林 숲　松林 송림

- 密林の王者ターザン 밀림의 왕자 타잔
- 都市はビルの林です。 도시는 빌딩 숲입니다.

0035

森
수풀 삼
12획 | N3

(음) しん

森林 삼림　森閑 아무 소리 없이 고요한 모양

(훈) もり

森 숲

- 森林浴は心と体を健康にします。 삼림욕은 마음과 몸을 건강하게 만듭니다.
- 森の道を歩くと気持ちがいいです。 숲길을 걸으면 기분이 좋습니다.

0036

村
마을 촌
7획 | N3

(음) そん

村長 촌장　村落 촌락　農村 농촌

(훈) むら

村 마을　民俗村 민속촌

- 村長の田中さんはいい人です。 촌장 다나카 씨는 좋은 사람입니다.
- 民俗村は面白いです。 민속촌은 재미있습니다.

0037

田
밭 전
5획 | N3

(음) でん

田園 전원　水田 수전, 논　油田 유전

(훈) た

田畑 논밭　青田 아직 벼가 익지 않은 논

(특) 田舎 시골

- 田園生活を楽しむ人がふえています。 전원생활을 즐기는 사람이 늘고 있습니다.
- そふは田畑を持っています。 할아버지는 논밭을 갖고 있습니다.

0038 ☐☐

町

밭두둑 정

7획 | N3

음 ちょう

훈 まち

ちょうちょう
町長 읍장

ちょうかい
町会 마을 사치회

まち
町 마을

うらまち
裏町 뒷골목

ちち   ちょうちょう
• 父は町長をしています。 아버지는 읍장을 하고 있습니다.

うらまち   みせ
• 裏町のおいしい店をさがしています。 뒷골목의 맛있는 가게를 찾고 있습니다.

⭕ 이런 차이점에 주의!

💡 같은 부수(部首)를 쓰는 한자

부수(部首)란 한자 사전에서 글자를 찾는 데 도움을 주며 공통되는 글자의 한 부분을 나타냅니다.

▶ 부수 : 田 (밭 전)

'田'자는 과거 농경 사회였다는 것을 예측할 수 있는 상형 문자에서 유래되었습니다. 이는 중국의 한자까지 영향이 미쳐 밭과 밭 사이의 도랑을 나타내는 '田 (밭 전)' 글자가 탄생한 것입니다.

「男 사내 남」은 '田 (밭 전)'자와 '力 (힘 력)'자가 합쳐진 한자입니다. '밭을 쟁기로 가는 모습'을 그린 것으로, 고대에는 남자가 주로 힘을 쓰며 농사를 지었다는 인식을 반영한 것입니다.

「町 밭두둑 정」은 '田 (밭 전)'자와 '丁 (고무래 정/장정 정)'자가 합쳐진 한자입니다. 거리나 땅 넓이의 단위를 나타내는 데 쓰이며, 1정(町)은 약 3,000평을 나타냅니다.

아래의 한자를 보고 빈칸에 읽는 법과 뜻을 써 봅시다.

한자	읽는 법	뜻
예 一日	ついたち	1일
01 九日		
02 梅雨		
03 少年		
04 土地		
05 河川		
06 子供		
07 雨具		
08 お金持ち		
09 森林		
10 夕方		
11 花火		
12 月見		
13 火山		
14 天才		
15 休日		

정답

01 ここのか 9일　02 つゆ、ばいう 장마　03 しょうねん 소년　04 とち 토지　05 かせん 하천
06 こども 어린이　07 あまぐ 우비　08 おかねもち 부자　09 しんりん 삼림　10 ゆうがた 해질 녘
11 はなび 불꽃(놀이)　12 つきみ 달구경, 달맞이　13 かざん 화산　14 てんさい 천재　15 きゅうじつ 휴일

📍 필순은 별책 부록 쓰기 노트에 있습니다.

0039 ☐☐

人
사람 인
2획 | N5

음 じん、にん

훈 ひと、と、ど

특 大人 (おとな) 어른, 성인

人口 (じんこう) 인구　韓国人 (かんこくじん) 한국인　人気 (にんき) 인기

人 (ひと) 사람　人手 (ひとで) 일손, 남의 손

素人 (しろうと) 비전문가, 아마추어　仲人 (なこうど) 중매인

• 彼は人気 (かれ にんき) があります。 그는 인기가 있습니다.
• 好きな人 (す ひと) がいますか。 좋아하는 사람이 있습니까?

0040 ☐☐

子
아들 자
3획 | N5

음 し、じ、す、つ

훈 こ、ご

女子 (じょし) 여자　王子 (おうじ) 왕자　椅子 (いす) 의자　面子 (めんつ) 체면

子供 (こども) 어린이　息子 (むすこ) 아들　迷子 (まいご) 미아

• この椅子は私が作 (いす わたし つく) ったものです。 이 의자는 내가 만든 겁니다.
• 息子は大学生 (むすこ だいがくせい) です。 아들은 대학생입니다.

0041 ☐☐

男
사내 남
7획 | N5

음 だん、なん

훈 おとこ

男性 (だんせい) 남성　男女 (だんじょ) 남녀　長男 (ちょうなん) 장남

男 (おとこ) 남자　男前 (おとこまえ) 남자다운 용모, 미남

• この服は男女 (ふく だんじょ) けんようです。 이 옷은 남녀 겸용입니다.
• 彼女は男の子 (かのじょ おとこ こ) たちに人気 (にんき) があります。 그녀는 남자아이들에게 인기가 있습니다.

0042 ☐☐

女
여자 녀(여)
3획 | N5

음 じょ、にょ、にょう

훈 おんな、め

少女 (しょうじょ) 소녀　天女 (てんにょ) 선녀　女房 (にょうぼう) 처, 마누라

女 (おんな) 여자　女神 (めがみ) 여신

• 母はまるで少女 (はは しょうじょ) のようです。 엄마는 마치 소녀 같습니다.
• 女の人が立 (おんな ひと た) っています。 여자가 서 있습니다.

0043 ☐☐

王
임금 왕
4획 | N3

음 おう

王子 (おうじ) 왕자　王国 (おうこく) 왕국　女王 (じょおう) 여왕

• 王子は勇気 (おうじ ゆうき) があります。 왕자는 용기가 있습니다.
• SNSは自分王国 (じぶんおうこく) と言 (い) える。 SNS는 자기 왕국이라 말할 수 있다.

犬

개 견

4획 | N5

음 けん　　愛^{あい}犬^{けん} 애견　　名^{めい}犬^{けん} 명견

훈 いぬ　　犬^{いぬ} 개　　犬^{いぬ}小^ご屋^や 개집　　子^こ犬^{いぬ} 강아지

• 愛^{あい}犬^{けん}カフェに行^いきました。애견 카페에 갔습니다.
• 子^こ犬^{いぬ}はかわいいです。강아지는 귀엽습니다.

口

입 구

3획 | N5

음 こう、く　　人^{じん}口^{こう} 인구　　口^{こう}座^ざ 구좌, 계좌　　口^く伝^{でん} 구전

훈 くち　　口^{くち} 입, 말　　悪^{わる}口^{ぐち} 욕, 험담　　出^で口^{ぐち} 출구

• ソウルの人^{じん}口^{こう}はどのくらいですか。서울의 인구는 얼마나 됩니까?
• 出^で口^{ぐち}は右^{みぎ}にあります。출구는 오른쪽에 있습니다.

目

눈 목

5획 | N5

음 もく、ぼく　　目^{もく}的^{てき} 목적　　目^{もく}前^{ぜん} 목전, 눈앞　　面^{めん}目^{ぼく} 면목

훈 め　　目^め 눈　　目^め玉^{だま} 눈알, 눈자위　　目^め立^だつ 눈에 띄다

• 目^{もく}的^{てき}地^ちに着^つきました。목적지에 도착했습니다.
• 目^めが大^{おお}きくてきれいです。눈이 크고 예쁩니다.

耳

귀 이

6획 | N5

음 じ　　耳^じ鼻^び科^か 이비과 (이비인후과)　　耳^じ目^{もく} 이목, 귀와 눈

훈 みみ　　耳^{みみ} 귀　　耳^{みみ}学^{がく}問^{もん} 귀동냥, 어깨너머로 배운 지식

• 耳^じ鼻^び科^かに行^いってきました。이비인후과에 갔다 왔습니다.
• 耳^{みみ}学^{がく}問^{もん}で覚^{おぼ}えました。귀동냥으로 익혔습니다.

手

손 수

4획 | N5

음 しゅ　　手^{しゅ}法^{ほう} 수법　　手^{しゅ}術^{じゅつ} 수술　　歌^か手^{しゅ} 가수

훈 て、た　　手^て 손　　右^{みぎ}手^て 오른손　　下^へ手^た 서투름

特 上^{じょう}手^ず 능숙함

• 私^{わたし}は歌^か手^{しゅ}になりたいです。나는 가수가 되고 싶습니다.
• 手^てをあらってください。손을 씻어 주세요.

0049 ☐☐

足

발 족

7획 | N5

음	そく、ぞく	不足 부족　　遠足 소풍　　満足 만족
훈	あし	足 발　　足音 발소리
	たりる	足りる 충분하다, 족하다
	たる	足る 만족하다
	たす	足す 더하다, 채우다, 보태다

• 遠足はどこに行きますか。 소풍은 어디로 갑니까?
• 彼はいつも時間が足りないと言う。 그는 언제나 시간이 부족하다고 말한다.

0050 ☐☐

気

기운 기　氣

6획 | N5

음	き、ぎ	元気 기운, 건강한 모양　気持ち 기분　悪気 나쁜 의도
	け、げ	寒気 한기, 추운 느낌　湯気 김, 수증기

• 元気を出してください。 기운을 내세요.
• 朝から寒気がします。 아침부터 한기가 듭니다.

0051 ☐☐

白

흰 백

5획 | N5

음	はく、びゃく	明白 명백　空白 공백　白夜 백야
훈	しろ、しら、しろい	白色 흰색　白髪 흰 머리　白い 하얗다

• 明白なしょうこがあります。 명백한 증거가 있습니다.
• 白いスカーフを買いました。 하얀 스카프를 샀습니다.

0052 ☐☐

赤

붉을 적

7획 | N3

음	せき、しゃく	赤十字 적십자　　赤外線 적외선 赤銅 적동, 구릿빛
훈	あか、あかい	赤色 빨간색　赤字 적자　赤い 붉다, 빨갛다
	あからむ	赤らむ 붉어지다, 불그스름해지다
	あからめる	赤らめる 붉히다

• 今日は赤十字の日です。 오늘은 적십자의 날입니다.
• 赤色の傘を買いました。 빨간색 우산을 샀습니다.

青
푸를 청

8획 | N3

㉿ せい、しょう

㉿ あお、あおい

<ruby>青春<rt>せいしゅん</rt></ruby> 청춘　　<ruby>青年<rt>せいねん</rt></ruby> 청년　　<ruby>紺青<rt>こんじょう</rt></ruby> 감청(남빛)

<ruby>青色<rt>あおいろ</rt></ruby> 파란색　　<ruby>青信号<rt>あおしんごう</rt></ruby> 청신호

<ruby>青<rt>あお</rt></ruby>い 파랗다, 푸르다

- <ruby>若<rt>わか</rt></ruby>い<ruby>時<rt>とき</rt></ruby>に<ruby>青春<rt>せいしゅん</rt></ruby>を<ruby>楽<rt>たの</rt></ruby>しもう。 젊을 때 청춘을 즐기자.
- <ruby>私<rt>わたし</rt></ruby>は<ruby>青色<rt>あおいろ</rt></ruby>が<ruby>好<rt>す</rt></ruby>きです。 나는 파란색을 좋아합니다.

上
윗 상

3획 | N5

㉿ じょう、しょう

㉿ うえ

うわ

かみ

あげる

あがる

のぼる

<ruby>以上<rt>いじょう</rt></ruby> 이상　　<ruby>最上<rt>さいじょう</rt></ruby> 최상　　<ruby>身上<rt>しんじょう</rt></ruby> 신상

<ruby>上<rt>うえ</rt></ruby> 위　　<ruby>年上<rt>としうえ</rt></ruby> 연상

<ruby>上着<rt>うわぎ</rt></ruby> 겉옷

<ruby>上半期<rt>かみはんき</rt></ruby> 상반기

<ruby>上<rt>あ</rt></ruby>げる 올리다, 높이다

<ruby>上<rt>あ</rt></ruby>がる (수익, 성과 등이) 오르다, 올라가다

<ruby>上<rt>のぼ</rt></ruby>る (기차, 열차 등의 상행선) 오르다, 올라가다

- これ<ruby>以上<rt>いじょう</rt></ruby><ruby>食<rt>た</rt></ruby>べられません。 더 이상 못 먹겠습니다.
- <ruby>彼氏<rt>かれし</rt></ruby>は<ruby>年上<rt>としうえ</rt></ruby>です。 남자 친구는 연상입니다.

0055 ☐☐

下

아래 하

3획 | N4

- 음 か、げ
- 훈 した
- しも
- もと
- さげる
- さがる
- くだる
- くださる
- おろす
- おりる
- 특 下手 서투름

地下 지하　下車 하차　下水 하수

下 아래　下見 사전 조사　下着 속옷

川下 하류, 강 아래쪽

親の下 부모 슬하(아래)

下げる 내리다, 낮추다

下がる 내려가다, 떨어지다

下る 내려가(오)다

下さる 주시다

下ろす 내리다, 내려뜨리다, (은행 돈을) 인출하다

下りる 내려오다

- 次のえきで下車します。다음 역에서 하차합니다.
- テーブルの下に犬がいます。테이블 아래에 개가 있습니다.

0056 ☐☐

左

왼 좌

5획 | N5

- 음 さ
- 훈 ひだり

左右 좌우　左折 좌회전

左手 왼손　左利き 왼손잡이

- ここで左折はできません。여기서 좌회전은 안 됩니다.
- このはさみは左利き用です。이 가위는 왼손잡이용입니다.

0057 ☐☐

右

오른 우

5획 | N5

- 음 ゆう、う
- 훈 みぎ

左右 좌우　右折 우회전

右手 오른손　右利き 오른손잡이

- 左右を注意してください。좌우를 주의해 주세요.
- 右手にかばんを持っています。오른손에 가방을 들고 있습니다.

0058

大
큰 대
3획 | N5

(음) たい、だい

(훈) おお
　　おおきい
　　おおいに

大会 대회　　大学生 대학생　　大事 큰일, 소중함
大けが 큰 부상　　大雨 큰비, 호우
大きい 크다
大いに 대단히, 매우, 크게

• スピーチ大会に出ました。스피치 대회에 나갔습니다.
• このケーキは大きいです。이 케이크는 큽니다.

0059

中
가운데 중
4획 | N5

(음) ちゅう、じゅう

(훈) なか

中国 중국　　中心 중심　　世界中 전 세계
中 가운데, 안, 속　　中身 속, 알맹이, 내용물

• 中国に住んでいます。중국에 살고 있습니다.
• かばんの中に本があります。가방 안에 책이 있습니다.

0060

小
작을 소
3획 | N5

(음) しょう

(훈) お、こ、ちいさい

(특) 小豆 팥

小学生 초등학생　　小説 소설　　最小 최소
小川 작은 시내　　小屋 오두막집　　小さい 작다

• 私は小学校一年生です。저는 초등학교 1학년입니다.
• もっと小さいサイズはありませんか。더 작은 사이즈는 없습니까?

0061

出
날 출
5획 | N5

(음) しゅつ、すい

(훈) でる、だす

外出 외출　　出身 출신　　出納 출납
出る 나가(오)다　　出す 내다, 꺼내다

• 外出のじゅんびでいそがしいです。외출 준비로 바쁩니다.
• レポートを出してください。리포트를 제출해 주세요.

0062

入

들 입

2획 | N4

음 にゅう

훈 いる、いれる

はいる

入学 입학　　入門 입문　　加入 가입

入る 들어가다　　入れる 넣다

入る 들어가(오)다

• むすめが入学しました。 딸이 입학했습니다.
• かばんに本を入れます。 가방에 책을 넣습니다.

0063

学

배울 학　　學

8획 | N5

음 がく

훈 まなぶ

学校 학교　　学生 학생　　大学 대학교

学ぶ 배우다

• 東京大学はどこにありますか。 도쿄대학은 어디에 있습니까?
• その国の文化を学ぶことは大事です。 그 나라의 문화를 배우는 것은 중요합니다.

0064

校

학교 교

10획 | N5

음 こう

校門 교문　　校歌 교가　　高校 고등학교

• 校門の前でともだちを待ちます。 교문 앞에서 친구를 기다립니다.
• 今年高校を卒業しました。 올해 고등학교를 졸업했습니다.

0065

先

먼저 선

6획 | N5

음 せん

훈 さき

先生 선생님　　先輩 선배　　先月 지난달

先に 먼저, 미리　　連絡先 연락처

• 先生がノートを貸してくれました。 선생님이 노트를 빌려주었습니다.
• 連絡先を教えてください。 연락처를 가르쳐 주세요.

生
날 생
5획 | N5

(음) せい、しょう、じょう　生活 생활　一生 일생, 평생　誕生日 생일

(훈) いきる　生きる 살다, 생존하다

いかす　生かす 살리다, 소생시키다

いける　生ける 살리다, (꽃을) 꽂다, 심다

うまれる　生まれる 태어나다

うむ　生む 낳다

おう　生う 자라다　生い立ち 성장

はえる　生える 나다, 돋다

はやす　生やす 자라게 하다, 기르다

き　生地 천, 원단, 본바탕

なま　生ビール 생맥주

• 一生忘れません。 평생 안 잊을 거예요.
• 生ビール一杯、ください。 생맥주 한 잔 주세요.

文
글월 문
4획 | N3

(음) ぶん、もん、も　文化 문화　注文 주문　文字 문자, 글자

(훈) ふみ　文 책, 문서　文使い 편지를 전달하는 심부름꾼

• 日本の文学が好きです。 일본 문학을 좋아합니다.
• 昔は文使いがいました。 옛날에는 편지를 전달하는 심부름꾼이 있었습니다.

字
글자 자
6획 | N3

(음) じ　字 글자, 글씨　漢字 한자　赤字 적자

(훈) あざ　大字 일본 행정 구획 중 하나

• 字をきれいに書いてください。 글씨를 깨끗하게 써 주세요.
• 売り上げが赤字です。 매출이 적자입니다.

0069

本

근본 본

5획 | N5

- 음 ほん
- 훈 もと

本 책　　本当 정말, 진짜　　日本 일본

根本 뿌리, 근본, 밑　　山本 야마모토(인명, 지명)

- 日本の大学にかよっています。 일본 대학에 다니고 있습니다.
- 山本さんは学校の先生です。 야마모토 씨는 학교 선생님입니다.

0070

名

이름 명

6획 | N5

- 음 めい、みょう
- 훈 な

有名 유명　　名字 성　　本名 본명

名前 이름　　名札 명찰(이름표)　　あだ名 별명

- あの歌手は有名です。 저 가수는 유명합니다.
- お名前は何ですか。 이름은 무엇입니까?

0071

見

볼 견

7획 | N5

- 음 けん
- 훈 みる、みえる、みせる

見学 견학　　意見 의견　　外見 외관, 겉모양

見る 보다　　見える 보이다　　見せる 보여 주다

- 会社を見学しました。 회사를 견학했습니다.
- 写真を見せてください。 사진을 보여 주세요.

0072

力

힘 력(역)

2획 | N4

- 음 りょく、りき
- 훈 ちから

努力 노력　　能力 능력　　自力 자력

力 힘

- 日本語能力試験を受けようと思います。 일본어능력시험을 보려고 합니다.
- ことばの力は強いです。 말의 힘은 강합니다.

0073

立

설 립(입)

5획 | N5

- 음 りつ、りゅう
- 훈 たつ、たてる

国立 국립　　設立 설립　　建立 건립

立つ 일어서다, 일어나다　　立てる 세우다

- 国立としょかんで本をかりました。 국립 도서관에서 책을 빌렸습니다.
- 立って本を読んでください。 일어서서 책을 읽어 주세요.

0074

糸
실 사   絲
6획 | N2

- 음 し   けん糸 명주실
- 훈 いと   糸 실   毛糸 털실

- この服はけん糸で作りました。 이 옷은 명주실로 만들었습니다.
- くもの糸に虫がかかっています。 거미줄에 벌레가 걸려 있습니다.

0075

玉
구슬 옥
5획 | N3

- 음 ぎょく   宝玉 보석   珠玉 주옥, 진주와 보석
- 훈 たま   玉ねぎ 양파   お年玉 세뱃돈

- 珠玉の作品をあつめました。 주옥 같은 작품을 모았습니다.
- 玉ねぎを入れるともっとおいしくなります。 양파를 넣으면 더욱 맛있어집니다.

0076

音
소리 음
9획 | N4

- 음 おん、いん   音楽 음악   発音 발음   母音 모음
- 훈 おと、ね   音 소리   音色 음색   本音 본심, 속마음

- 妹は音楽が大好きです。 여동생은 음악을 좋아합니다.
- 部屋の方からへんな音がします。 방에서 이상한 소리가 납니다.
  *音がする 소리가 나다

0077

正
바를 정
5획 | N3

- 음 せい、しょう   正式 정식   正直 정직   正面 정면
- 훈 ただしい   正しい 옳다, 바르다
-     ただす   正す 바르게 하다, 고치다
-     まさ   正に 바로, 틀림없이

- 新しいゲームが正式発売された。 새로운 게임이 정식 발매되었다.
- 正しい答えを一つえらびなさい。 올바른 답을 한 개 고르시오.

0078 ☐☐

早

이를 조

6획 | N4

- 음 そう、さっ
- 훈 はやい

  はやまる

  はやめる

早朝 조조, 이른 아침　早速 즉시　早急 몹시 급함

早い 이르다

早まる 빨라지다, 앞당겨지다

早める 앞당기다, 예정보다 이르게 하다

- 早速電話してください。 즉시 전화해 주세요.
- 彼女は分かりが早いです。 그녀는 이해가 빠릅니다.

0079 ☐☐

車

수레 차(거)

7획 | N5

- 음 しゃ
- 훈 くるま

電車 전차　汽車 기차　自転車 자전거

車 자동차　車椅子 휠체어　口車 감언이설

- 汽車に乗って旅行に行きます。 기차를 타고 여행을 갑니다.
- 車椅子をレンタルしました。 휠체어를 렌털했습니다.

0080 ☐☐

休

쉴 휴

6획 | N5

- 음 きゅう
- 훈 やすむ

  やすまる

  やすめる

休学 휴학　休憩 휴식, 휴게　連休 연휴

休む 쉬다

休まる 편안해지다

休める 휴식시키다

- 休憩時間は短いです。 휴식 시간은 짧습니다.
- 週末には休みます。 주말에는 쉽니다.

아래의 한자를 보고 빈칸에 읽는 법과 뜻을 써 봅시다.

한자	읽는 법	뜻
예 気持ち	きもち	기분, 마음
01 連絡先		
02 注文		
03 文化		
04 明白		
05 本当		
06 不足		
07 発音		
08 赤字		
09 見学		
10 大会		
11 高校		
12 正式		
13 下手		
14 空気		
15 右手		

정답

01 れんらくさき 연락처 02 ちゅうもん 주문 03 ぶんか 문화 04 めいはく 명백 05 ほんとう 정말, 진짜
06 ふそく 부족 07 はつおん 발음 08 あかじ 적자 09 けんがく 견학 10 たいかい 대회
11 こうこう 고등학교 12 せいしき 정식 13 へた 서투름 14 くうき 공기 15 みぎて 오른손

⚙ 밑줄 친 단어의 올바른 발음을 찾아 봅시다.

1　あしたは　雪ですか。
　　① はれ　　　　　　② くもり　　　　　③ ゆき　　　　　④ あめ

2　かばんは　いすの　下に　あります。
　　① うえ　　　　　　② した　　　　　　③ よこ　　　　　④ となり

3　わたしは　サッカー選手に　なりたい。
　　① せんしゅ　　　　② せんしゅう　　　③ せんじゅ　　　④ ぜんしゅ

4　かれは　文字を　きれいに　かきます。
　　① ぶんじ　　　　　② もんじ　　　　　③ もじ　　　　　④ ぶじ

5　かぞくと　海に　行きます。
　　① やま　　　　　　② かわ　　　　　　③ もり　　　　　④ うみ

6　りんごを　八つ　ください。
　　① よっつ　　　　　② ここのつ　　　　③ やっつ　　　　④ むっつ

7　わたしは　大学生です。
　　① たいがく　　　　② だいがく　　　　③ たいかく　　　④ だいかく

8　つぎの　えきで　下車して　ください。
　　① かしゃ　　　　　② げしゃ　　　　　③ けしゃ　　　　④ がしゃ

9　元気を　だして　ください。
　　① げんき　　　　　② かんき　　　　　③ けんき　　　　④ がんき

10　一日中　ともだちと　あそびました。
　　① いちにちちゅう　② いちにちじゅ　　③ いつにちちゅ　④ いちにちじゅう

정답　1③　2②　3①　4③　5④　6③　7②　8②　9①　10④

⚙️ 밑줄 친 단어의 올바른 한자를 찾아 봅시다.

1　やすみの日に　かぞくと　おんせんに　行きます。
　　① 安み　　　　　② 読み　　　　　③ 休み　　　　　④ 飲み

2　あにが　しろい　Tシャツを　くれました。
　　① 百い　　　　　② 青い　　　　　③ 赤い　　　　　④ 白い

3　きのうの　そらは　とても　青かったです。
　　① 天　　　　　　② 空　　　　　　③ 地　　　　　　④ 宙

4　みぎに　車が　あります。
　　① 上　　　　　　② 左　　　　　　③ 下　　　　　　④ 右

5　わたしは　ほんを　かいました。
　　① 本　　　　　　② 玉　　　　　　③ 木　　　　　　④ 糸

6　犬の　めが　大きいです。
　　① 口　　　　　　② 手　　　　　　③ 目　　　　　　④ 耳

7　天気が　良くて　きもちが　いいです。
　　① 気持ち　　　　② 汽待ち　　　　③ 気待ち　　　　④ 汽持ち

8　母は　はなが　すきです。
　　① 花　　　　　　② 華　　　　　　③ 草　　　　　　④ 葉

9　わたしは　にっきを　かきます。
　　① 描き　　　　　② 書き　　　　　③ 画き　　　　　④ 記き

10　朝　はやく　かいしゃへ　行きます。
　　① 早く　　　　　② 遅く　　　　　③ 正く　　　　　④ 速く

정답　1③　2④　3②　4④　5①　6③　7①　8①　9②　10①

제2장

일본 초등학교

2학년 한자

160자

일본 초등학교 2학년 한자 160자

✖ 아래는 제 2장에서 배우는 한자 일람표입니다. 알고 있는 한자에 체크해 보세요.

親	父	母	兄	弟	姉	妹	友	頭	顔
친할 친	아비 부	어미 모	형 형	아우 제	윗누이 자	누이 매	벗 우	머리 두	낯 안
首	体	心	声	毛	時	春	夏	秋	冬
머리 수	몸 체	마음 심	소리 성	털 모	때 시	봄 춘	여름 하	가을 추	겨울 동
朝	昼	夜	午	前	後	今	古	毎	週
아침 조	낮 주	밤 야	낮 오	앞 전	뒤 후	이제 금	옛 고	매양 매	주일 주
曜	地	雲	雪	風	海	池	里	野	谷
빛날 요	땅 지	구름 운	눈 설	바람 풍	바다 해	못 지	마을 리	들 야	골 곡
岩	原	星	牛	馬	鳥	羽	魚	肉	米
바위 암	언덕 원/ 근원 원	별 성	소 우	말 마	새 조	깃 우	물고기 어	고기 육	쌀 미
麦	茶	黄	黒	遠	近	内	外	多	少
보리 맥	차 다(차)	누를 황	검을 흑	멀 원	가까울 근	안 내	바깥 외	많을 다	적을 소
太	細	強	弱	高	東	西	南	北	国
클 태	가늘 세	굳셀 강	약할 약	높을 고	동녘 동	서녘 서	남녘 남	북녘 북/ 질 배	나라 국
歌	家	角	間	京	計	考	公	工	科
노래 가	집 가	뿔 각	사이 간	서울 경	셀 계	생각할 고/ 살필 고	공평할 공	장인 공	과목 과

広 넓을 광	光 빛 광	教 가르칠 교	交 사귈 교	弓 활 궁
台 별 태/ 대 대	図 그림 도	道 길 도	刀 칼 도	読 읽을 독/ 구절 두
売 팔 매	買 살 매	明 밝을 명	鳴 울 명	門 문 문
分 나눌 분	社 모일 사	思 생각 사	寺 절 사	算 셈할 산
市 저자 시	矢 화살 시	食 먹을 식	新 새 신	室 집 실
引 끌 인	自 스스로 자	作 지을 작	長 긴 장	場 마당 장
組 짤 조	走 달릴 주	止 그칠 지	知 알 지	紙 종이 지
行 다닐 행	形 모양 형	戸 집 호	画 그림 화/ 그을 획	話 말씀 화

帰 돌아갈 귀	記 기록할 기	汽 물 끓는 김 기	答 대답 답	当 마땅할 당
同 한가지 동	楽 즐길 락(낙)/ 풍류 악	来 올 래(내)	理 다스릴 리 (이)	万 일만 만
聞 들을 문	半 반 반	方 모 방	番 차례 번	歩 걸음 보
色 빛 색	書 글 서	船 배 선	線 줄 선	数 셀 수
言 말씀 언	語 말씀 어	用 쓸 용	元 으뜸 원	園 동산 원
才 재주 재	電 번개 전	切 끊을 절/ 온통 체	店 가게 점	点 점 점
直 곧을 직	晴 갤 청	通 통할 통	何 어찌 하	合 합할 합
丸 둥글 환	活 살 활	回 돌아올 회	会 모일 회	絵 그림 회

📍 필순은 별책 부록 쓰기 노트에 있습니다.

0081 ☐☐ --

親

친할 친

16획 | N3

음 しん
친友 친우, 친구, 벗　　親切 친절　　肉親 육친

훈 おや
親子 부모와 자식　　親指 엄지손가락, 엄지발가락

したしい
親しい 친하다, 사이가 좋다

したしむ
親しむ 친하게 지내다

• 彼は子供の時からの親友です。 그는 어렸을 때부터 친구입니다.
• 外国人の友達と親しくなりたいです。 외국인 친구와 친해지고 싶습니다.

0082 ☐☐ --

父

아비 부

4획 | N5

음 ふ
父母 부모　　祖父 할아버지

훈 ちち
父 아빠, 아버지　　父親 부친, 아버지

특 お父さん 아버지

• 祖父は有名なはいゆうです。 할아버지는 유명한 배우입니다.
• 父親は小学校の先生です。 아버지는 초등학교 선생님입니다.

0083 ☐☐ --

母

어미 모

5획 | N5

음 ぼ
母国 모국　　母校 모교　　祖母 할머니

훈 はは
母 엄마, 어머니　　母親 모친, 어머니

특 お母さん 어머니

• 私の母国語は韓国語です。 나의 모국어는 한국어입니다.
• 母親は料理が上手です。 어머니는 요리를 잘하십니다.

0084 ☐☐ --

兄

형 형

5획 | N3

음 きょう、けい
兄弟 형제　　父兄 학부모

훈 あに
兄 형, 오빠

특 お兄さん 형, 형님, 오빠

• いっしょに住んでいる兄弟がいますか。 함께 살고 있는 형제가 있습니까?
• 兄は大学生で高校生の弟もいます。 형(오빠)은 대학생이고 고등학생인 남동생도 있습니다.

0085 ☐☐

弟

아우 제

7획 | N4

- ㉿ だい、てい、で　　　兄弟 형제　　師弟 사제, 스승과 제자　　弟子 제자
- ㉨ おとうと　　　　　　弟 남동생
- 有名なデザイナーに弟子入りしたい。 유명한 디자이너에게 제자로 들어가고 싶다.
- 弟は中学生です。 남동생은 중학생입니다.

0086 ☐☐

姉

윗누이 자

8획 | N4

- ㉿ し　　　　　　　　姉妹 자매
- ㉨ あね　　　　　　　姉 언니, 누나
- 日本にある姉妹校に行ってきました。 일본에 있는 자매교에 갔다 왔습니다.
- 姉は今年大学を卒業しました。 언니(누나)는 올해 대학을 졸업했습니다.

0087 ☐☐

妹

누이 매

8획 | N4

- ㉿ まい　　　　　　　姉妹 자매
- ㉨ いもうと　　　　　妹 여동생
- 姉妹の仲が良いです。 자매 사이가 좋습니다.
- 妹は小学生ですが背が高いです。 여동생은 초등학생이지만 키가 큽니다.

0088 ☐☐

友

벗 우

4획 | N5

- ㉿ ゆう　　　　　　　友情 우정　　親友 친우, 절친한 친구
- ㉨ とも　　　　　　　友達 친구
- 親友がけっこんしました。 친한 친구가 결혼했습니다.
- 友達がうちへあそびに来ました。 친구가 우리 집에 놀러 왔습니다.

0089 ☐☐

頭

머리 두

16획 | N4

- ㉿ ず、とう、と　　　頭上 머리 위　　先頭 선두, 앞장　　音頭 선창
- ㉨ あたま、かしら　　頭 머리　　頭金 (선불) 계약금　　頭文字 머리글자, 이니셜
- 去年の優勝チームを先頭に入場しました。 작년 우승팀을 선두로 입장했습니다.
- 彼女は頭がいいです。 그녀는 머리가 좋습니다.

0090 ☐☐ --

顔
낯 안
18획 | N3

- 음 がん｜顔面 안면　洗顔 세안
- 훈 かお｜顔 얼굴　顔色 안색　笑顔 웃는 얼굴

- いそがしくて洗顔もできませんでした。 바빠서 세안도 못 했습니다.
- 顔色が悪いのはあまり寝ていないからです。 안색이 좋지 않은 것은 별로 자지 못해서예요.

0091 ☐☐ --

首
머리 수
9획 | N3

- 음 しゅ｜首都 수도　首席 수석　自首 자수
- 훈 くび｜首 목　首筋 목덜미　足首 발목

- 日本の首都は東京です。 일본의 수도는 도쿄입니다.
- 運動をした後、足首が痛くなりました。 운동을 한 후 발목이 아파졌습니다.

0092 ☐☐ --

体
몸 체　[體]
7획 | N3

- 음 たい、てい｜体育 체육　主体 주체　世間体 체면, 이목
- 훈 からだ｜体 몸

- 明日体育大会があります。 내일 체육 대회가 있습니다.
- 体のちょうしがよくなりました。 몸 상태가 좋아졌습니다.

0093 ☐☐ --

心
마음 심
4획 | N4

- 음 しん、じん｜心身 심신　安心 안심　用心 조심, 주의
- 훈 こころ｜心 마음　親心 부모의 마음　恋心 연심, 연정

- 火の用心 불조심
- 彼は心があたたかい人です。 그는 마음이 따뜻한 사람입니다.

0094 ☐☐ --

声
소리 성　[聲]
7획 | N3

- 음 せい｜名声 명성　声楽 성악
- 훈 こえ、こわ｜声 (목)소리　歌声 노랫소리　声色 음색, 목청

- デザイナーとして名声をあげました。 디자이너로 명성을 날렸습니다.
- あの歌手の声はきれいです。 저 가수의 목소리는 곱습니다.

0095

毛
털 모
4획 | N4

- 음 もう
- 훈 け

毛布 담요　二毛作 이모작　羊毛 양모, 양털

毛 털　毛皮 모피, 털가죽　毛玉 보푸라기

- ちょっと寒いので毛布をください。 조금 추우니까 담요를 주세요.
- 猫の毛が布団についています。 고양이 털이 이불에 붙어 있습니다.

0096

時
때 시
10획 | N5

- 음 じ
- 훈 とき
- 특 時計 시계

時代 시대　時間 시간　当時 당시

時 때　時々 때때로　片時 한시, 잠시

- 会社まで1時間もかかりません。 회사까지 1시간도 안 걸립니다.
- 電車は時々おくれることもあります。 전철은 때때로 늦는 일도 있습니다.

0097

春
봄 춘
9획 | N4

- 음 しゅん
- 훈 はる

青春 청춘　新春 신춘　立春 입춘

春 봄　春風 봄바람　春先 초봄

- 若者よ、青春を楽しめ。 젊은이여, 청춘을 즐겨라.
- 春にさくらがさきます。 봄에 벚꽃이 핍니다.

0098

夏
여름 하
10획 | N4

- 음 か、げ
- 훈 なつ

夏季 하계, 여름철　夏期 하기　夏至 하지

夏 여름　真夏 한여름　夏物 여름 용품, 여름 옷

- 夏季マラソン大会が開かれます。 하계 마라톤 대회가 열립니다.
- オーストラリアのクリスマスは真夏です。 호주의 크리스마스는 한여름입니다.

0099

秋
가을 추
9획 | N4

- 음 しゅう
- 훈 あき

秋分 추분　初秋 초가을　立秋 입추

秋 가을　秋雨 가을비　秋口 초가을

- 初秋だからまだ暑いですね。 초가을이라서 아직 덥네요.
- 私は秋に生まれました。 나는 가을에 태어났습니다.

冬
겨울 동
5획 | N4

| 음 | とう | 冬季 동계 | 冬至 동지 | 初冬 초겨울 |
| 훈 | ふゆ | 冬 겨울 | 冬休み 겨울 방학, 겨울 휴가 | |

- 冬季オリンピックにさんかします。 동계 올림픽에 참가합니다.
- 冬休みにさっぽろへ行きます。 겨울 방학에 삿포로에 갑니다.

朝
아침 조
12획 | N4

| 음 | ちょう | 朝食 조식 | 朝刊 조간 | 早朝 이른 아침 |
| 훈 | あさ | 朝 아침 | 朝日 아침해 | 毎朝 매일 아침 |

- このホテルは朝食つきです。 이 호텔은 조식 포함입니다.
- 毎朝新聞を読みます。 매일 아침 신문을 읽습니다.

昼
낮 주 畫
9획 | N4

| 음 | ちゅう | 昼食 중식, 점심 | 昼夜 낮과 밤 | 白昼 백주, 대낮 |
| 훈 | ひる | 昼間 낮 동안 | 昼寝 낮잠 | 昼休み 점심 휴식 시간 |

- 昼食はパンを食べました。 점심은 빵을 먹었습니다.
- 昼寝がしたいです。 낮잠을 자고 싶습니다.

夜
밤 야
8획 | N4

| 음 | や | 夜食 야식 | 夜景 야경 | 深夜 심야 |
| 훈 | よ、よる | 夜空 밤하늘 | 月夜 달밤 | 夜昼 낮과 밤 |

- ソウルの夜景が見たいです。 서울의 야경을 보고 싶습니다.
- 雨がやんで夜空がきれいですね。 비가 그쳐서 밤하늘이 예쁘군요.

午
낮 오
4획 | N4

| 음 | ご | 午前 오전 | 午後 오후 | 正午 정오, 한낮 |

- かいぎはいつも午前中にあります。 회의는 항상 오전 중에 있습니다.
- 一年生は午後２時に学校が終わります。 1학년은 오후 2시에 학교가 끝납니다.

0105

前

앞 전

9획 | N5

- 음 ぜん
- 훈 まえ

前後 전후　　午前 오전　　事前 사전

前 앞　　名前 이름　　三人前 3인분, 세 사람 몫

- 明日の午前にかいぎがあります。 내일 오전에 회의가 있습니다.
- お名前を書いてください。 이름을 써 주세요.

0106

後

뒤 후

9획 | N5

- 음 ご、こう
- 훈 のち

　　うしろ

　　あと

　　おくれる

午後 오후　　後悔 후회　　後半 후반

後 뒤(시간적으로)

後ろ 뒤(위치적으로)

後 뒤, 후, 나중　　後味 뒷맛　　後先 앞뒤, 전후

後れる 뒤떨어지다, 뒤처지다, 여의다

- 車の後方に注意してください。 자동차 후방을 주의해 주세요.
- 食べた後、皿洗いをします。 먹은 후에 설거지를 합니다.

0107

今

이제 금

4획 | N5

- 음 こん
- 훈 いま

今度 이번, 다음　　今後 금후, 향후, 앞으로

今 지금　　今さら 이제 와서　　今時 요즘

- 今度いっしょにごはんを食べましょう。 다음에 함께 밥을 먹읍시다.
- 今本を読んでいます。 지금 책을 읽고 있습니다.

0108

古

옛 고

5획 | N5

- 음 こ
- 훈 ふるい

古書 고서　　古代 고대　　中古 중고

古い 오래되다

- 家で古書を見つけました。 집에서 고서를 찾았습니다.
- このかばんは古いです。 이 가방은 오래되었습니다.

毎
매양 매　毎
6획 | N5

(음) まい

毎日 매일　毎年 매년　毎回 매회, 매번

• 毎日運動をします。 매일 운동을 합니다.
• 毎年ねんがじょうを書きます。 매년 연하장을 씁니다.

週
주일 주
11획 | N5

(음) しゅう

週末 주말　先週 지난주　毎週 매주

• 週末にドライブに行きませんか。 주말에 드라이브 가지 않을래요?
• 先週テストを受けました。 지난주에 테스트를 받았습니다.

曜
빛날 요　曜
18획 | N3

(음) よう

曜日 요일　土曜日 토요일　月曜日 월요일

• 今日は何曜日ですか。 오늘은 무슨 요일입니까?
• 土曜日にドライブに行きませんか。 토요일에 드라이브하러 가지 않을래요?

地
땅 지
6획 | N4

(음) ち、じ

地下 지하　地面 지면　地震 지진

• 地下室にはどうやって行きますか。 지하실은 어떻게 갑니까?
• 地面がぬれています。 지면이 젖어 있습니다.

雲
구름 운
12획 | N2

(음) うん

雲海 구름이 낀 바다, 운해　星雲 성운

(훈) くも

雲 구름　雲間 구름 사이　雨雲 비구름

• 雲海の景色はすてきです。 구름이 낀 바다의 경치는 멋집니다.
• 空に雲一つありません。 하늘에 구름 하나 없습니다.

0114

雪
눈 설
11획 | N4

음 せつ
훈 ゆき

雪原 설원　　新雪 신설, 새해 첫눈　　白雪 백설
雪 눈　　雪だるま 눈사람　　雪合戦 눈싸움

・山に新雪がふりました。 산에 새해 첫눈이 내렸습니다.
・友達と雪だるまを作りました。 친구와 눈사람을 만들었습니다.

0115

風
바람 풍
9획 | N4

음 ふう、ふ
훈 かぜ、かざ
特 風邪 감기

風水 풍수　　和風 일본풍, 일본식　　風呂 욕실, 목욕탕
風 바람　　風見 풍향계　　風車 풍차, 바람개비

・明太子を入れて和風パスタを作りました。 명란젓을 넣어 일본식 파스타를 만들었습니다.
・強い風がふいています。 강한 바람이 불고 있습니다.

0116

海
바다 해　海
9획 | N3

음 かい
훈 うみ

海洋 해양　　海岸 해안　　航海 항해
海 바다　　海辺 해변

・海洋学をべんきょうします。 해양학을 공부합니다.
・海で泳ぐのが好きです。 바다에서 헤엄치는 것을 좋아합니다.

0117

池
못 지
6획 | N3

음 ち
훈 いけ

電池 전지, 건전지　　貯水池 저수지
池 연못

・マウスの電池が切れました。 마우스의 전지가 끊겼습니다.
・家の庭に古池があります。 집의 정원에 오래된 연못이 있습니다.

0118

里
마을 리
7획 | N2

음 り
훈 さと

万里 만리, 매우 멂　　海里 해리　　郷里 향리, 고향
里 마을, 시골

・万里の長城に行ってきました。 만리장성에 다녀왔습니다.
・この里は人口が減り若い人もあまりいません。
이 마을은 인구가 줄어 젊은 사람도 별로 없습니다.

野
들 야
11획 | N4

- (음) や　　野生 야생　野外 야외　分野 분야
- (훈) の　　野原 들, 들판　野良 들

- 森から野生動物が出るかもしれません。 숲에서 야생 동물이 나올지도 모릅니다.
- 森の向こうに野原が広がっています。 숲 너머로 들판이 펼쳐져 있습니다.

谷
골 곡
7획 | N2

- (음) こく　　渓谷 계곡
- (훈) たに　　谷 골짜기　谷風 골짜기 바람

- 渓谷へあそびに行きました。 계곡에 놀러 갔습니다.
- 谷風がさわやかに吹いています。 골짜기 바람이 상쾌하게 불고 있습니다.

岩
바위 암　巖
8획 | N2

- (음) がん　　岩石 암석　溶岩 용암　火成岩 화성암
- (훈) いわ　　岩 바위　岩角 바위 모서리　岩場 암석 지대

- 大学では岩石をけんきゅうしています。 대학에서는 암석을 연구하고 있습니다.
- せまい道なので岩角にご注意ください。 좁은 길이기 때문에 바위 모서리를 주의해 주세요.

原
언덕 원/근원 원
10획 | N2

- (음) げん　　原作 원작　原因 원인　原理 원리
- (훈) はら　　野原 들, 들판　草原 초원

- このドラマの原作はマンガです。 이 드라마의 원작은 만화입니다.
- 馬が野原を走っています。 말이 들판을 달리고 있습니다.

星
별 성
9획 | N2

- (음) せい、しょう　　星座 별자리　火星 화성　明星 금성, 샛별
- (훈) ほし　　星 별　流れ星 유성, 별똥별　星空 별이 총총한 밤하늘

- 火星は地球から遠くはなれています。 화성은 지구로부터 멀리 떨어져 있습니다.
- 流れ星を見ながら願い事をしました。 별똥별을 보면서 소원을 빌었습니다.

0124 ☐☐

牛
소 우
4획 | N3

음 ぎゅう
牛肉 소고기　牛乳 우유　牛丼 소고기 덮밥

훈 うし
牛 소　子牛 송아지

- 牛肉を入れてカレーを作りました。 소고기를 넣고 카레를 만들었습니다.
- 動物園で牛の親子を見ました。 동물원에서 어미소와 새끼소를 봤습니다.

0125 ☐☐

馬
말 마
10획 | N3

음 ば
馬車 마차　木馬 목마　競馬 경마

훈 うま、ま
馬 말　馬子 마부　竹馬 죽마

- トロイの木馬を知っていますか。 트로이 목마를 알고 있습니까?
- 馬に乗るのは初めてです。 말을 타는 것은 처음입니다.

0126 ☐☐

鳥
새 조
11획 | N4

음 ちょう
一石二鳥 일석이조　白鳥 백조　野鳥 들새

훈 とり
鳥 새　鳥居 도리이(일본 신사 앞에 세워진 기둥)

특 鳥取 돗토리(지명)

- 好きなことをしながら、お金もかせげるとは一石二鳥です。
  좋아하는 것을 하면서 돈도 벌 수 있다니 일석이조입니다.
- 木の上に鳥がいます。 나무 위에 새가 있습니다.

0127 ☐☐

羽
깃 우　羽
6획 | N2

음 う
羽化 곤충의 번데기가 성충이 됨　羽毛 새털, 깃털

훈 は、はね
羽音 날갯소리　羽衣 신선의 옷　羽 날개

- カラスの羽毛は黒いです。 까마귀의 깃털은 까맣습니다.
- 鳥が羽にけがをしました。 새가 날개에 상처를 입었습니다.

*けがをする 상처를 입다

0128 ☐☐

魚
물고기 어
11획 | N4

음 ぎょ、こ
金魚 금붕어　人魚 인어　雑魚 잡어

훈 うお、さかな
魚市場 생선 시장　青魚 등 푸른 생선

- 家で金魚をかっています。 집에서 금붕어를 키우고 있습니다.
- サバは青魚です。 고등어는 등 푸른 생선입니다.

肉 고기 육
6획 | N4

음 にく

肉食 육식　　肉体 육체　　牛肉 소고기

- とらは肉食動物です。 호랑이는 육식 동물입니다.
- 私は牛肉が一番好きです。 나는 소고기를 가장 좋아합니다.

米 쌀 미
6획 | N4

음 まい、べい

白米 백미　　新米 햅쌀, 풋내기　　米国 미국

훈 こめ

米 쌀　　米代 쌀값　　米所 곡창

- ごはんは白米でおねがいします。 밥은 백미로 부탁드립니다.
- 日本人の主食は米です。 일본인의 주식은 쌀입니다.

麦 보리 맥　麥
7획 | N3

음 ばく

麦芽 맥아　　米麦 쌀과 보리

훈 むぎ

麦 보리　　麦茶 보리차　　小麦 밀

- 麦芽はさけを作る時に使います。 맥아는 술을 만들 때 사용합니다.
- のどがかわいたので麦茶をください。 목이 마르니까 보리차를 주세요.

茶 차 다(차)
9획 | N3

음 ちゃ、さ

お茶 차　　茶色 갈색　　喫茶店 찻집

- 茶道は日本の文化です。 다도는 일본의 문화입니다.
- かみを茶色にそめました。 머리를 갈색으로 염색했습니다.

黄 누를 황　黄
11획 | N2

음 こう、おう

黄河 황하　　黄砂 황사　　黄金 황금

훈 き、こ

黄身 노른자　　黄色 노란색　　黄金色 황금빛

- 日本は昔、黄金の国といわれました。 일본은 옛날에 황금의 나라라고 불렸습니다.
- たまごの黄身が好きです。 계란 노른자를 좋아합니다.

0134 ☐☐

黒

검을 흑 ☐黒

11획 | N3

- 음 こく
- 훈 くろ、くろい

黒板 칠판　暗黒 암흑

黒字 흑자　白黒 흑백　黒い 검다

- 黒板に名前を書きました。 칠판에 이름을 썼습니다.
- 今月に入ってやっと黒字になりました。 이번 달에 들어와서 간신히 흑자가 되었습니다.

0135 ☐☐

遠

멀 원

13획 | N3

- 음 えん、おん
- 훈 とおい

遠心力 원심력　永遠 영원　久遠 영원(불교 용어)

遠い 멀다

- 私たちの愛は永遠です。 우리의 사랑은 영원합니다.
- 家は駅から遠くて不便です。 집은 역에서 멀어서 불편합니다.

0136 ☐☐

近

가까울 근

7획 | N3

- 음 きん
- 훈 ちかい

近代 근대　近所 근처, 이웃　最近 최근

近い 가깝다

- 最近ダイエットをはじめました。 최근 다이어트를 시작했습니다.
- 会社が家から近くて通勤が楽です。 회사가 집에서 가까워서 통근이 편합니다.

0137 ☐☐

内

안 내

4획 | N4

- 음 ない、だい
- 훈 うち

内容 내용　案内 안내　境内 (절, 신사의) 경내

内 안, 속　内気 내성적　内側 안쪽

- マンガの内容が面白いです。 만화 내용이 재미있습니다.
- 彼は内気でおとなしいです。 그는 내성적이고 얌전합니다.

外

바깥 외

5획 | N4

㉠ がい、げ 　　　外出 외출 　　海外 해외 　　外科 외과

㉣ そと 　　　　　外 밖 　　　　外海 외해, 외양

　　ほか 　　　　外 다른 것, 딴 것

　　はずす 　　　外す 빼다, 벗기다

　　はずれる 　　外れる 빠지다, 벗겨지다

• 海外に行ったことがありますか。해외에 간 적이 있습니까?
• 外は雪がふっています。밖은 눈이 내리고 있습니다.

多

많을 다

6획 | N4

㉠ た 　　　　　多数 다수 　　多量 다량 　　最多 최다

㉣ おおい 　　　多い 많다

• 多量の水が入っています。다량의 물이 들어 있습니다.
• 家の近くに店が多くてべんりです。집 근처에 가게가 많아서 편리합니다.

少

적을 소

4획 | N5

㉠ しょう 　　　少数 소수 　　少量 소량, 적은 양 　　多少 다소

㉣ すくない、すこし 　少ない 적다 　少し 조금

• 中国には少数みんぞくが多いです。중국에는 소수 민족이 많습니다.
• ラーメンにねぎを少し入れてください。라멘에 파를 조금 넣어 주세요.

太

클 태

4획 | N4

㉠ たい、た 　　　太平洋 태평양 　　太陽 태양 　　太刀 큰 칼

㉣ ふとい、ふとる 　太い 굵다 　太る 살찌다

• 今日は太陽がまぶしいですね。오늘은 태양이 눈부시네요.
• 毎日夜食を食べて太ってしまった。매일 야식을 먹어서 살찌고 말았다.

0142

細

가늘 세

11획 | N2

음 さい

훈 ほそい、ほそる
　こまか、こまかい

細心 세심　　細工 세공　　詳細 상세, 자세함

細い 가늘다　　細る 가늘어지다, 여위다

細か 세세한 모양　　細かい 세세하다, 잘다, 사소하다

• ピアノを運ぶ時は細心の注意が必要だ。 피아노를 옮길 때는 세심한 주의가 필요하다.
• 私はラーメンの細いめんが好きです。 나는 라멘의 가는 면을 좋아합니다.

0143

強

굳셀 강

11획 | N3

음 きょう、ごう

훈 つよい

　つよまる

　つよめる

　しいる

強化 강화　　勉強 공부　　強引 강제, 억지

強い 강하다

強まる 강해지다, 세지다

強める 강화하다, 세게 하다

強いる 강요하다, 강권하다

• 強化ガラスフィルムをはりました。 강화 유리 필름을 붙였습니다.
• 風が強まりました。 바람이 강해졌습니다.

0144

弱

약할 약　弱

10획 | N3

음 じゃく

훈 よわい、よわる
　よわまる、よわめる

弱体 약체, 약한 몸　　弱点 약점　　強弱 강약

弱い 약하다　　弱る 약해지다, 곤란해지다

弱まる 약해지다　　弱める 약하게 하다, 약화시키다

• 彼は相手の弱点を見つけた。 그는 상대의 약점을 발견했다.
• すこし火を弱めてください。 조금 불을 줄여 주세요.

0145

高

높을 고

10획 | N4

음 こう

훈 たかい

　たか

　たかまる

　たかめる

高校 고등학교　　高速 고속　　最高 최고

高い 높다, 비싸다

高台 고대, 높은 지대　　残高 잔고

高まる 높아지다

高める 높이다

• 高速バスに乗って大阪へ行きます。 고속버스를 타고 오사카에 갑니다.
• 田中さんは背が高いです。 다나카 씨는 키가 큽니다.

東

동녘 동

8획 | N5

음 とう　東京 도쿄(지명)　東洋 동양

훈 ひがし　東 동, 동쪽　東口 동쪽 출구　東側 동쪽

• ここから東京タワーが見えます。 여기서 도쿄타워가 보입니다.

• 東口にコンビニがあります。 동쪽 출구에 편의점이 있습니다.

西

서녘 서

6획 | N5

음 せい、さい、ざい　西洋 서양　関西 관서, 간사이(지명)　東西 동서

훈 にし　西 서, 서쪽　西口 서쪽 출구　西日 석양, 저녁 해

• 学校で西洋史をべんきょうしています。 학교에서 서양사를 공부하고 있습니다.

• 西口の近くに書店があります。 서쪽 출구 근처에 서점이 있습니다.

南

남녘 남

9획 | N5

음 なん　南北 남북　南下 남하

훈 みなみ　南 남, 남쪽　南向き 남향　南側 남쪽

• 韓国は南北にわかれています。 한국은 남북으로 나누어져 있습니다.

• 南向きの家に住んでいます。 남향집에 살고 있습니다.

北

북녘 북/질 배

5획 | N5

음 ほく、ぼく　北極 북극　北海道 홋카이도(지명)　敗北 패배

훈 きた　北 북, 북쪽　北口 북쪽 출구　北風 북풍

• 北海道に行ったことがあります。 홋카이도에 간 적이 있습니다.

• 北アメリカに行きたいです。 북아메리카에 가고 싶습니다.

国

나라 국　國

8획 | N5

음 こく、ごく　外国 외국　全国 전국　中国 중국

훈 くに　国 나라, 고향　島国 섬나라

• 外国に住んだことがあります。 외국에서 살았던 적이 있습니다.

• 日本は細長い島国です。 일본은 가늘고 긴 섬나라입니다.

아래의 한자를 보고 빈칸에 읽는 법과 뜻을 써 봅시다.

한자	읽는 법	뜻
예 牛肉	ぎゅうにく	소고기
01 午後		
02 海辺		
03 時々		
04 太陽		
05 近所		
06 名前		
07 首都		
08 毎年		
09 火星		
10 姉妹		
11 米国		
12 金魚		
13 頭文字		
14 親子		
15 兄弟		

정답

01 ごご 오후　02 うみべ 해변가　03 ときどき 때때로　04 たいよう 태양　05 きんじょ 근처
06 なまえ 이름　07 しゅと 수도　08 まいとし 매년　09 かせい 화성　10 しまい 자매
11 べいこく 미국　12 きんぎょ 금붕어　13 かしらもじ 머리글자, 이니셜　14 おやこ 부모와 자식　15 きょうだい 형제

📍 필순은 별책 부록 쓰기 노트에 있습니다.

0151

歌
노래 가
14획 | N3

음 か

훈 うた、うたう

歌手 가수　国歌 국가　校歌 교가

歌 노래　歌声 노랫소리　歌う 노래하다

• 有名な歌手と会いました。 유명한 가수와 만났습니다.
• 結婚式で愛の歌を歌いました。 결혼식에서 사랑 노래를 불렀습니다.

0152

家
집 가
10획 | N3

음 か、け

家具 가구　作家 작가
本家 (유파의) 종가. (상점의) 본점

훈 いえ、や

家 집　家出 가출　大家 집주인　家賃 집세

• 作家になるために本をたくさん読みました。 작가가 되기 위해서 책을 많이 읽었습니다.
• 大家さんに家賃を払いました。 집주인한테 집세를 냈습니다.

0153

角
뿔 각
7획 | N2

음 かく

角度 각도　三角 삼각　頭角 두각

훈 かど、つの

角 모서리, 모퉁이　角 뿔

• 図形の角度をはかっています。 도형의 각도를 재고 있습니다.
• この角を右に曲がってください。 이 모퉁이에서 오른쪽으로 꺾으세요.

0154

間
사이 간
12획 | N5

음 かん、けん、げん

時間 시간　世間 세상, 세간　人間 인간

훈 あいだ、ま

間 사이, 동안　合間 틈, 짬

• いそがしくて時間がありません。 바빠서 시간이 없습니다.
• テレビといすの間にねこがいます。 TV와 의자 사이에 고양이가 있습니다.

0155

京
서울 경
8획 | N3

음 きょう、けい

上京 상경　京浜 게이힌(도쿄와 요코하마)

• 用事があって上京しました。 볼일이 있어서 상경했습니다.
• 京浜線に乗って横浜に行きます。 게이힌선을 타고 요코하마에 갑니다.

計
셀 계
9획 | N3

- 음 けい
- 훈 はかる、はからう

計量 계량　計算 계산　時計 시계
計る 가늠하다, 세다　計らう 상의하다, 조처하다

- 弟のたんじょう日に時計を買ってあげました。
  남동생의 생일에 시계를 사 주었습니다.
- びょういんで体温を計りました。 병원에서 체온을 쟀습니다.

考
생각할 고/살필 고
6획 | N3

- 음 こう
- 훈 かんがえる

考案 고안　思考 사고　参考 참고
考える 생각하다

- 本を読むと思考が深まります。 책을 읽으면 사고가 깊어집니다.
- よく考えて言ってください。 잘 생각하고 말해 주세요.

公
공평할 공
4획 | N1

- 음 こう
- 훈 おおやけ

公園 공원　公平 공평　主人公 주인공
公 공공, 공적, 정부, 공개

- 公園のトイレは工事中です。 공원의 화장실은 공사 중입니다.
- 事件が公になった。 사건이 공개되었다.

工
장인 공
3획 | N3

- 음 こう、く

工場 공장　加工 가공　大工 목수

- ぶた肉を加工してハムを作ります。 돼지고기를 가공해서 햄을 만듭니다.
- 大工になるためには資格が必要です。 목수가 되기 위해서는 자격이 필요합니다.

科
과목 과
9획 | N2

- 음 か

科学 과학　教科書 교과서　内科 내과

- 小さいころから科学が好きでした。 어렸을 때부터 과학을 좋아했습니다.
- 内科医になるのが夢です。 내과의사가 되는 것이 꿈입니다.

広 넓을 광 廣
5획 | N3

- 음 こう　広大 광대(넓고 큼)　広告 광고　広報 홍보
- 훈 ひろい　広い 넓다
- ひろまる　広まる 넓어지다, 널리 퍼지다
- ひろめる　広める 넓히다, 널리 퍼지게 하다
- ひろがる　広がる 넓어지다, 퍼지다
- ひろげる　広げる 넓히다, 펼치다

- 広告モデルは松本さんです。 광고 모델은 마쓰모토 씨입니다.
- 両手を広げてみてください。 양손을 벌려 봐 주세요.

光 빛 광
6획 | N3

- 음 こう　光景 광경　夜光 야광　観光 관광
- 훈 ひかる、ひかり　光る 빛나다　光 빛

- きのうは一日中観光しました。 어제는 하루 종일 관광했습니다.
- 星が明るく光っています。 별이 밝게 빛나고 있습니다.

教 가르칠 교
11획 | N3

- 음 きょう　教育 교육　教訓 교훈　宗教 종교
- 훈 おしえる、おそわる　教える 가르치다　教わる 가르침을 받다, 배우다

- 教育ボランティア活動をしています。 교육 봉사 활동을 하고 있습니다.
- 学生たちに日本語を教えます。 학생들에게 일본어를 가르칩니다.

0164 ☐☐

交
사귈 교
6획 | N2

음 こう

交流 교류 外交 외교 社交 사교

훈 まじわる

交わる 교차하다, 사귀다

まじえる

交える 섞다, 교차시키다

まじる

交じる 섞이다, 사귀다

まざる

交ざる 섞이다

まぜる

交ぜる 섞다

かわす

交わす 주고받다, 교환하다

• こくさい交流は重要です。 국제 교류는 중요합니다.
• お互いの意見を交わしました。 서로의 의견을 주고받았습니다.

0165 ☐☐

弓
활 궁
3획 | N1

음 きゅう

弓道 궁도, 궁술 洋弓 양궁

훈 ゆみ

弓 활 弓矢 활과 화살

• 彼は洋弓選手としてかつやくしました。 그는 양궁 선수로서 활약했습니다.
• 父は弓を作っています。 아버지는 활을 만듭니다.

0166 ☐☐

帰
돌아갈 귀 歸
10획 | N3

음 き

帰宅 귀가 帰国 귀국 帰化 귀화

훈 かえる、かえす

帰る 돌아가(오)다 帰す 돌려보내다

• 来月、帰国します。 다음 달에 귀국합니다.
• 彼女は3年ぶりに国へ帰りました。 그녀는 3년 만에 고국에 돌아갔습니다.

0167 ☐☐

記
기록할 기
10획 | N2

음 き

記号 기호 記者 기자 日記 일기

훈 しるす

記す 적다, 기록하다

• 私は毎日日記を書きます。 나는 매일 일기를 씁니다.
• 忘れないようにメモちょうに記しておく。 잊지 않도록 메모장에 적어두다.

0168

물 끓는 김 기

7획 | N1

음 き

汽車 기차　　汽笛 기적　　汽船 기선

- 汽車が全速力で走っています。 기차가 전속력으로 달리고 있습니다.
- 出港を知らせる船の汽笛がなりました。 출항을 알리는 배의 기적이 울렸습니다.

0169

대답 답

12획 | N4

음 とう、どう

答案 답안　　応答 응답　　問答 문답

훈 こたえる、こたえ

答える 대답하다　　答え 대답, 해답

- 答案を写してはいけません。 답안을 베껴서는 안 됩니다.
- しつもんに答えてください。 질문에 대답해 주세요.

0170

마땅할 당 | 當

6획 | N3

음 とう

当時 당시　　本当 정말　　見当 예상, 짐작

훈 あたる、あてる

当たる 맞다, 해당하다, 쬐다

　　あてる

当てる 맞히다, 할당하다

- この小説は本当に面白かった。 이 소설은 정말로 재미있었다.
- 初めて宝くじに当たりました。 처음으로 복권에 당첨됐습니다.

0171

별 태/대 대 | 臺

5획 | N4

음 たい、だい

台風 태풍　　台本 대본　　一台 한 대

특 台詞 대사

- 車が一台あります。 자동차가 한 대 있습니다.
- 来週台風が来るそうです。 다음 주 태풍이 온다고 합니다.

0172

그림 도 | 圖

7획 | N4

음 ず、と

図面 도면　　地図 지도　　図書 도서

훈 はかる

図る 도모하다, 꾀하다

- 世界地図を買いました。 세계 지도를 샀습니다.
- 利用する人のべんぎを図りました。 이용하는 사람의 편의를 도모했습니다.

0173 ☐☐

道
길 도
12획 | N4

- 음 どう ／ 道路 도로　道理 도리, 이치　水道 수도
- とう ／ 神道 신도(일본의 전통적인 신앙)
- 훈 みち ／ 道 길　近道 지름길

• 道路工事で道が通れなくなりました。 도로 공사로 길을 지나갈 수 없게 되었습니다.
• 近道すれば10分で家につく。 지름길로 가면 10분이면 집에 도착한다.

0174 ☐☐

刀
칼 도
2획 | N2

- 음 とう ／ 刀剣 도검　日本刀 일본도　名刀 명검
- 훈 かたな ／ 刀 칼　*도(刀)는 한 쪽에만 날이 있고, 검(剣)은 양쪽에 날이 있음

• 博物館で本物の日本刀を見ました。 박물관에서 진짜 일본도를 봤습니다.
• 刀はするどいです。 칼은 날카롭습니다.

0175 ☐☐

読
읽을 독/구절 두 讀
14획 | N5

- 음 どく、とく、とう ／ 読書 독서　読本 국어 교과서, 해설서　読点 쉼표
- 훈 よむ ／ 読む 읽다

• 私のしゅみは読書です。 나의 취미는 독서입니다.
• 彼は小説を読んでいます。 그는 소설을 읽고 있습니다.

0176 ☐☐

同
한가지 동
6획 | N5

- 음 どう ／ 同一 동일　同時 동시, 같은 때　共同 공동
- 훈 おなじ ／ 同じ 같음, 동일　同い年 동갑

• りょうのキッチンは共同で使います。 기숙사의 주방은 공동으로 사용합니다.
• 彼と同じマンションに住んでいます。 그와 같은 맨션에 살고 있습니다.

0177 ☐☐

楽
즐길 락(낙)/풍류 악 樂
13획 | N3

- 음 がく、らく ／ 音楽 음악　楽天 낙천　楽だ 편하다
- 훈 たのしい、たのしむ ／ 楽しい 즐겁다　楽しむ 즐기다

• 好きな音楽がありますか。 좋아하는 음악이 있습니까?
• パーティーを楽しんでいます。 파티를 즐기고 있습니다.

0178 ☐☐

来
올 래(내) 來
7획 | N5

(음) らい　　来年 내년　　未来 미래　　本来 본래, 원래

(훈) くる　　来る 오다

きたる　　来る 찾아오다, 다가오다

きたす　　来す 초래하다

• 来年、はたちになります。 내년에 스무 살이 됩니다.
• 両親が学校へ来ました。 부모님께서 학교에 왔습니다.

0179 ☐☐

理
다스릴 리(이)
11획 | N3

(음) り　　理由 이유　　無理 무리　　処理 처리

• 明日の会議に来られない理由を言ってください。
내일 회의에 올 수 없는 이유를 말해 주세요.
• 今は時間がなくて無理です。 지금은 시간이 없어서 무리입니다.

0180 ☐☐

万
일만 만 萬
3획 | N5

(음) まん、ばん　　一万 일 만　　万国 만국　　万事 만사

• 私は一万円あります。 나는 만 엔이 있습니다.
• 万国はくらんかいが開かれました。 만국 박람회가 열렸습니다.

0181 ☐☐

売
팔 매 賣
7획 | N4

(음) ばい　　売店 매점　　発売 발매　　商売 장사

(훈) うる、うれる　　売る 팔다　　売れる 팔리다

• 売店でパンを買いました。 매점에서 빵을 샀습니다.
• 入り口でチケットを売っています。 입구에서 티켓을 팔고 있습니다.

0182 ☐☐

買
살 매
12획 | N5

(음) ばい　　買収 매수　　売買 매매　　購買 구매

(훈) かう　　買う 사다

• 土地を売買する仕事をしています。 토지를 매매하는 일을 하고 있습니다.
• 新しいワンピースを買いました。 새 원피스를 샀습니다.

0183 ☐☐

明

밝을 명

8획 | N4

- (음) めい、みょう
- (훈) あかり、あくる
  あかるい、あきらか
  あかるむ、あからむ
  あける
  あかす
- (특) 明日 내일

明白 명백　説明 설명　明朝 내일 아침

明かり 불빛　明くる 다음의(날, 달, 해 등이 옴)

明るい 밝다　明らか 분명함, 명백함

明るむ 밝아지다, 밝아오다　明らむ 밝아지다, 훤해지다

明ける 날이 새다, 새해가 되다, (기간이) 끝나다

明かす 밝히다, 털어놓다

- 明白な理由を言ってください。 명백한 이유를 말해 주세요.
- 明るい色のシャツがおにあいです。 밝은 색의 셔츠가 어울립니다.

0184 ☐☐

鳴

울 명

14획 | N2

- (음) めい
- (훈) なく、なる、
  ならす

悲鳴 비명　共鳴 공명

鳴く 울다　鳴る 울리다, 소리가 나다

鳴らす 울리다

- どこかで悲鳴が聞こえました。 어디선가 비명이 들렸습니다.
- 授業中に電話が鳴りました。 수업 중에 전화가 울렸습니다.

0185 ☐☐

門

문 문

8획 | N4

- (음) もん
- (훈) かど

正門 정문　校門 교문　専門家 전문가

門松 가도마쓰(새해에 문 앞에 세우는 소나무 장식)

門口 문간, 집 출입구

- 日本語の専門家になりたいです。 일본어 전문가가 되고 싶습니다.
- お正月に家の門口に門松を立てます。 설에 집의 문간에 가도마쓰를 세웁니다.

0186 ☐☐

聞

들을 문

14획 | N5

- (음) ぶん、もん
- (훈) きく、きこえる

新聞 신문　見聞 견문　前代未聞 전대미문

聞く 듣다　聞こえる 들리다

- 紙の新聞を読まない人がふえています。 종이 신문을 읽지 않는 사람이 늘고 있습니다.
- 私の声が聞こえますか。 제 목소리가 들립니까?

반 반 半

5획 | N5

音 はん 　半年 반 년　半分 반, 절반　後半 후반

訓 なかば 　半ば 절반, 중앙, 반

• もう半年が過ぎました。 벌써 반 년이 지났습니다.
• 三十代半ばの人が多いです。 30대 중반인 사람이 많습니다.

모 방

4획 | N4

音 ほう 　方法 방법　方向 방향　地方 지방

訓 かた 　味方 아군　見方 견해, 보는 방법

特 行方 행방

• 今年の春から東北地方に住んでいます。 올해 봄부터 도호쿠 지방에 살고 있습니다.
• 両親は私の一生の味方です。 부모님은 나의 평생의 아군입니다.

차례 번

12획 | N3

音 ばん 　番号 번호　一番 가장, 첫 번째　交番 파출소

• ケータイ番号を教えてください。 핸드폰 번호를 알려 주세요.
• 一番好きな日本料理は何ですか。 가장 좋아하는 일본 요리는 무엇입니까?

걸음 보 歩

8획 | N4

音 ほ、ぶ 　歩道 보도, 인도　散歩 산책　歩合 비율, 수수료

訓 あるく、あゆむ 　歩く 걷다　歩む 전진하다, 걸어가다

• 歩道に車を止めてはいけません。 보도에 차를 세우면 안 됩니다.
• 子どもたちが道を歩いています。 아이들이 길을 걷고 있습니다.

나눌 분

4획 | N5

音 ぶん、ふん、ぶ 　自分 자기, 자신, 스스로　二分 2분　分厚い 두껍다

訓 わける、わかつ 　分ける 나누다　分かつ 나누다, 가르다, 구분하다

　わかれる、わかる 　分かれる 갈라지다　分かる 알다, 이해하다

特 大分 오이타(지명)

• このパスタは自分で作りました。 이 파스타는 직접 만들었습니다.
• 道が二つに分かれました。 길이 두 갈래로 갈라졌습니다.

아래의 한자를 보고 빈칸에 읽는 법과 뜻을 써 봅시다.

한자	읽는 법	뜻
예 説明	せつめい	설명
01 日記		
02 台風		
03 広告		
04 理由		
05 地方		
06 前代未聞		
07 思考		
08 交流		
09 科学		
10 時計		
11 近道		
12 同一		
13 売店		
14 地図		
15 正門		

정답

01 にっき 일기　02 たいふう 태풍　03 こうこく 광고　04 りゆう 이유　05 ちほう 지방
06 ぜんだいみもん 전대미문　07 しこう 사고　08 こうりゅう 교류　09 かがく 과학　10 とけい 시계
14 ちかみち 지름길　12 どういつ 동일　13 ばいてん 매점　14 ちず 지도　15 せいもん 정문

📍 필순은 별책 부록 쓰기 노트에 있습니다.

0192 ☐☐

社
모일 사 社

7획 | N5

- (음) しゃ — 社員 사원　社会 사회　神社 신사
- (훈) やしろ — 社 신사
- 新入社員が入りました。 신입 사원이 들어왔습니다.
- この町には古い社があります。 이 마을에는 오래된 신사가 있습니다.

0193 ☐☐

思
생각 사

9획 | N3

- (음) し — 思考 사고　思想 사상　意思 의사
- (훈) おもう — 思う 생각하다
- 住民の意思を聞きましょう。 주민의 의사를 들읍시다.
- このニュースについてどう思いますか。 이 뉴스에 대해 어떻게 생각합니까?

0194 ☐☐

寺
절 사

6획 | N2

- (음) じ — 寺院 사원, 절　金閣寺 금각사
- (훈) てら — 寺 절
- 金閣寺は京都にあります。 금각사는 교토에 있습니다.
- 山の中に寺があります。 산속에 절이 있습니다.

0195 ☐☐

算
셈할 산

14획 | N2

- (음) さん、ざん — 算数 산수, 셈　予算 예산　暗算 암산
- 子供に算数を教えています。 아이에게 산수를 가르치고 있습니다.
- 旅行の予算はいくらですか。 여행 예산은 얼마입니까?

0196 ☐☐

色
빛 색

6획 | N3

- (음) しょく、しき — 原色 원색　特色 특색　景色 경치
- (훈) いろ — 色 색　白色 하얀색
- 富士山の景色がきれいですね。 후지산 경치가 예쁘네요.
- あなたはどんな色が好きですか。 당신은 어떤 색을 좋아합니까?

0197

음 しょ　　　書店 서점　　文書 문서　　読書 독서

훈 かく　　　書く 쓰다

• ワードで文書を作成してください。 워드로 문서를 작성해 주세요.
• エントリーシートを書きます。 입사 지원서를 씁니다.

글 서

10획 | N5

0198

음 せん　　　船員 선원　　船舶 선박　　乗船 승선

훈 ふね、ふな　　船 배　　船よい 뱃멀미　　船旅 선박 여행

• この船には外国人の船員が乗っています。 이 배에는 외국인 선원이 타고 있습니다.
• 船よいしてくすりを飲みました。 뱃멀미를 해서 약을 먹었습니다.

배 선　　　船

11획 | N2

0199

음 せん　　　線路 선로　　赤外線 적외선　　点線 점선

• 人間の目では赤外線を見ることができません。
　인간의 눈으로는 적외선을 볼 수 없습니다.
• ここに点線を描いてください。 여기에 점선을 그려 주세요.

줄 선

15획 | N2

0200

음 すう　　　数学 수학　　数量 수량　　少数 소수

훈 かず、かぞえる　　口数 말수, 사람 수　　数える 세다

• 彼女は数学が得意です。 그녀는 수학을 잘합니다.
• 人が多くて数えられません。 사람이 많아서 셀 수 없습니다.

셀 수　　　數

13획 | N2

0201

음 し　　　市民 시민　　市立 시립　　都市 도시

훈 いち　　　市場 시장　　朝市 아침 시장

• いなかより都市の方が好きです。 시골보다 도시 쪽을 좋아합니다.
• 朝市に行ってみたいです。 아침 시장에 가보고 싶습니다.

저자 시

5획 | N3

矢
화살 시
5획 | N1

- 음 **し** 　一矢 화살 한 개
- 훈 **や** 　矢 화살　　矢印 화살표

- 敵に一矢をむくいました。 적에게 반격했습니다.
- 矢印にそって進んでください。 화살표를 따라 나아가세요.

食
먹을 식
9획 | N4

- 음 **しょく、じき** 　食事 식사　食品 식품　断食 단식
- 훈 **たべる** 　食べる 먹다
- **くう** 　食う 먹다
- **くらう** 　食らう (속어) 먹다, 맞다, 받다

- 授業が終わってから食事に行きましょう。 수업이 끝나고 나서 식사하러 갑시다.
- 辛いものが食べたいです。 매운 것이 먹고 싶습니다.

新
새 신
13획 | N4

- 음 **しん** 　新年 신년　新鮮 신선　最新 최신
- 훈 **あたらしい** 　新しい 새롭다
- **あらた** 　新た 새로움
- **にい** 　新妻 새댁　新潟 니가타(지명)

- 新年会をしましょう。 신년회를 합시다.
- 新しいくつを買いました。 새로운 신발을 샀습니다.

室
집 실
9획 | N3

- 음 **しつ** 　室内 실내　教室 교실　温室 온실
- 훈 **むろ** 　室町 무로마치(1336~1573년)

- 体育の時間なので教室の中に誰もいません。
  체육 시간이라서 교실 안에 아무도 없습니다.
- 屋上に温室を作っています。 옥상에 온실을 만들고 있습니다.

66

0206 ☐☐

言

말씀 언

7획 | N4

- 음 げん、ごん
- 훈 いう、こと

言語 _{げんご} 언어　　無言 _{むごん} 무언　　伝言 _{でんごん} 진언

言う _い 말하다　　一言 _{ひとこと} 한마디　　言葉 _{ことば} 말

- 言語学をべんきょうしています。 언어학을 공부하고 있습니다.
- きれいな言葉を使ってください。 예쁜 말을 사용하세요.

0207 ☐☐

語

말씀 어

14획 | N4

- 음 ご
- 훈 かたる

語学 _{ごがく} 어학　　言語 _{げんご} 언어　　国語 _{こくご} 국어

語る _{かた} 말하다

- あの子は語学の天才です。 저 아이는 어학의 천재입니다.
- 彼は事件について語りました。 그는 사건에 대해 말했습니다.

0208 ☐☐

用

쓸 용

5획 | N4

- 음 よう
- 훈 もちいる

用事 _{ようじ} 볼일, 용무　　用意 _{ようい} 용의, 준비　　使用 _{しよう} 사용

用いる _{もち} 사용하다, 이용하다

- 用事があって早く帰りました。 볼일이 있어서 일찍 돌아갔습니다.
- この文法を用いて作文を作ってみましょう。
  이 문법을 사용하여 작문을 만들어 봅시다.

0209 ☐☐

元

으뜸 원

4획 | N3

- 음 げん、がん
- 훈 もと

元気 _{げんき} 기운, 건강한 모양　　根元 _{こんげん} 근원　　元日 _{がんじつ} 설날, 정월

元 _{もと} 전, 처음, 원래　　足元 _{あしもと} 발밑　　身元 _{みもと} 신원

- 元日に家族みんなが集まりました。 설날에 가족 모두가 모였습니다.
- 暗いですから足元に気をつけてください。 어두우니까 발밑을 조심하세요.

0210 ☐☐

園

동산 원

13획 | N2

- 음 えん
- 훈 その

園芸 _{えんげい} 원예　　公園 _{こうえん} 공원　　動物園 _{どうぶつえん} 동물원

花園 _{はなぞの} 화원, 꽃밭, 꽃동산

- 近くの公園でべんとうを食べました。 가까운 공원에서 도시락을 먹었습니다.
- 家の近くに花園があります。 집 근처에 화원이 있습니다.

引
끌 인
4획 | N3

（음）いん　　　引火 인화　　引退 은퇴　　引用 인용

（훈）ひく　　　引く 끌다, 당기다, 물러나다, 빠지다

　　　ひける　　引ける 내키지 않다

• 有名な野球選手が引退しました。 유명한 야구 선수가 은퇴했습니다.
• 人の目を引くタイトルですね。 사람의 눈을 끄는 타이틀이네요.

自
스스로 자
6획 | N4

（음）じ、し　　　自由 자유　　各自 각자　　自然 자연

（훈）みずから　　自ら 몸소, 직접, 스스로

　　　おのずから　自ずから 저절로

• 私は自由な人生を生きています。 나는 자유로운 인생을 살고 있습니다.
• 彼は自ら料理を作ると言いました。 그는 직접 요리를 만든다고 했습니다.

作
지을 작
7획 | N3

（음）さく、さ　　作文 작문　　作用 작용　　動作 동작

（훈）つくる　　　作る 만들다

• 日本語作文のれんしゅうをします。 일본어 작문 연습을 합니다.
• 家でケーキを作りました。 집에서 케이크를 만들었습니다.

長
긴 장
8획 | N5

（음）ちょう　　長所 장점　　社長 사장　　成長 성장

（훈）ながい　　長い 길다

　　　おさ　　村の長 촌장

• 本人の長所を言ってください。 본인의 장점을 말해 주세요.
• ズボンが長いです。 바지가 깁니다.

場
마당 장
12획 | N3

（음）じょう　　工場 공장　　会場 회장　　入場 입장

（훈）ば　　　　場合 경우, 사정　　場所 장소　　広場 광장

• コンサート会場は広いです。 콘서트 회장은 넓습니다.
• 広場に人があつまっています。 광장에 사람이 모여 있습니다.

0216 ☐☐

才
재주 재

3획 | N2

음 さい

才能 재능　　才色 재색　　天才 천재

• 彼女は音楽に才能があります。 그녀는 음악에 재능이 있습니다.
• 彼は天才ピアニストと言われています。 그는 천재 피아니스트라고 알려져 있습니다.

0217 ☐☐

電
번개 전

13획 | N5

음 でん

電気 전기　　電車 전차, 전철　　終電 마지막 전철

• 電車に乗って会社へ行きます。 전철을 타고 회사에 갑니다.
• 終電にぎりぎりで間に合いました。 마지막 전철(막차)을 아슬아슬하게 탔습니다.

0218 ☐☐

切
끊을 절/온통 체

4획 | N4

음 せつ、さい

切実 절실　　親切 친절　　一切 일체, 일절

훈 きる、きれる

切る 자르다　　切れる 끊어지다, 떨어지다

• 彼女はとても親切です。 그녀는 매우 친절합니다.
• にんじんを小さく切ってください。 당근을 작게 잘라 주세요.

0219 ☐☐

店
가게 점

8획 | N5

음 てん

店長 점장　　売店 매점　　本店 본점

훈 みせ

店 가게　　店先 가게 앞　　夜店 야시장

• 学校に売店があります。 학교에 매점이 있습니다.
• 新しい店ができました。 새로운 가게가 생겼습니다.

0220 ☐☐

点
점 점　　點

9획 | N3

음 てん

点火 점화　　点数 점수　　時点 시점

• ガスに点火してください。 가스에 점화해 주세요.
• テストの点数が出ました。 테스트의 점수가 나왔습니다.

0221

組
짤 조
11획 | N2

음 そ 　　　　組織 조직　　改組 개조, 개편

훈 くむ、くみ　　組む 짜다　　組合 조합　　番組 방송, 프로그램

• 学部と学科を改組しました。 학부와 학과를 개편했습니다.
• バラエティー番組が好きです。 버라이어티 방송을 좋아합니다.

0222

走
달릴 주
7획 | N4

음 そう 　　　　走行 주행　　完走 완주　　競走 경주

훈 はしる 　　　　走る 달리다

• マラソンを完走しました。 마라톤을 완주했습니다.
• 彼女は私より走るのが速いです。 그녀는 나보다 달리기가 빠릅니다.

0223

止
그칠 지
4획 | N4

음 し 　　　　止血 지혈　　中止 중지　　禁止 금지

훈 とまる、とめる　　止まる 멈추다　　止める 정지하다, 세우다

• 今日のイベントは中止されました。 오늘 이벤트는 중지되었습니다.
• 車を止めてください。 자동차를 세워 주세요.

0224

知
알 지
8획 | N4

음 ち 　　　　知人 지인　　予知 예지　　通知 통지

훈 しる 　　　　知る 알다

• 予知夢を見ました。 예지몽을 꾸었습니다.
• あの人の名前が知りたいです。 저 사람의 이름을 알고 싶습니다.

0225

紙
종이 지
10획 | N3

음 し 　　　　紙面 지면, 서면　　白紙 백지　　用紙 용지

훈 かみ 　　　　紙 종이　　手紙 편지　　厚紙 두꺼운 종이, 판지

• プリントする用紙がありません。 프린트할 용지가 없습니다.
• 先生に手紙を送りました。 선생님에게 편지를 보냈습니다.

0226 ☐☐

直

곤을 직

8획 | N3

- 음 ちょく、じき
- 훈 ただちに
- なおす、なおる

直前 직전　　直立 직립　　正直 정직

直ちに 즉시, 바로

直す 고치다, 바로잡다　　直る 고쳐지다, 바로잡히다

- 質問には正直に答えてください。 질문에는 정직하게 대답해 주세요.
- 父がいすを直してくれました。 아빠가 의자를 고쳐 주었습니다.

0227 ☐☐

晴

갤 청

12획 | N2

- 음 せい
- 훈 はれる、はらす

晴天 맑은 날　　快晴 쾌청

晴れる 맑다, 개다, 풀리다　　晴らす 풀다

- ひさしぶりの晴天で気持ちがいい。 오랜만의 맑은 날이라서 기분이 좋다.
- 明日は晴れるといいね。 내일은 맑았으면 좋겠다.

0228 ☐☐

通

통할 통

10획 | N3

- 음 つう、つ
- 훈 とおる、とおす
- かよう

通行 통행　　交通 교통　　通夜 상갓집에서 밤새움

通る 지나가다　　通す 통과시키다, 뚫다

通う 다니다

- この道は一方通行です。 이 길은 일방통행입니다.
- 子供は幼稚園に通っています。 아이는 유치원을 다니고 있습니다.

0229 ☐☐

何

어찌 하

7획 | N5

- 음 か
- 훈 なに、なん

幾何学 기하학

何 무엇　　何事 어떤 일, 모든 일　　何時 몇 시

- 幾何学はむずかしいです。 기하학은 어렵습니다.
- 何時に会いましょうか。 몇 시에 만날까요?

0230 ☐☐

合

합할 합

6획 | N3

- 음 ごう、がっ、かっ
- 훈 あう
- あわす、あわせる

合同 합동　　合体 합체　　合戦 합전, 접전

合う 맞다, 합쳐지다, 결합하다

合わす 맞추다　　合わせる 합치다, 맞춰보다

- 来月合同運動会をします。 다음 달에 합동 운동회를 합니다.
- 私の料理はお口に合いますか。 제 요리는 입에 맞습니까?

行
다닐 행
6획 | N5

- 음 こう、ぎょう　　行**動** 행동　　行**事** 행사
- 훈 いく、ゆく、おこなう　　行く 가다　　行く 가다　　行う 실시하다

• 土曜日に会社の行事があります。 토요일에 회사 행사가 있습니다.
• 夏休みにも学校に行きます。 여름 방학에도 학교에 갑니다.

形
모양 형
7획 | N2

- 음 けい、ぎょう　　形**成** 형성　　**円**形 원형　　**人**形 인형
- 훈 かた、かたち　　**手**形 어음, 손바닥 도장　　形 모양, 형태

• かわいい人形がほしいです。 귀여운 인형을 갖고 싶습니다.
• ハートの形のクッキーを作りました。 하트 모양의 쿠키를 만들었습니다.

戸
집 호　戸
4획 | N2

- 음 こ　　戸**籍** 호적　　**一**戸 한집, 한 가구
- 훈 と　　戸 문　　**雨**戸 덧문

• 一戸建てに住みたいです。 단독 주택에 살고 싶습니다.
• 雨が強いから雨戸を閉めてください。 비가 많이 오니까 덧문을 닫아 주세요.

画
그림 화/그을 획　畫
8획 | N3

- 음 が、かく　　画**家** 화가　　**動**画 동영상　　**計**画 계획

• 母は画家で、父は作家です。 어머니는 화가이고, 아버지는 작가입니다.
• 旅行の計画を立てています。 여행 계획을 세우고 있습니다.

話
말씀 화
13획 | N5

- 음 わ　　話**題** 화제　　**会**話 회화　　**世**話 신세, 보살핌
- 훈 はなし、はなす　　**昔**話 옛날이야기　　話す 이야기하다

• 長い間、お世話になりました。 오랫동안 신세 많았습니다.
• おばあさんが昔話をしてくれました。 할머니가 옛날이야기를 해 주었습니다.

0236 ☐☐ --

丸
둥글 환
3획 | N3

음 がん   一丸 한 덩어리   弾丸 탄환

훈 まる   丸太 통나무   丸ごと 통째로

    まるい   丸い 둥그렇다

    まるめる   丸める 둥글게 하다, 뭉치다

- 一丸となってがんばりましょう。 한 덩어리가 되어서 열심히 합시다.
- 文章を丸ごと覚えました。 문장을 통째로 외웠습니다.

0237 ☐☐ --

活
살 활
9획 | N2

음 かつ   活力 활력   活動 활동   生活 생활

- 大学でサークル活動をしています。 대학에서 서클 활동을 하고 있습니다.
- 日本の生活は便利です。 일본 생활은 편리합니다.

0238 ☐☐ --

回
돌아올 회
6획 | N3

음 かい   回転 회전   回復 회복   一回 1회, 한 번

훈 まわる、まわす   回る 돌다   回す 돌리다, 회전시키다

- 家族で回転ずし店に行ってきました。 가족끼리 회전 초밥 가게에 다녀왔습니다.
- 子供が乗ったメリーゴーラウンドが回っています。
  아이가 탄 회전목마가 돌고 있습니다.

0239 ☐☐ --

会
모일 회   會
6획 | N5

음 かい、え   会計 회계, 계산   会社 회사   会得 터득

훈 あう   会う 만나다

- 会計の仕事はたいへんです。 회계 일은 힘듭니다.
- 友達と公園で会うことにしました。 친구와 공원에서 만나기로 했습니다.

0240 ☐☐ --

絵
그림 회   繪
12획 | N2

음 かい、え   絵画 회화   絵本 그림책   油絵 유화

- 近代絵画の展示会をしています。 근대 회화 전시회를 하고 있습니다.
- 絵の具を買いました。 물감을 샀습니다.

확인해 보자!

아래의 한자를 보고 빈칸에 읽는 법과 뜻을 써 봅시다.

한자	읽는 법	뜻
예 活動	かつどう	활동
01 中止		
02 市立		
03 書店		
04 口数		
05 景色		
06 自由		
07 言葉		
08 一切		
09 語学		
10 合同		
11 用事		
12 行事		
13 手紙		
14 場所		
15 人形		

정답

01 ちゅうし 중지　02 しりつ 시립　03 しょてん 서점　04 くちかず 말수, 사람 수　05 けしき 경치

06 じゆう 자유　07 ことば 말　08 いっさい 일체, 일절　09 ごがく 어학　10 ごうどう 합동

11 ようじ 볼일, 용무　12 ぎょうじ 행사　13 てがみ 편지　14 ばしょ 장소　15 にんぎょう 인형

⚙ 밑줄 친 단어의 올바른 발음을 찾아 봅시다.

1　パスタを　つくる　方法を　おしえてください。
　　① ほうほう　　　　② ほうふ　　　　　③ ほうほ　　　　　④ ほうふう

2　私は　牛肉が　一番　すきです。
　　① ぎゅにく　　　　② きゅうにく　　　　③ きゅにく　　　　④ ぎゅうにく

3　彼と　親しく　なりたいです。
　　① やさしく　　　　② おもしろく　　　　③ したしく　　　　④ あたらしく

4　中国は　人口が　多いです。
　　① ちゅごく　　　　② じゅうごく　　　　③ ちゅうごく　　　　④ じゅごく

5　私は　歌手に　なりたいです。
　　① がしゅ　　　　　② かしゅう　　　　　③ がしゅう　　　　④ かしゅ

6　学校は　駅から　遠くに　あります。
　　① ちかく　　　　　② みじかく　　　　　③ とおく　　　　　④ はやく

7　言語を　べんきょうするのは　おもしろいです。
　　① ごんご　　　　　② けんご　　　　　　③ こんご　　　　　④ げんご

8　きのうは　とても　楽しかったです。
　　① たのしかった　　② いそがしかった　　③ やさしかった　　④ したしかった

9　明日は　台風が　来る　そうです。
　　① たいふ　　　　　② たいふう　　　　　③ だいふ　　　　　④ だいふう

10　日本の　神社に　行った　ことが　あります。
　　① じんじゃ　　　　② しんしゃ　　　　　③ しんじゃ　　　　④ じんしゃ

정답　1①　2④　3③　4③　5④　6③　7④　8①　9②　10①

⚙ 밑줄 친 단어의 올바른 한자를 찾아 봅시다.

1 ほんやは　みなみぐちに　あります。
　　① 東口　　　　　　② 西口　　　　　　③ 南口　　　　　　④ 北口

2 明日　いもうとが　小学校に　入学します。
　　① 妹　　　　　　　② 弟　　　　　　　③ 姉　　　　　　　④ 兄

3 パソコンを　なおしました。
　　① 植し　　　　　　② 値し　　　　　　③ 直し　　　　　　④ 真し

4 私は　はるが　すきです。
　　① 春　　　　　　　② 夏　　　　　　　③ 秋　　　　　　　④ 冬

5 ひるごはんは　何を　食べますか。
　　① 朝　　　　　　　② 昼　　　　　　　③ 夜　　　　　　　④ 晩

6 私の　夢は　きしゃに　なる　ことです。
　　① 紀者　　　　　　② 記者　　　　　　③ 画者　　　　　　④ 書者

7 早く　彼女に　あいたいです。
　　① 会いたい　　　　② 通いたい　　　　③ 合いたい　　　　④ 歌いたい

8 冬休みの　けいかくは　きまりましたか。
　　① 訂画　　　　　　② 計書　　　　　　③ 計画　　　　　　④ 訂書

9 会社の　まえに　ある　食堂は　有名です。
　　① 横　　　　　　　② 前　　　　　　　③ 後　　　　　　　④ 隣

10 本を　よんで　います。
　　① 呼んで　　　　　② 遊んで　　　　　③ 訓んで　　　　　④ 読んで

정답　1③　2①　3③　4①　5②　6②　7①　8③　9②　10④

제3장

일본 초등학교

3학년 한자

200자

일본 초등학교 3학년 한자 200자

❖ 아래는 제3장에서 배우는 한자 일람표입니다. 알고 있는 한자에 체크해 보세요.

感	開	客	去	決	軽	界	係	階	苦
느낄 감	열 개	손 객	갈 거	결단할 결	가벼울 경	지경 계	맬 계	섬돌 계	쓸 고
庫	曲	館	橋	区	究	具	球	局	君
곳집 고	굽을 곡	집 관	다리 교	구역 구	연구할 구	갖출 구	공 구	판 국	임금 군
宮	根	急	級	起	期	農	短	談	代
집 궁	뿌리 근	급할 급	등급 급	일어날 기	기약할 기	농사 농	짧을 단	말씀 담	대신할 대
対	待	度	島	都	動	童	豆	等	登
대할 대	기다릴 대	법도 도	섬 도	도읍 도	움직일 동	아이 동	콩 두	무리 등	오를 등
落	両	旅	練	列	礼	路	緑	流	面
떨어질 락(낙)	두 량(양)	나그네 려(여)	익힐 련(연)	벌릴 렬(열)	예절 례(예)	길 로(노)	초록빛 록(녹)	흐를 류(유)	낯 면
勉	皿	命	問	物	味	美	反	返	発
힘쓸 면	그릇 명	목숨 명	물을 문	물건 물	맛 미	아름다울 미	돌이킬 반/돌아올 반	돌이킬 반	필 발
放	倍	配	病	服	福	負	部	悲	鼻
놓을 방	곱 배	나눌 배	병 병	옷 복	복 복	질 부	떼 부	슬플 비	코 비
氷	仕	写	死	使	事	商	相	想	箱
얼음 빙	섬길 사	베낄 사	죽을 사	부릴 사	일 사	장사 상	서로 상	생각 상	상자 상
暑	昔	世	所	昭	消	速	送	守	受
더울 서	예 석	인간 세	바 소	밝을 소	사라질 소	빠를 속	보낼 송	지킬 수	받을 수
宿	習	拾	乗	勝	始	詩	式	息	植
잘 숙	익힐 습	주울 습/열 십	탈 승	이길 승	비로소 시	시 시	법 식	쉴 식	심을 식

申 납 신/ 펼 신	身 몸 신	神 귀신 신	実 열매 실	深 깊을 심	悪 악할 악/ 미워할 오	安 편안할 안	岸 언덕 안	暗 어두울 암	央 가운데 앙
薬 약 약	羊 양 양	洋 큰 바다 양	様 모양 양	陽 볕 양	業 업 업	役 부릴 역	駅 정거장 역	研 갈 연	葉 잎 엽
泳 헤엄칠 영	予 미리 예	屋 집 옥	温 따뜻할 온	運 옮길 운	員 인원 원	院 집 원	委 맡길 위	有 있을 유	由 말미암을 유
油 기름 유	遊 놀 유	育 기를 육	銀 은 은	飲 마실 음	医 의원 의	意 뜻 의	者 놈 자	章 글 장	帳 장막 장
笛 피리 적	全 온전 전	畑 화전 전	転 구를 전	丁 고무래 정/ 장정 정	定 정할 정	庭 뜰 정	整 가지런할 정	祭 제사 제	第 차례 제
題 제목 제	助 도울 조	調 고를 조	族 겨레 족	終 마칠 종	州 고을 주	主 임금 주/ 주인 주	住 살 주	注 부을 주	柱 기둥 주
酒 술 주	重 무거울 중	指 가리킬 지	持 가질 지	真 참 진	進 나아갈 진	集 모을 집	次 버금 차	着 붙을 착	鉄 쇠 철
秒 분초 초	追 쫓을 추/ 따를 추	取 가질 취	歯 이 치	他 다를 타	打 칠 타	炭 숯 탄	湯 끓일 탕	投 던질 투	波 물결 파
坂 고개 판	板 널 판	平 평평할 평	表 겉 표	品 물건 품	皮 가죽 피	筆 붓 필	荷 멜 하	寒 찰 한	漢 한나라 한
港 항구 항	幸 다행 행	向 향할 향	県 고을 현	血 피 혈	号 부를 호	湖 호수 호	化 될 화	和 화할 화	横 가로 횡

📍 필순은 별책 부록 쓰기 노트에 있습니다.

0241 ☐☐ --

感 느낄 감
13획 | N3

(음) かん

感情 감정　　感覚 감각　　好感 호감

・デザイン感覚がありますね。 디자인 감각이 있네요.
・自分の感情を理解するのが大事です。 자신의 감정을 이해하는 것이 중요합니다.

0242 ☐☐ --

開 열 개
12획 | N4

(음) かい

開始 개시　　開店 개점　　展開 전개

(훈) ひらく

開く 열리다, 벌어지다, 열다

　　ひらける

開ける 열리다, 트이다, 개화되다

　　あく

開く 열리다, 뚫리다, 벌어지다

　　あける

開ける 열다, 뚫다, 벌리다

・新メニューを開始しました。 신메뉴를 개시했습니다.
・目をゆっくり開けてください。 눈을 천천히 떠 주세요.

0243 ☐☐ --

客 손 객
9획 | N4

(음) きゃく、かく

客室 객실　　乗客 승객　　旅客 여객

・この旅行プランは乗客が一人でも出発します。
　이 여행 플랜은 승객이 한 사람이라도 출발합니다.
・旅客船にはたくさんの人が乗っています。 여객선에는 많은 사람이 타고 있습니다.

0244 ☐☐ --

去 갈 거
5획 | N4

(음) きょ、こ

去年 작년　　消去 소거　　過去 과거

(훈) さる

去る 떠나다, 경과하다, 지나다

・今年の夏は去年より暑いです。 올해 여름은 작년보다 덥습니다.
・もう冬も去っていきました。 이제 겨울도 지나갔습니다.

0245

決

결단할 결

7획 | N4

음 けつ

決意 결의　　対決 대결　　解決 해결

훈 きめる、きまる

決める 정하다　　決まる 정해지다

・彼らは優勝の決意を固めた。 그들은 우승의 결의를 다졌다.

・何を食べるか決めましたか。 무엇을 먹을지 정했습니까?

0246

軽

가벼울 경　[軽]

12획 | N4

음 けい

軽快 경쾌　　軽量 경량　　軽率 경솔

훈 かるい、かろやか

軽い 가볍다　　軽やかだ 가뿐하다, 경쾌하다

・軽快な音楽が好きです。 경쾌한 음악을 좋아합니다.

・朝は軽く食べます。 아침은 가볍게 먹습니다.

0247

界

지경 계

9획 | N3

음 かい

世界 세계　　限界 한계　　境界 경계

・世界で一番高い山にのぼります。 세계에서 가장 높은 산에 오릅니다.

・体力の限界を試します。 체력의 한계를 시험합니다.

0248

係

맬 계

9획 | N3

음 けい

係数 계수　　関係 관계　　連係 연계

훈 かかる、かかり

係る 관계되다　　係員 계원, 담당자

・歯と健康は深い関係があります。 이와 건강은 깊은 관계가 있습니다.

・詳しいことは係員に聞いてください。 자세한 것은 담당자에게 물어보세요.

0249

階

섬돌 계

12획 | N3

음 かい

階段 계단　　階級 계급　　階層 계층

・トイレは階段を上がると右にあります。 화장실은 계단을 올라가면 오른쪽에 있습니다.

・ボクシングは体重別に１７階級に分けられている。
권투는 체중별로 17계급으로 나누어져 있다.

0250

苦 쓸 고

8획 | N4

- 음 く
  - 苦労 고생, 수고   苦痛 고통   苦情 고충, 불평
- 훈 くるしい
  - 苦しい 괴롭다
- くるしむ
  - 苦しむ 괴로워하다, 힘이 들다
- くるしめる
  - 苦しめる 괴롭히다, 피곤하게 하다
- にがい
  - 苦い 쓰다

- 親に苦労をかけました。 부모님을 고생시켰습니다.
- このお茶は苦いです。 이 차는 씁니다.

0251

庫 곳집 고

10획 | N3

- 음 こ
  - 在庫 재고   車庫 차고   倉庫 창고

- 車庫は空いています。 차고는 비어 있습니다.
- ご注文の商品は在庫がございません。 주문하신 상품은 재고가 없습니다.

0252

曲 굽을 곡

6획 | N3

- 음 きょく
  - 曲線 곡선   名曲 명곡   作曲 작곡
- 훈 まがる
  - 曲がる 구부러지다, 기울다, 돌다
- まげる
  - 曲げる 구부리다, 굽히다

- この歌は誰が作曲したのかわかりません。 이 노래는 누가 작곡했는지 모릅니다.
- 右に曲がると病院があります。 오른쪽으로 돌면 병원이 있습니다.

0253

館 집 관   館

16획 | N3

- 음 かん
  - 旅館 여관   大使館 대사관   別館 별관
- 훈 やかた
  - 館 (귀족들의) 저택

- おんせんがある旅館にとまりました。 온천이 있는 여관에서 묵었습니다.
- 大使館でビザをしんせいします。 대사관에서 비자를 신청합니다.

0254 ☐☐

橋
다리 교

16획 | N3

음 きょう

훈 はし

鉄橋 철교　　歩道橋 육교

橋 다리　　大橋 대교　　石橋 돌다리

• 歩道橋をわたって反対がわに行きます。 육교를 건너 반대편으로 갑니다.
• 橋の工事をする予定です。 다리 공사를 할 예정입니다.

0255 ☐☐

区
구역 구　區

4획 | N1

음 く

区間 구간　　区別 구별　　地区 지구

• あの双子は顔がそっくりで、区別できません。
저 쌍둥이는 얼굴이 똑 닮아서 구별이 안 됩니다.
• 地区代表として選ばれました。 지구 대표로 뽑혔습니다.

0256 ☐☐

究
연구할 구

7획 | N3

음 きゅう

훈 きわめる

究明 구명　　研究 연구　　探究 탐구

究める 구명하다, 끝까지 파헤치다

• 化学の研究は大きく進歩しました。 화학 연구는 크게 진보했습니다.
• 事件の真相を究めます。 사건의 진상을 파헤치겠습니다.

0257 ☐☐

具
갖출 구

8획 | N3

음 ぐ

具合 상태, 형편　　具体的 구체적　　道具 도구

• 具体的に説明してください。 구체적으로 설명해 주세요.
• 人間は道具を使います。 인간은 도구를 사용합니다.

0258 ☐☐

球
공 구

11획 | N3

음 きゅう

훈 たま

地球 지구　　電球 전구　　野球 야구

球 공, 구슬

• 電球を替えなければいけません。 전구를 바꾸지 않으면 안 됩니다.
• 速い球を投げる練習をしています。 빠른 공을 던지는 연습을 합니다.

0259

局
판국
7획 | N2

- 음 **きょく**　　薬局 약국　　放送局 방송국　　結局 결국

- この近くに薬局がありますか。 이 근처에 약국이 있습니까?
- 放送局では24時間誰かが仕事をしています。
  방송국에서는 24시간 누군가가 일을 하고 있습니다.

0260

君
임금 군
7획 | N3

- 음 **くん**　　君主 군주　　君子 군자
- 훈 **きみ**　　君 너, 당신, 그대, 자네

- 君主制は国によってかたちが違います。 군주제는 나라에 따라 형태가 다릅니다.
- 君の名前を教えて。 너의 이름을 알려 줘.

0261

宮
집 궁
10획 | N1

- 음 **きゅう、ぐう、く**　　王宮 왕궁　　神宮 신궁　　宮内庁 궁내청
- 훈 **みや**　　宮家 궁가, 황족의 집안　　宮崎 미야자키(지명)

- 明治神宮は正月になると人がいっぱいです。
  메이지 신궁은 정월이 되면 사람이 북적입니다.
- 宮崎は九州地方南東部にあります。 미야자키는 규슈 지방 남동부에 있습니다.

0262

根
뿌리 근
10획 | N2

- 음 **こん**　　根性 근성　　根拠 근거　　大根 무
- 훈 **ね**　　根 뿌리　　屋根 지붕

- 彼女は根性のある人です。 그녀는 근성 있는 사람입니다.
- この家の屋根は赤色です。 이 집의 지붕은 빨간색입니다.

0263

急
급할 급　[急]
9획 | N4

- 음 **きゅう**　　急行 급행　　急用 급한 일, 급한 용무　　応急 응급
- 훈 **いそぐ、せく、せかす**　　急ぐ 서두르다　　急く 조급해지다　　急かす 재촉하다

- 急用があって先に帰りました。 급한 용무가 있어서 먼저 돌아갔습니다.
- 遅くなったので、急ぎました。 늦어서 서둘렀습니다.

0264 ⬜⬜

級
등급 급
9획 | N3

음 きゅう

上級 상급　　学級 학급　　高級 고급

- スキーの上級者コースへ行けますか。 스키 상급자 코스에 갈 수 있습니까?
- 学級委員にえらばれました。 학급 임원으로 뽑혔습니다.

0265 ⬜⬜

起
일어날 기
10획 | N4

음 き

起立 기립　　起用 기용　　起床 기상

훈 おきる

起きる 기상하다, 일어나다

おこる

起こる 일어나다, 발생하다

おこす

起こす 일으키다, 발생시키다

- 毎朝6時に起床します。 매일 아침 6시에 기상합니다.
- 夜中に火事が起こりました。 밤중에 화재가 발생했습니다.

0266 ⬜⬜

期
기약할 기
12획 | N3

음 き、ご

期間 기간　　初期 초기　　最期 최후, 임종

- まつりの期間はいつまでですか。 마쓰리 기간은 언제까지입니까?
- おじいさんの最期をみとりました。 할아버지의 임종을 지켜보았습니다.

0267 ⬜⬜

農
농사 농
13획 | N3

음 のう

農業 농업　　農作物 농작물　　帰農 귀농

- ここで親と3人で農業をやっています。
  여기서 부모님과 셋이서 농업을 하고 있습니다.
- 両親は会社をやめて帰農しました。 부모님은 회사를 그만두고 귀농했습니다.

0268 ⬜⬜

短
짧을 단
12획 | N4

음 たん

短所 단점, 결점　　短期 단기　　短縮 단축

훈 みじかい

短い 짧다

- 自分の長所と短所を言ってください。 자신의 장점과 단점을 말해 주세요.
- うちのねこの足は短いです。 우리 집 고양이의 다리는 짧습니다.

談
말씀 담
15획 | N2

음 だん

談合 담합, 상의　　相談 상담　　冗談 농담

- 先生になやみを相談しました。선생님에게 고민을 상담했습니다.
- 彼は冗談ばかり言うから疲れる。그는 농담만 해서 피곤해.

代
대신할 대
5획 | N4

음 だい、たい

世代 세대　　現代 현대　　交代 교대

훈 かわる

代わる 대신하다　　代わり 대신, 교대

かえる

代える 대신하다, 바꾸다

しろ

代物 상품, 물건

よ

千代 천년, 아주 오랜 세월

- 世代間ギャップを感じました。세대 차이를 느꼈습니다.
- コーヒーの代わりにジュースを飲みます。커피 대신에 주스를 마십니다.

対
대할 대　　對
7획 | N3

음 たい、つい

対立 대립　　絶対 절대, 반드시　　対語 반의어, 대조어

- 両国が石油の問題で対立しています。양국이 석유 문제로 대립하고 있습니다.
- 大の対語は小となる。대의 대조어는 소가 된다.

待
기다릴 대
9획 | N4

음 たい

期待 기대　　招待 초대　　接待 접대

훈 まつ

待つ 기다리다

- 君には期待していると上司に言われた。
  '자네한테는 기대하고 있네'라고 상사한테 말을 들었다(상사가 말했다).
- 公園で友達を待っています。공원에서 친구를 기다리고 있습니다.

0273

度

법도 도

9획 | N4

- 음 ど、と、たく
- 훈 たび

温度 온도　　法度 법도　　支度 준비, 채비

度 때, 번

- お湯の温度が高いです。 물의 온도가 높습니다(뜨겁습니다).
- この度、大変お世話になりました。 이번에 대단히 신세를 졌습니다.

0274

島

섬 도

10획 | N4

- 음 とう
- 훈 しま

島民 도민　　列島 열도　　無人島 무인도

島 섬　　島国 섬국, 섬나라　　小島 작은 섬

- 日本列島はむかし大陸とつながっていた。 일본 열도는 옛날 대륙과 이어져 있었다.
- 海には小さな島がたくさんある。 바다에는 작은 섬이 많이 있다.

0275

都

도읍 도

11획 | N3

- 음 と、つ
- 훈 みやこ

都市 도시　　首都 수도　　都合 형편, 사정

都 수도, 도읍지

- 都市は田舎より商店が多いです。 도시는 시골보다 상점이 많습니다.
- 日本の昔の都は京都でした。 일본의 옛 수도는 교토였습니다.

0276

動

움직일 동

11획 | N4

- 음 どう
- 훈 うごく、うごかす

動物 동물　　活動 활동　　感動 감동

動く 움직이다　　動かす 움직이게 하다

- 動物園にあそびに行きたいです。 동물원에 놀러 가고 싶습니다.
- 体をたくさん動かすとやせます。 몸을 많이 움직이면 살이 빠집니다.

0277

童

아이 동

12획 | N2

- 음 どう
- 훈 わらべ

童話 동화　　童顔 동안　　児童 아동

童 (10살 전후의) 어린이　　童歌 구전 동요

- 子供に童話を読んであげます。 어린이에게 동화를 읽어 줍니다.
- 今も童顔メイクがはやっている。 지금도 동안 메이크업이 유행하고 있다.

豆
콩 두
7획 | N3

- 음 とう、ず　　豆腐 두부　　納豆 낫토　　大豆 대두, 콩
- 훈 まめ　　豆 콩　　黒豆 검은 콩
- 특 小豆 팥

・納豆は体にいい食品です。 낫토는 몸에 좋은 식품입니다.
・豆アレルギーがあります。 콩 알레르기가 있습니다.

等
무리 등
12획 | N3

- 음 とう、どう　　等級 등급　　対等 대등　　平等 평등
- 훈 ひとしい　　等しい 같다, 동등하다

・法の下では皆平等である。 법 아래에서는 모두 평등하다.
・ケーキを3人で等しく分ける。 케이크를 셋이서 동등하게 나누다.

登
오를 등
12획 | N3

- 음 とう、と　　登校 등교　　登場 등장　　登山 등산
- 훈 のぼる　　登る 올라가다, 오르다

・私のしゅみは登山です。 나의 취미는 등산입니다.
・富士山に登りたいです。 후지산에 올라가고 싶습니다.

落
떨어질 락(낙)
12획 | N3

- 음 らく　　落下 낙하　　転落 전락　　没落 몰락
- 훈 おちる、おとす　　落ちる 떨어지다, 빠지다　　落とす 떨어뜨리다
- 특 洒落 익살, 멋부림

・ここは落下事故が多いところです。 여기는 낙하 사고가 많은 곳입니다.
・かぎを落としてなくしました。 열쇠를 떨어뜨려서 잃어버렸습니다.

両
두 량(양)　兩
6획 | N4

- 음 りょう　　両立 양립　　両親 부모님　　車両 차량

・両親は旅行に行きました。 부모님은 여행을 갔습니다.
・車両内では静かにしてください。 차량 내에서는 조용히 해 주세요.

0283 ▢▢

旅

나그네 려(여) 旅

10획 | N4

- 음 りょ
- 훈 たび

りょこう
旅行 여행　　りょけん
旅券 여권　　りょかん
旅館 여관

たびさき
旅先 여행지　　ふなたび
船旅 선박 여행

- りょけん こうしん
旅券を更新しました。 여권을 갱신했습니다.
- たびさき
旅先はヨーロッパです。 여행지는 유럽입니다.

0284 ▢▢

익힐 련(연)

14획 | N3

- 음 れん
- 훈 ねる

れんしゅう
練習 연습　　しれん
試練 시련　　せんれん
洗練 세련

ね
練る 짜다, 다듬다

- にほんご れんしゅう
日本語スピーチの練習をします。 일본어 스피치 연습을 합니다.
- ぶんしょう ね だいじ
文章を練ることは大事です。 문장을 다듬는 것은 중요합니다.

0285 ▢▢

벌릴 렬(열)

6획 | N3

- 음 れつ

れっしゃ
列車 열차　　ぎょうれつ
行列 행렬　　じょれつ
序列 서열

- れっしゃ しゅっぱつ
もう列車は出発しました。 벌써 열차는 출발했습니다.
- いわ ぎょうれつ
お祝いの行列がつづいています。 축하 행렬이 계속되고 있습니다.

0286 ▢▢

礼

예절 례(예) 禮

5획 | N3

- 음 れい、らい

れいぎ
礼儀 예의　　しつれい
失礼 실례　　らいさん
礼賛 예찬

- やまだ れいぎ ただ がくせい
山田は礼儀正しい学生です。 야마다는 예의 바른 학생입니다.
- くに けんこう らいさん ひと おお
どこの国でも健康を礼賛する人は多い。 어느 나라든 건강을 예찬하는 사람은 많다.

0287 ▢▢

路

길 로(노)

13획 | N3

- 음 ろ
- 훈 じ

ろじょう
路上 노상, 길　　どうろ
道路 도로　　しんろ
進路 진로

いえじ
家路 귀갓길, 집으로 가는 길　　たびじ
旅路 여행길

- ろじょう きょか お
やっと路上ライブの許可が下りた。 간신히 길거리 라이브 허가가 나왔다.
- くら いえじ いそ
もう暗くなり、家路を急いだ。 벌써 어두워져 귀갓길을 서둘렀다.

緑
초록빛 록(녹) 綠
14획 | N2

- 音 りょく
- 訓 みどり

緑地 녹지　　緑茶 녹차

緑 초록, 녹음, 신록　　緑色 초록색

- 和菓子は緑茶とよく合います。 화과자는 녹차와 잘 어울립니다.
- 緑色は目を楽にします。 초록색은 눈을 편안하게 합니다.

流
흐를 류(유)
10획 | N3

- 音 りゅう
- 訓 ながれる
- ながす

流行 유행　　流通 유통　　電流 전류

流れる 흐르다, 흘러내리다

流す 흘리다, 흐르게 하다

- ファッションの流行は回り続ける。 패션 유행은 돌고 돈다.
- 映画が悲しくて涙が流れました。 영화가 슬퍼서 눈물이 흘렀습니다.

面
낯 면
9획 | N2

- 音 めん
- 訓 おも、おもて、つら

面会 면회　　方面 방면　　正面 정면

面影 모습, 얼굴 생김새　　面 얼굴, 가면　　面 낯짝

- 映画館は南の方面にあります。 영화관은 남쪽 방면에 있습니다.
- 昔の面影が思いうかびます。 옛 모습이 떠오릅니다.

勉
힘쓸 면
10획 | N4

- 音 べん

勉学 면학, 공부　　勉強 공부　　勤勉 근면, 부지런함

- 日本語の勉強は面白いです。 일본어 공부는 재미있습니다.
- 彼は勤勉な人ですね。 그는 부지런한 사람이네요.

皿
그릇 명
5획 | N4

- 音 さら

皿 접시　　灰皿 담배 재떨이　　小皿 작은 접시

- ここはすし一皿100円です。 여기는 초밥 한 접시에 100엔입니다.
- この部屋に灰皿はありません。 이 방에 재떨이는 없습니다.

0293 ☐☐

命
목숨 명
8획 | N3

음 めい、みょう

生命 생명　運命 운명　寿命 수명

훈 いのち

命 목숨, 생명

• 運命の人に出会いました。 운명의 사람을 만났습니다.
• 命は大切なものです。 생명은 소중한 것입니다.

0294 ☐☐

問
물을 문
11획 | N4

음 もん

問題 문제　訪問 방문　質問 질문

훈 とう、とい、とん

問う 묻다, 추궁하다　問い 물음, 질문　問屋 도매상

• 数学の問題をときます。 수학 문제를 풉니다.
• 事故の責任を問う。 사고 책임을 추궁하다.

0295 ☐☐

物
물건 물
8획 | N4

음 ぶつ、もつ

動物 동물　物価 물가　荷物 짐

훈 もの

物語 이야기　建物 건물　品物 물품, 물건

• どんな動物が好きですか。 어떤 동물을 좋아합니까?
• 桃太郎の物語は有名である。 모모타로 이야기는 유명하다.

0296 ☐☐

味
맛 미
8획 | N4

음 み

味覚 미각　意味 의미　興味 흥미

훈 あじ、あじわう

味 맛　味わう 맛보다, 체험하다

• この漢字の意味が分かりません。 이 한자의 의미를 모르겠습니다.
• ゆっくり味わいながら食べてみて。 천천히 음미하면서 먹어 봐.

0297 ☐☐

美
아름다울 미
9획 | N3

음 び

美人 미인　美食家 미식가　美学 미학

훈 うつくしい

美しい 아름답다, 예쁘다

특 美味しい 맛있다

• この店は美食家がみとめました。 이 가게는 미식가가 인정했습니다.
• 窓から美しい景色が見えます。 창문으로부터 아름다운 경치가 보입니다.

0298 ☐☐

돌이킬 반/돌아올 반

4획 | N3

- 음 はん、ほん
- 훈 そる
- そらす

反対 반대　　反省 반성　　謀反 모반

反る 휘다, 뒤집히다, 젖혀지다

反らす 휘게 하다, 뒤로 젖히다

- 彼の意見に反対します。 그의 의견에 반대합니다.
- 体を後ろに反らしてストレッチをします。 몸을 뒤로 젖히며 스트레칭을 합니다.

0299 ☐☐

돌이킬 반

7획 | N4

- 음 へん
- 훈 かえす、かえる

返上 반환, 반납　　返事 답장, 회답, 대답　　返品 반품

返す 돌려주다, 갚다　　返る 돌아가다, 돌아오다

- 返品は来週までにしてください。 반품은 다음 주까지 해 주세요.
- ペンを返してください。 펜을 돌려주세요.

0300 ☐☐

필발　　發

9획 | N4

- 음 はつ、ほつ

発言 발언　　発明 발명　　発作 발작

- 電球を発明したのはエジソンです。 전구를 발명한 것은 에디슨입니다.
- 発作が起きないように気をつけてください。 발작이 일어나지 않도록 주의해 주세요.

0301 ☐☐

놓을 방

8획 | N3

- 음 ほう
- 훈 はなす
- はなつ
- はなれる
- ほうる

放電 방전　　放送 방송　　追放 추방

放す 놓다, 풀어놓다

放つ 놓아주다, 쏘다

放れる 풀려나다, 벗어나다

放る 내던지다, 방치하다

- 今夜新ドラマが放送されます。 오늘 밤 새로운 드라마가 방송됩니다.
- 公園で犬を放すことは禁止されている。 공원에서 개를 풀어놓는 것은 금지되어 있다.

0302 ☐☐

倍
곱 배
10획 | N3

㉢ ばい

倍数 배수　　倍率 배율　　二倍 두 배

• このカメラのレンズは倍率が高いです。 이 카메라 렌즈는 배율이 높습니다.
• 月給が二倍も増えました。 월급이 두 배나 늘었습니다.

0303 ☐☐

配
나눌 배
10획 | N4

㉢ はい

配達 배달　　心配 걱정, 근심　　分配 분배

㉥ くばる

配る 나누어 주다, 분배하다

• ピザを配達してもらいました。 피자를 배달 받았습니다.
• 会議の資料を配りました。 회의 자료를 나누어 주었습니다.

0304 ☐☐

病
병 병
10획 | N4

㉢ びょう、へい

病気 병　　病院 병원　　疾病 질병

㉥ やむ、やまい

病む 병들다, 앓다　　病 병

• 家の近くに病院があります。 집 근처에 병원이 있습니다.
• 心の病を病んでいます。 마음의 병을 앓고 있습니다.

0305 ☐☐

服
옷 복
8획 | N4

㉢ ふく

服装 복장, 옷차림　　制服 제복, 유니폼　　服用 복용

• この薬は食後３０分以内に服用してください。
　이 약은 식후 30분 이내에 복용하세요.
• 会社では制服を着て仕事をします。 회사에서는 유니폼을 입고 일을 합니다.

0306 ☐☐

福
복 복　　福
13획 | N3

㉢ ふく

福祉 복지　　幸福 행복　　祝福 축복

• この会社は福祉に力を入れています。 이 회사는 복지에 힘을 쏟고 있습니다.
• 世界の幸福度１位の国はフィンランドだそうだ。
　세계 행복도 1위의 나라는 핀란드라고 한다.

0307 ☐☐

負
질 부
9획 | N3

- 음 ふ、ぶ
  - 負傷 부상　負担 부담　勝負 승부
- 훈 まける、おう
  - 負ける 지다　負う 짊어지다

- 勝負はやってみなければわからない。 승부는 해 보지 않으면 모른다.
- 負けないようにがんばってください。 지지 않도록 열심히 해 주세요.

0308 ☐☐

部
떼 부
11획 | N3

- 음 ぶ
  - 部分 부분　全部 전부　本部 본부
- 특 部屋 へや

- 間違った部分を直してください。 틀린 부분을 고쳐주세요.
- 商品を全部売りました。 상품을 전부 팔았습니다.

0309 ☐☐

悲
슬플 비
12획 | N3

- 음 ひ
  - 悲痛 비통　悲惨 비참　悲運 비운
- 훈 かなしい、かなしむ
  - 悲しい 슬프다　悲しむ 슬퍼하다

- 悲痛な顔をしています。 비통한 얼굴을 하고 있습니다.
- 友達と会えなくなって悲しいです。 친구와 만날 수 없게 되어서 슬픕니다.

0310 ☐☐

鼻
코 비
14획 | N2

- 음 び
  - 鼻炎 비염　耳鼻科 이비과(이비인후과)
- 훈 はな
  - 鼻 코　鼻血 코피　鼻水 콧물

- 鼻炎がひどくなり、耳鼻科に行ってきた。 비염이 심해져서 이비인후과에 갔다 왔다.
- 疲れて鼻血が出ました。 피곤해서 코피가 났습니다.

0311 ☐☐

氷
얼음 빙
5획 | N3

- 음 ひょう
  - 氷山 빙산　氷河 빙하　結氷 결빙
- 훈 こおり、ひ
  - 氷水 얼음물　かき氷 빙수　氷雨 우박, 진눈깨비

- 昔氷河時代がありました。 옛날에 빙하 시대가 있었습니다.
- あついとかき氷が食べたくなります。 더우면 빙수가 먹고 싶어집니다.

쏙쏙 확인해 보자!

아래의 한자를 보고 빈칸에 읽는 법과 뜻을 써 봅시다.

한자	읽는 법	뜻
예 反対	はんたい	반대
01 部分		
02 登場		
03 返品		
04 発作		
05 流行		
06 緑茶		
07 正面		
08 放送		
09 制服		
10 屋根		
11 大使館		
12 去年		
13 名曲		
14 関係		
15 区別		

📍 필순은 별책 부록 쓰기 노트에 있습니다.

0312 ☐☐

仕
섬길 사
5획 | N4

- (음) し
- (훈) つかえる

仕事 일　　仕様 사양　　仕業 짓, 소행
仕える 시중들다, 봉사하다, 섬기다

- 仕事は忙しくて大変です。 일은 바쁘고 힘듭니다.
- 王に仕えるのが私の使命です。 왕을 섬기는 것이 나의 사명입니다.

0313 ☐☐

写
베낄 사　寫
5획 | N4

- (음) しゃ
- (훈) うつす、うつる

写真 사진　　実写 실사　　描写 묘사
写す 베끼다, 그리다　　写る 찍히다

- 写真をとってください。 사진을 찍어 주세요.
- 宿題を写してはいけません。 숙제를 베껴선 안 됩니다.

0314 ☐☐

死
죽을 사
6획 | N4

- (음) し
- (훈) しぬ

死活 사활, 생사　　死亡 사망　　必死 필사
死ぬ 죽다

- 合格するために必死に勉強しました。 합격하기 위해서 필사적으로 공부했습니다.
- かっていた魚が死んでしまいました。 키우던 물고기가 죽고 말았습니다.

0315 ☐☐

使
부릴 사
8획 | N4

- (음) し
- (훈) つかう

使命 사명　　使用 사용　　天使 천사
使う 사용하다, 쓰다

- 使用法を教えてください。 사용법을 알려 주세요.
- はさみを使って切ります。 가위를 사용하여 자릅니다.

0316 ☐☐

事
일 사
8획 | N4

- (음) じ
- (훈) こと

事故 사고　　事件 사건　　無事 무사
仕事 일　　出来事 사건

- 無事にプロジェクトが終わりました。 무사히 프로젝트가 끝났습니다.
- 仕事は楽しいことだけではない。 일은 재미있는 것뿐만은 아니다.

商
장사 상

11획 | N3

음 しょう

商売 장사 商業 상업 商人 상인, 장사꾼

훈 あきなう

商う 장사하다

• このまちは商業地区です。 이 거리는 상업 지구입니다.
• あのおでん屋はおばさん一人で商っています。
저 어묵집은 아주머니 혼자서 장사하고 있습니다.

相
서로 상

9획 | N3

음 そう、ぞう

相談 상담 真相 진상 寝相 잠자는 모습

しょう

首相 수상

훈 あい

相手 상대 相性 궁합

특 相撲 스모(일본 씨름)

• 進路の相談をしました。 진로 상담을 했습니다.
• 会社には相性がいい人も悪い人もいます。
회사에는 궁합이 좋은 사람도 나쁜 사람도 있습니다.

想
생각 상

13획 | N2

음 そう、そ

想像 상상 感想 감상 愛想 정나미, 붙임성

• 自分の未来を想像してみてください。 자신의 미래를 상상해 보세요.
• 彼に愛想がつきました。 그에게 정나미가 떨어졌습니다.

箱
상자 상

15획 | N3

음 はこ

箱 상자 紙箱 종이 상자 ゴミ箱 쓰레기통

• ドアの前に箱があります。 문 앞에 상자가 있습니다.
• 要らないものはゴミ箱にすててください。 필요 없는 것은 쓰레기통에 버려 주세요.

暑
더울 서 暑

12획 | N4

음 しょ

猛暑 맹서, 심한 더위 寒暑 한서

훈 あつい

暑い 덥다

• 日本では３５度以上は猛暑という。 일본에서는 35도 이상을 맹서라 한다.
• 今年の夏は本当に暑いですね。 올해 여름은 정말 덥네요.

0322

音 せき、しゃく 昔日 옛날, 지난날 今昔 지금과 옛날

訓 むかし 昔 옛날 昔話 옛날이야기

- 昔日のおもかげがのこっています。 옛 모습이 남아 있습니다.
- 昔話はいつ聞いても面白いです。 옛날이야기는 언제 들어도 재미있습니다.

예 석

8획 | N3

0323

音 せい、せ 世紀 세기 世界 세계 出世 출세

訓 よ 世 세상, 사회 世論 여론

- 60さいになったら世界旅行がしたいです。 60세가 되면 세계 여행을 하고 싶습니다.
- 世の中にはいろんな人がいます。 세상에는 다양한 사람이 있습니다.

인간 세

5획 | N3

0324

音 しょ 所有 소유 所得 소득 近所 근처

訓 ところ 所 곳, 장소 台所 주방

- アパートの近所にコンビニがあります。 아파트 근처에 편의점이 있습니다.
- 台所を新しく直しました。 주방을 새롭게 고쳤습니다.

바 소

8획 | N4

0325

音 しょう 昭和 쇼와(연호 1926~1989년)

- 彼は昭和58年生まれです。 그는 쇼와 58년(1983년)생입니다.
- 1926年から1989年までの年号は「昭和」です。
  1926년부터 1989년까지의 연호는 '쇼와'입니다.

밝을 소

9획 | N1

0326

音 しょう 消化 소화 消費 소비 解消 해소

訓 きえる、けす 消える 사라지다, 꺼지다 消す 끄다, 없애다

- 食べ過ぎて消化ができません。 너무 많이 먹어서 소화가 안 됩니다.
- 電気を消してください。 전기를 꺼 주세요.

사라질 소

10획 | N3

0327

빠를 **속**

10획 | N3

| 음 | そく | 速度 속노 | 時速 시속 | 早速 즉시, 재빠르게 |

훈	はやい	速い 빠르다
	はやめる	速める 빠르게 하다
	はやまる	速まる 빨라지다
	すみやか	速やか 재빠름, 조속함

- 市内では車の速度を落とします。 시내에서는 차의 속도를 줄입니다.
- 自転車より車の方が速いです。 자전거보다 자동차가 더 빠릅니다.

0328

보낼 **송** 送

9획 | N4

| 음 | そう | 送別会 송별회 | 放送 방송 | 運送 운송 |

| 훈 | おくる | 送る 보내다 |

- 明日は吉田君の送別会があります。 내일은 요시다 군의 송별회가 있습니다.
- 母がキムチを送ってくれました。 엄마가 김치를 보내 주었습니다.

0329

지킬 **수**

6획 | N3

| 음 | しゅ、す | 守備 수비 | 死守 사수 | 留守 부재중 |

| 훈 | まもる | 守る 지키다, 보호하다, 유지하다 |
| | もり | お守り 아기를 돌봄, 또는 그 사람 |

- 彼に会いに行ったが留守だった。 그를 만나러 갔지만 부재중이었다.
- 自然を守るためにリサイクルをします。 자연을 지키기 위해 재활용을 합니다.

0330

받을 **수**

8획 | N4

| 음 | じゅ | 受講 수강 | 受信 수신 | 受験生 수험생 |

| 훈 | うける、うかる | 受ける 받다 | 受かる 합격되다, 붙다 |

- 現在受講申し込み受付中です。 현재 수강 신청 접수 중입니다.
- 今週中に検査を受けてください。 이번 주 안으로 검사를 받으세요.

宿
잘 숙
11획 | N4

(음) しゅく
(훈) やど
　　やどる
　　やどす

宿題 숙제　　宿泊 숙박　　合宿 합숙
宿 숙소, 묵을 곳　　宿屋 여관
宿る 머물다, 깃들다
宿す 품다, 간직하다

• ビジネスホテルに宿泊します。 비즈니스 호텔에서 숙박합니다.
• この木には神が宿っています。 이 나무에는 신이 깃들어 있습니다.

習
익힐 습　習

11획 | N4

(음) しゅう
(훈) ならう

習得 습득　　学習 학습　　自習 자습
習う 배우다

• 学習できるロボットが発売された。 학습 가능한 로봇이 발매되었다.
• 中国語を習っています。 중국어를 배우고 있습니다.

拾
주울 습/열 십

9획 | N3

(음) しゅう、じゅう
(훈) ひろう

拾得 습득　　拾万円 십만 엔
拾う 줍다

• さいふを拾得して警察に行った。 지갑을 습득해서 경찰에게 갔다.
• 道で100円を拾いました。 길에서 100엔을 주웠습니다.

乗
탈 승　乗

9획 | N4

(음) じょう
(훈) のる、のせる

乗車 승차　　乗馬 승마　　乗船 승선
乗る 타다　　乗せる 태우다

• ここでは乗馬体験ができます。 여기서는 승마 체험을 할 수 있습니다.
• バスに乗って学校に行きます。 버스를 타고 학교에 갑니다.

勝
이길 승　勝

12획 | N2

(음) しょう
(훈) かつ、まさる

勝利 승리　　勝敗 승패　　優勝 우승
勝つ 이기다, 승리하다　　勝る 더 낫다, 우수하다

• 勝利は私のものです。 승리는 나의 것입니다.
• すいみんは薬に勝ります。 수면은 약보다 낫습니다.

0336 ☐☐

始
비로소 시
8획 | N4

음 し　　始終 시종, 자초지종　年始 연시, 연초　開始 개시

훈 はじめる、はじまる　始める 시작하다　始まる 시작되다

- この企画の一部始終を知っているのは私だけだ。
  이 기획의 자초지종을 알고 있는 것은 나뿐이다.

- コンサートは8時に始まります。 콘서트는 8시에 시작됩니다.

0337 ☐☐

詩
시 시
13획 | N1

음 し　　詩 시　詩人 시인　詩集 시집

- 覚えている詩がありますか。 외우고 있는 시가 있습니까?
- 詩人はことばをよく選んで使います。 시인은 말을 잘 선택해서 사용합니다.

0338 ☐☐

式
법 식
6획 | N3

음 しき　　公式 공식　卒業式 졸업식　形式 형식

- 数学の公式を覚えます。 수학 공식을 외웁니다.
- 日本の卒業式はふつう3月に行われます。 일본의 졸업식은 보통 3월에 열립니다.

0339 ☐☐

息
쉴 식
10획 | N3

음 そく　　休息 휴식　消息 소식　安息 안식

훈 いき　　息 숨, 호흡　鼻息 콧김, 기세　ため息 한숨

특 息子

- 心の休息も必要なものです。 마음의 휴식도 필요한 법입니다.
- ため息をつくのはよくないよ。 한숨을 쉬는 것은 좋지 않아.

0340 ☐☐

植
심을 식
12획 | N3

음 しょく　　植物 식물　植民 식민　移植 이식

훈 うえる　　植える 심다

- 植物園に行きたいです。 식물원에 가고 싶습니다.
- みどりの日に木を植えます。 녹색의 날에 나무를 심습니다.

0341

申 납 신/펼 신
5획 | N3

- 음 しん
- 훈 もうす

申告 신고　申請 신청　内申 내신

申す 말씀드리다, 아뢰다

- 飛行機の中でかんぜい申告書類を作成した。
  비행기 안에서 관세 신고 서류를 작성했다.
- 私は田中と申します。 저는 다나카라고 합니다.

0342

身 몸 신
7획 | N3

- 음 しん
- 훈 み

身長 신장, 키　身体 신체　心身 심신

身 몸, 자기, 신변　身分 신분　赤身 살코기, 붉은 생선 살

- 身体ねんれいはまだ十代です。 신체 연령은 아직 10대입니다.
- 身分証明書を用意してください。 신분증을 준비해 주세요.

0343

神 귀신 신　神
9획 | N2

- 음 しん、じん
- 훈 かみ

かん

こう

神話 신화　神経 신경　神社 신사

神様 신, 하느님

神主 신관, 신사의 우두머리

神々しい 성스럽고 엄숙하다

- 특 神奈川県 가나가와현(지명)

- 正月に神社へ行きます。 정월에 신사에 갑니다.
- 神様がいると信じます。 신이 있다고 믿습니다.

0344

実 열매 실　實
8획 | N3

- 음 じつ
- 훈 み、みのる

実力 실력　事実 사실　充実 충실

実 열매　実る 열매를 맺다, 결실을 맺다

- 自分の実力を１００％はっきしよう。 자신의 실력을 100% 발휘하자.
- 私たちの愛が実りました。 우리의 사랑이 결실을 맺었습니다.

0345

深
깊을 심
11획 | N3

- 음 しん
- 훈 ふかい
- ふかまる
- ふかめる

深夜 심야 深刻 심각 水深 수심
深い 깊다
深まる 깊어지다
深める 깊게 하다

- 海の水深が深いです。 바다 수심이 깊습니다.
- 秋も深まってきましたね。 가을도 깊어졌군요(완연한 가을이네요).

0346

悪
악할 악/미워할 오 惡
11획 | N4

- 음 あく、お
- 훈 わるい

悪意 악의 悪事 악행, 재난 嫌悪 혐오
悪い 나쁘다, 좋지 않다

- 悪事をはたらいてはいけません。 악행을 해선 안 됩니다.
- 体の具合が悪いです。 몸 상태가 좋지 않습니다.

0347

安
편안할 안
6획 | N4

- 음 あん
- 훈 やすい、やすらか
- やすらぐ

安全 안전 安定 안정 不安 불안
安い 싸다 安らか 평온함
安らぐ 마음이 편안해짐

- いつも安全にご注意ください。 항상 안전에 주의하세요.
- このりんごは安くておいしいです。 이 사과는 싸고 맛있습니다.

0348

岸
언덕 안
8획 | N2

- 음 がん
- 훈 きし

海岸 해안 沿岸 연안 河岸 하안, 강기슭
岸 물가, 벼랑, 낭떠러지 岸辺 물가

- この海岸はとてもすてきですね。 이 해안은 매우 멋지네요.
- 岸をはなれた船は海に向かいます。 물가를 떠난 배는 바다로 향합니다.

0349

暗
어두울 암
13획 | N4

- 음 あん
- 훈 くらい

暗号 암호 暗示 암시 明暗 명암
暗い 어둡다

- 色の明暗がはっきりしています。 색의 명암이 뚜렷합니다.
- 暗い道はこわいです。 어두운 길은 무섭습니다.

0350 ☐☐

央
가운데 앙
5획 | N3

（음）おう   中央 중앙

• 広場の中央にクリスマスツリーがあります。 광장 중앙에 크리스마스 트리가 있습니다.

• カザフスタンは中央アジアの国です。 카자흐스탄은 중앙아시아 나라입니다.

0351 ☐☐

薬
약 약 ☐薬
16획 | N4

（음）やく   薬品 약품   薬局 약국   火薬 화약

（훈）くすり   薬 약   粉薬 가루약   飲み薬 내복약

• 薬局はコンビニの前にあります。 약국은 편의점 앞에 있습니다.

• 粉薬は水といっしょに飲んでください。 가루약은 물과 함께 드세요.

0352 ☐☐

羊
양 양
6획 | N1

（음）よう   羊毛 양모, 양털   牧羊 목양

（훈）ひつじ   羊 양   牡羊座 양자리(별자리)

• 羊毛の服はあたたかいです。 양털 옷은 따뜻합니다.

• 羊は草食動物である。 양은 초식 동물이다.

0353 ☐☐

洋
큰 바다 양
9획 | N3

（음）よう   洋食 양식   洋服 옷, 양복   西洋 서양

• 朝食は洋食と和食が選べます。 조식은 양식과 일식을 고를 수 있습니다.

• 着なくなった洋服を売ろうと思います。 안 입게 된 옷을 팔려고 합니다.

0354 ☐☐

様
모양 양 ☐様
14획 | N3

（음）よう   様子 모양, 상태, 모습   様式 양식, 방식

               模様 모양, 무늬

（훈）さま   様 모양, 상태, 모습   ～様 ~님

• ちょっと様子を見てきます。 좀 상황을 보고 오겠습니다.

• こちらがお客様のお部屋でございます。 여기가 손님 방입니다.

0355 ☐☐

陽
볕 양
12획 | N2

(음) よう

陽気 양기, 쾌활함   陽性 양성   太陽 태양

- 彼女はとても陽気でみんなに好かれている。 그녀는 매우 쾌활해서 모두가 좋아한다.
- 太陽の光がまぶしすぎます。 태양 빛이 너무 눈부십니다.

0356 ☐☐

業
업 업
13획 | N3

(음) ぎょう、ごう

業務 업무   卒業 졸업   自業自得 자업자득

(훈) わざ

業 일, 행위   仕業 소행, 짓

- 来月、大学を卒業します。 다음 달에 대학을 졸업합니다.
- ゴミが散らかっているのはカラスの仕業でしょう。
  쓰레기가 어지러져 있는 것은 까마귀 짓이겠지요.

0357 ☐☐

役
부릴 역
7획 | N3

(음) やく、えき

役割 역할   主役 주역   現役 현역

- 自分が主役の人生を生きよう。 자기가 주역인 인생을 살자.
- 彼女は現役サッカー選手です。 그녀는 현역 축구 선수입니다.

0358 ☐☐

駅
정거장 역 [驛]
14획 | N4

(음) えき

駅前 역전, 역 앞   駅弁 에키벤(역에서 파는 도시락)

- 駅前で公演をしています。 역 앞에서 공연을 하고 있습니다.
- 電車で旅行する時は駅弁を買います。 기차(전차)로 여행할 때는 에키벤을 삽니다.

0359 ☐☐

研
갈 연 [研]
9획 | N3

(음) けん

研究 연구   研修 연수   研磨 연마

(훈) とぐ

研ぐ 갈다, (물에 비벼) 씻다

- 教授はずっと一人で研究を続けています。 교수는 쭉 혼자서 연구를 계속하고 있습니다.
- 米を研いでごはんをたきます。 쌀을 씻어서 밥을 짓습니다.

0360 ☐☐

음 よう

訓 は

紅葉 단풍 　中葉 중엽

葉書 엽서 　言葉 말 　青葉 푸른 잎, 새잎

잎 엽

12획 | N3

• 秋の紅葉は本当にきれいです。 가을의 단풍은 정말 예쁩니다.
• 旅先の絵葉書を集めます。 여행지의 그림 엽서를 모읍니다.

0361 ☐☐

음 えい

訓 およぐ

泳法 헤엄치는 법 　水泳 수영

泳ぐ 헤엄치다, 수영하다

헤엄칠 영

8획 | N3

• 春から水泳教室にかよっています。 봄부터 수영 교실에 다니고 있습니다.
• 家族とプールで泳ぎました。 가족과 수영장에서 수영했습니다.

0362 ☐☐

음 よ

訓 あらかじめ

予想 예상 　予定 예정 　予約 예약

予め 사전에

미리 예 　豫

4획 | N3

• 予想はすべて外れた。 예상은 모두 빗나갔다.
• 明日は休む予定です。 내일은 쉴 예정입니다.

0363 ☐☐

음 おく

訓 や

屋内 옥내, 실내, 집 안 　屋上 옥상 　家屋 가옥

屋根 지붕 　部屋 방 　花屋 꽃집, 꽃 가게

집 옥

9획 | N4

• 屋上に庭を作りました。 옥상에 정원을 만들었습니다.
• 花屋でバラの花を買いました。 꽃집에서 장미꽃을 샀습니다.

0364 ☐☐

温

따뜻할 온 温

12획 | N4

(음) おん
温泉 온천　温暖化 온난화　気温 기온

(훈) あたたか
温か 따뜻함

あたたかい
温かい 따뜻하다

あたたまる
温まる 따뜻해지다

あたためる
温める 따뜻하게 하다

• 地球温暖化はしんこくです。 지구 온난화는 심각합니다.
• お茶を飲むと体が温まります。 차를 마시면 몸이 따뜻해집니다.

0365 ☐☐

運

옮길 운

12획 | N4

(음) うん
運命 운명　運行 운행　運営 운영

(훈) はこぶ
運ぶ 옮기다, 운반하다

• 運命は待つものではなく作るものです。 운명은 기다리는 것이 아닌 만드는 것입니다.
• ソファーを運ぶのは大変です。 소파를 옮기는 것은 힘듭니다.

0366 ☐☐

員

인원 원

10획 | N4

(음) いん
全員 전원　満員 만원　定員 정원

• 全員エレベーターから降りてください。 전원 엘리베이터에서 내려 주세요.
• 毎日満員電車に乗ります。 매일 만원 전철을 탑니다.

0367 ☐☐

院

집 원

10획 | N4

(음) いん
大学院 대학원　病院 병원　退院 퇴원

• 大学院では研究テーマを決めます。 대학원에서는 연구 테마를 정합니다.
• 病院には小さなコンビニもあります。 병원에는 작은 편의점도 있습니다.

0368

委

맡길 위

8획 | N2

㉠ い　　　　委員 위원　　委託 위탁　　委任 위임

㉡ ゆだねる　　委ねる 맡기다

- 委員会でその問題について話し合いました。 위원회에서 그 문제에 대해 의논했습니다.
- 運命に身を委ねました。 운명에 몸을 맡겼습니다.

0369

有

있을 유

6획 | N4

㉠ ゆう、う　　有効 유효　　所有 소유　　有無 유무

㉡ ある　　　有る 있다, 존재하다

- このマンションは私の所有です。 이 맨션은 나의 소유입니다.
- あの人にはたくさんの財産が有ります。 저 사람에게는 많은 재산이 있습니다.

0370

由

말미암을 유

5획 | N3

㉠ ゆ、ゆう、ゆい　　由来 유래　　自由 자유　　由緒 유서

㉡ よし　　　由 연유, 사정, 까닭

- 自由に使ってもいいです。 자유롭게 사용해도 좋습니다.
- その時はこうなることを知る由もなかった。
  그 때는 이렇게 될 것을 알 방도가 없었다.

0371

油

기름 유

8획 | N3

㉠ ゆ　　　　油田 유전　　油性 유성　　石油 석유

㉡ あぶら　　油 기름　　油絵 유화

- ロシアは石油を生産する国です。 러시아는 석유를 생산하는 나라입니다.
- てんぷら油を新しくかえました。 튀김 기름을 새로 바꾸었습니다.

0372

遊

놀 유

12획 | N3

㉠ ゆう、ゆ　　遊園地 유원지　　遊説 유세

㉡ あそぶ　　遊ぶ 놀다

- 家族と遊園地に行ってきました。 가족과 유원지에 갔다 왔습니다.
- 友達がうちへ遊びに来ました。 친구가 우리 집에 놀러 왔습니다.

0373 ☐☐

育

기를 육

8획 | N4

- 음 いく ｜ 育児 육아 ｜ 育成 육성 ｜ 教育 교육
- 훈 そだつ ｜ 育つ 자라다, 성장하다
  そだてる ｜ 育てる 기르다, 육성하다
  はぐくむ ｜ 育む (품어) 기르다, 키우다

- このごろは男性の育児休職も増えている。 요즘은 남성의 육아 휴직도 늘고 있다.
- 趣味は花を育てることです。 취미는 꽃을 기르는 것입니다.

0374 ☐☐

銀

은 은

14획 | N4

- 음 ぎん ｜ 銀色 은색 ｜ 銀行 은행 ｜ 銀河 은하

- 銀色のイヤリングが好きです。 은색 귀걸이를 좋아합니다.
- 銀行はデパートのとなりにあります。 은행은 백화점 옆에 있습니다.

0375 ☐☐

飲

마실 음 ｜ 飮

12획 | N4

- 음 いん ｜ 飲料 음료 ｜ 飲食 먹고 마심 ｜ 試飲 시음
- 훈 のむ ｜ 飲む 마시다

- 彼女はたんさん飲料をよく飲みます。 그녀는 탄산 음료를 자주 마십니다.
- コーラが飲みたいです。 콜라를 마시고 싶습니다.

0376 ☐☐

医

의원 의 ｜ 醫

7획 | N4

- 음 い ｜ 医者 의사 ｜ 医学 의학 ｜ 医療 의료

- 医者になるのは難しいです。 의사가 되는 것은 어렵습니다.
- 医学を学ぶためには生物学も必要です。 의학을 배우기 위해서는 생물학도 필요합니다.

0377 ☐☐

意

뜻 의

13획 | N4

- 음 い ｜ 意見 의견 ｜ 意味 의미 ｜ 得意 잘함

- 言葉の意味を辞書で調べます。 말의 의미를 사전에서 찾습니다.
- 数学が得意な人はうらやましい。 수학을 잘하는 사람은 부럽다.

제3장 일본 초등학교 3학년 한자 200자　109

아래의 한자를 보고 빈칸에 읽는 법과 뜻을 써 봅시다.

한자	읽는 법	뜻
예 世界	せかい	세계
01 温暖化		
02 深刻		
03 速度		
04 写真		
05 役割		
06 様子		
07 葉書		
08 休息		
09 太陽		
10 身分		
11 勝利		
12 公式		
13 相性		
14 合宿		
15 留守		

정답

01 おんだんか 온난화 02 しんこく 심각 03 そくど 속도 04 しゃしん 사진 05 やくわり 역할
06 ようす 모양, 상태, 모습 07 はがき 엽서 08 きゅうそく 휴식 09 たいよう 태양 10 みぶん 신분
11 しょうり 승리 12 こうしき 공식 13 あいしょう 궁합 14 がっしゅく 합숙 15 るす 부재중

📍 필순은 별책 부록 쓰기 노트에 있습니다.

0378 ☐☐

者

놈 자 | 者

8획 | N4

음 しゃ、じゃ

훈 もの

記者 기자　学者 학자　患者 환자

者 사람　若者 젊은 사람, 젊은이

• 私の母は新聞記者です。 나의 어머니는 신문 기자입니다.
• この歌は今若者たちに人気がある。 이 노래는 지금 젊은이들에게 인기가 있다.

0379 ☐☐

章

글 장

11획 | N2

음 しょう

文章 문장　楽章 악장　憲章 헌장

• 分かりやすい文章で書いてください。 알기 쉬운 문장으로 써 주세요.
• 今からこの曲の第2楽章が始まります。 지금부터 이 곡의 제 2악장이 시작됩니다.

0380 ☐☐

帳

장막 장

11획 | N1

음 ちょう

특 蚊帳 모기장

手帳 수첩　通帳 통장

• 日本では通帳を再はっきゅうする時、手数料がかかる。
일본에서는 통장을 재발급할 때 수수료가 든다.
• かわいい手帳をもらいました。 귀여운 수첩을 받았습니다.

0381 ☐☐

笛

피리 적

11획 | N2

음 てき

훈 ふえ

汽笛 기적

笛 피리　口笛 휘파람

• 船の汽笛の音が大きいです。 배의 기적 소리가 큽니다.
• 口笛が吹けますか。 휘파람을 불 수 있습니까?

全
온전 전
6획 | N4

㉠ ぜん

全身 전신, 온몸　全国 전국　完全 완전

㉭ すべて、まったく

全て 전부, 모두, 전체　全く 전적으로, 전혀

• 日本全国のラーメンが食べてみたいです。 일본 전국의 라멘을 먹어 보고 싶습니다.
• 全て作り話です。 전부 지어낸 이야기입니다.

畑
화전 전
9획 | N2

㉭ はた、はたけ

畑作 밭농사　茶畑 차밭　麦畑 보리밭

• 畑作を業としています。 밭농사를 업으로 삼고 있습니다.
• 山の近くに茶畑が広がっています。 산 근처에 차밭이 펼쳐져 있습니다.

転
구를 전　轉
11획 | N3

㉠ てん

転校 전학　運転 운전　回転 회전

㉭ ころがる

転がる 구르다, 넘어지다

ころがす

転がす 굴리다, 넘어뜨리다

ころぶ

転ぶ 구르다, 넘어지다

• 毎日運転の練習をします。 매일 운전 연습을 합니다.
• 転んでけがをしました。 넘어져서 다쳤습니다.

　*けがをする 상처를 입다, 다치다

丁
고무래 정/장정 정
2획 | N3

㉠ ちょう、てい

包丁 식칼, 부엌칼　丁度 마침, 딱
丁寧 정중함, 신중함

• 新しい包丁を買いました。 새로운 부엌칼을 샀습니다.
• 手紙はもっと丁寧に書いてください。 편지는 더 정중하게 써 주세요.

0386 ☐☐

定
정할 정
8획 | N3

- 음 てい、じょう
- 훈 さだめる
  さだまる
  さだか

定価 정가　　決定 결정　　定石 정석

定める 정하다, 결정하다

定まる 정해지다, 결정되다

定か 확실함, 분명함

- この服の定価は一万円をこえます。 이 옷의 정가는 만 엔을 넘습니다.
- 今後の方針を定める。 앞으로의 방침을 정하다.

0387 ☐☐

庭
뜰 정
10획 | N3

- 음 てい
- 훈 にわ

庭園 정원　　家庭 가정　　校庭 교정, 학교 정원

庭 정원　　庭師 정원사　　石庭 돌로 꾸민 정원

- 両親がはたらく家庭が増えています。 부모님이 일하는 가정이 늘어나고 있습니다.
- 庭をきれいにかざりました。 정원을 예쁘게 꾸몄습니다.

0388 ☐☐

整
가지런할 정
16획 | N3

- 음 せい
- 훈 ととのえる
  ととのう

整理 정리　　整備 정비　　調整 조정

整える 조정하다, 정리하다, 정돈하다

整う 가지런해지다, 정돈되다

- 整理する習慣をつけましょう。 정리하는 습관을 들입시다.
- リラックスできる環境を整えます。 편안하게 쉴 수 있는 환경을 정돈합니다.

0389 ☐☐

祭
제사 제
11획 | N3

- 음 さい
- 훈 まつる、まつり

文化祭 문화제, 학교 축제　　祝祭 축제

祭る 신으로 모시다　　祭り 마쓰리(축제)

- 文化祭の準備はかんぺきです。 문화제(학교 축제) 준비는 완벽합니다.
- 北海道の雪祭りは有名です。 홋카이도의 눈 축제는 유명합니다.

0390

第

차례 제

11획 | N3

㉠ だい

第一 제일, 첫 번째 　 次第 순서, ~나름, ~대로

• 私の第一印象はどうでしたか。 나의 첫인상은 어땠습니까?

• 家に帰り次第、連絡してください。 집에 돌아가는 대로 연락해 주세요.

0391

題

제목 제

18획 | N4

㉠ だい

題名 제목 　 問題 문제 　 出題 출제

• この本の題名を知っていますか。 이 책 제목을 알고 있습니까?

• テストの問題はかんたんでした。 시험 문제는 간단했습니다.

0392

도울 조

7획 | N2

㉠ じょ

助力 조력, 힘을 보탬 　 助言 조언 　 救助 구조

㉴ たすける

助ける 돕다, 살리다

　 たすかる

助かる 살아나다, 도움이 되다

　 すけ

助っ人 조력자

• 先生が助言をしてくれました。 선생님이 조언을 해 주셨습니다.

• 手伝ってくれて本当に助かりました。 도와줘서 정말 도움이 되었습니다.

0393

고를 조

15획 | N3

㉠ ちょう

調和 조화 　 調査 조사 　 調子 상태

㉴ しらべる

調べる 조사하다, 알아보다, 찾다

　 ととのう

調う 성립되다, 갖추어지다

　 ととのえる

調える 갖추다, 준비하다, 마무리 짓다

• 市場調査の結果を会議で発表します。 시장 조사 결과를 회의에서 발표합니다.

• 知らない漢字を辞書で調べます。 모르는 한자를 사전에서 찾습니다.

0394 ☐☐
族
겨레 족
11획 | N3

음 ぞく

家族 가족　　民族 민족　　水族館 수족관

・うちは四人家族です。 우리 집은 4인 가족입니다.
・中国は少数民族が多いです。 중국은 소수 민족이 많습니다.

0395 ☐☐
終
마칠 종
11획 | N4

음 しゅう

終日 (하루) 종일　　終了 종료　　最終 최종, 마지막

훈 おわる、おえる

終わる 끝나다, 끝내다　　終える 끝내다, 마치다

・もうすぐ最終列車が来ます。 이제 곧 마지막 열차가 옵니다.
・ここで授業を終わります。 여기서 수업을 마치겠습니다.

0396 ☐☐
州
고을 주
6획 | N1

음 しゅう

本州 혼슈(지명), 일본에서 제일 큰 섬　　九州 규슈(지명)

훈 す

三角州 삼각주　　中州 강 가운데의 모래섬

・東京は本州の中央にあります。 도쿄는 혼슈 중앙에 있습니다.
・三角州の平野に広島の市街地が広がっています。
삼각주 평야에 히로시마의 시가지가 펼쳐져 있습니다.

0397 ☐☐
主
임금 주/주인 주
5획 | N4

음 しゅ、す

主人 주인, 남편, 가장　　主力 주력　　坊主 승려

훈 ぬし、おも

地主 지주　　株主 주주　　主な 주요한, 주된

・毎朝主人は朝ごはんを作ってくれます。 매일 아침 남편은 아침밥을 만들어 줍니다.
・今日の主なニュースは何ですか。 오늘의 주요한 뉴스는 무엇입니까?

0398 ☐☐
住
살 주
7획 | N4

음 じゅう

住民 주민　　住所 주소　　衣食住 의식주

훈 すむ、すまう

住む 살다　　住まう 살다, 거주하다

・家の住所を忘れてしまいました。 집 주소를 잊어버렸습니다.
・私はソウルに住んでいます。 나는 서울에 살고 있습니다.

注
부을 주
8획 | N4

- (음) **ちゅう**
  - 注意 주의, 조심 　注目 주목 　注入 주입
- (훈) **そそぐ**
  - 注ぐ 쏟아지다, 따르다
- (특) **つぐ**
  - 注ぐ 붓다, 따르다

- 足元に注意してください。 발 밑을 조심하세요.
- 雨が降り注いでいます。 비가 쏟아지고 있습니다.

柱
기둥 주
9획 | N3

- (음) **ちゅう**
  - 円柱 원주, 원기둥 　電柱 전봇대
  - 支柱 지주, 버팀목
- (훈) **はしら**
  - 柱 기둥 　柱時計 벽시계 　火柱 불기둥

- 暗くて電柱にぶつかりました。 어두워서 전봇대에 부딪혔습니다.
- 家に古い柱時計があります。 집에 오래된 벽시계가 있습니다.

酒
술 주
10획 | N4

- (음) **しゅ**
  - 日本酒 일본 술 　飲酒 음주 　禁酒 금주
- (훈) **さけ、さか**
  - 酒 술 　居酒屋 술집, 선술집

- 日本酒を飲んだことがあります。 일본 술을 마신 적이 있습니다.
- 居酒屋のふんいきが好きです。 이자카야의 분위기를 좋아합니다.

重
무거울 중
9획 | N4

- (음) **じゅう、ちょう**
  - 重量 중량 　体重 체중 　貴重 귀중
- (훈) **え**
  - 一重 한 겹, 홑겹 　三重県 미에현(지명)
- **おもい**
  - 重い 무겁다
- **かさなる**
  - 重なる 거듭되다
- **かさねる**
  - 重ねる 겹치다, 포개다

- このゆびわは貴重なものです。 이 반지는 귀중한 것입니다.
- 重いにもつは車において歩きましょう。 무거운 짐은 차에 놓고 걸읍시다.

0403 ☐☐

指
가리킬 지
9획 | N4

음 し 　　　　　　　　　　指名 지명　　指示 지시　　指導 지도

훈 ゆび、さす 　　　　　指 손가락　　親指 엄지 손가락　　指す 가리키다

- 彼は先生に指名されました。 그는 선생님에게 지명 당했습니다.
- ピアノをひく人の指は長い。 피아노를 치는 사람의 손가락은 길다.

0404 ☐☐

持
가질 지
9획 | N4

음 じ 　　　　　　　　　　持参 지참　　所持 소지　　支持 지지

훈 もつ 　　　　　　　　　持つ 가지다, 들다, 버티다, 오래가다

- 市民の意見を支持します。 시민의 의견을 지지합니다.
- 傘を持って来てください。 우산을 가져와 주세요.

0405 ☐☐

真
참 진
10획 | N4

음 しん 　　　　　　　　　真理 진리　　真実 진실　　写真 사진

훈 ま 　　　　　　　　　　真面目 성실함　　真心 진심, 정성　　真夏 한여름

- 写真を撮ってくれませんか。 사진을 찍어 주시지 않겠어요?
- 真面目なタイプが好きです。 성실한 타입을 좋아합니다.

0406 ☐☐

進
나아갈 진
11획 | N3

음 しん 　　　　　　　　　進出 진출　　進化 진화　　前進 전진

훈 すすむ 　　　　　　　　進む 나아가다, 진행되다

　　 すすめる 　　　　　　　進める 앞으로 나아가게 하다, 진행하다

- 人間はますます進化します。 인간은 점점 진화합니다.
- イベントはうまく進んでいます。 이벤트는 잘 진행되고 있습니다.

0407 ☐☐

集
모을 집
12획 | N4

음 しゅう 　　　　　　　　集中 집중　　集合 집합　　募集 모집

훈 あつまる、あつめる 　　集まる 모이다　　集める 모으다

　　 つどう 　　　　　　　　集う 모이다

- 新会員を募集します。 새로운 회원을 모집합니다.
- 趣味で切手を集めています。 취미로 우표를 모으고 있습니다.

次
버금 차
6획 | N4

(음) じ、し 次男 차남 目次 목차 次第 순서, ~나름, ~대로

(훈) つぐ、つぎ 次ぐ 뒤를 잇다 次 다음

- 次男は有名なアイドルです。 차남은 유명한 아이돌입니다.
- 次の船便を待っています。 다음 배편을 기다리고 있습니다.

着
붙을 착
12획 | N4

(음) ちゃく 着用 착용 到着 도착 愛着 애착

(훈) きる 着る 입다 着物 옷, 기모노

きせる 着せる 입히다

つく 着く 도착하다, 자리에 앉다

つける 着ける 입다, 앉히다

- シートベルトを着用してください。 안전벨트를 착용해 주세요.
- 着物を着たことがあります。 기모노를 입은 적이 있습니다.

鉄
쇠 철 鐵
13획 | N3

(음) てつ 鉄分 철분 鉄道 철도 私鉄 사철(민영 철도)

- 市内に行くには空港鉄道がべんりです。 시내에 가려면 공항 철도가 편리합니다.
- 今年から私鉄の料金が上がりました。 올해부터 사철 요금이 올랐습니다.

秒
분초 초
9획 | N3

(음) びょう 秒針 초침 一秒 1초 毎秒 매초

- 時計の秒針がこわれました。 시계 초침이 고장났습니다.
- 勉強する時は一秒もおしいです。 공부할 때는 1초도 아깝습니다.

0412 ☐☐

追
쫓을 추/따를 추
9획 | N3

- 음 つい
- 훈 おう

追加 추가　　追求 추구　　追放 추방

追う 쫓다, 좇다, 뒤따르다

- レポートに写真を追加してください。 보고서에 사진을 추가해 주세요.
- あの人はいつも夢を追っています。 저 사람은 항상 꿈을 좇고 있습니다.

0413 ☐☐

取
가질 취
8획 | N4

- 음 しゅ
- 훈 とる、とれる

取材 취재　　取得 취득　　採取 채취

取る 잡다, 따다, 취하다　　取れる 잡히다, 떨어지다

- 火災事件を取材しました。 화재 사건을 취재했습니다.
- 机の上の本を取ってください。 책상 위의 책을 집어 주세요.

0414 ☐☐

歯
이 치　　歯
12획 | N3

- 음 し
- 훈 は

歯科 치과　　乳歯 유치　　永久歯 영구치

歯医者 치과 의사, 치과　　虫歯 충치　　前歯 앞니

- 昨日歯科医院で虫歯をぬきました。 어제 치과에서 충치를 뽑았습니다.
- 怖いから歯医者さんには行きたくありません。
  무서워서 치과에는 가고 싶지 않습니다.

0415 ☐☐

他
다를 타
5획 | N3

- 음 た
- 훈 ほか

他人 타인, 남, 다른 사람　　他国 타국　　自他 자타

他 다른 것, 딴 것

- 他国での生活は大変です。 타국에서의 생활은 힘듭니다.
- 他のメニューを見せてください。 다른 메뉴를 보여 주세요.

0416 ☐☐

打
칠 타
5획 | N3

- 음 だ
- 훈 うつ

打者 타자　　安打 안타　　打算 타산

打つ 치다, 때리다

- 打者は野球で球を打つ人のことです。 타자는 야구에서 공을 치는 사람입니다.
- 彼の話にあいづちを打ちました。 그의 이야기에 맞장구를 쳤습니다.
- *あいづちを打つ 맞장구를 치다(관용구)

0417

숯 탄
9획 | N2

- 음 **たん** — 炭水化物 탄수화물　木炭 목탄　石炭 석탄
- 훈 **すみ** — 炭 숯　炭火 숯불

• 木炭は木をやいて作ります。 목탄은 나무를 태워서 만듭니다.
• この炭は火付きが良いです。 이 숯은 불이 잘 붙습니다.

0418

끓일 탕
12획 | N3

- 음 **とう** — 熱湯 열탕　銭湯 대중목욕탕
- 훈 **ゆ** — お湯 끓인 물, 따뜻한 물, 목욕물　湯気 김, 수증기

• 銭湯がだんだん少なくなっています。 대중목욕탕이 점점 줄어들고 있습니다.
• お湯をわかしてお茶を入れましょう。 따뜻한 물을 끓여서 차를 우립시다.

0419

던질 투
7획 | N3

- 음 **とう** — 投入 투입　投資 투자　投書 투서, 투고
- 훈 **なげる** — 投げる 던지다

• 外国会社から投資を受けました。 외국 회사로부터 투자를 받았습니다.
• ボールを投げる練習をします。 공을 던지는 연습을 합니다.

0420

물결 파
8획 | N3

- 음 **は** — 波及 파급　脳波 뇌파　電波 전파
- 훈 **なみ** — 波 파도　人波 인파, 사람물결　津波 쓰나미, 해일

• 電波しょうがいでケーブルテレビが見られなくなった。
　전파 장애로 케이블 TV를 못 보게 되었다.
• 台風で波が高くなっています。 태풍으로 파도가 높아지고 있습니다.

0421

고개 판
7획 | N3

- 음 **はん** — 急坂 가파른 언덕
- 훈 **さか** — 坂道 비탈길　下り坂 내리막길

• 急坂を登るのは大変です。 가파른 언덕을 오르는 것은 힘듭니다.
• 坂道に気をつけてください。 비탈길을 조심해 주세요.

0422 ☐☐

板

널 판

8획 | N3

음 はん、ばん

合板 합판　黒板 칠판　看板 간판

훈 いた

板 판자　板前 요리사(일식)　まな板 도마

- 黒板に自分の名前を書いてください。 칠판에 자신의 이름을 적어 주세요.
- 「板前さんのおすすめ」は何ですか。 요리사의 추천은 무엇입니까?

0423 ☐☐

平

평평할 평 ｜ 平

5획 | N3

음 へい、びょう

平日 평일, 평상시　平和 평화　平等 평등

훈 たいら、ひら

平ら 평평함　平社員 평사원　手の平 손바닥

- 平和な世界になってほしいです。 평화로운 세상이 되었으면 좋겠습니다.
- ケーキを平らな皿にのせてください。 케이크를 평평한 접시에 올려 주세요.

0424 ☐☐

表

겉 표

8획 | N3

음 ひょう

表面 표면　表情 표정　発表 발표

훈 おもて

表 겉, 표면

あらわす

表す 나타내다, 표현하다

あらわれる

表れる 나타나다, 드러나다

- 大学の合格発表を待っています。 대학 합격 발표를 기다리고 있습니다.
- 今の気持ちを一言で表してください。 지금의 기분을 한마디로 표현해 주세요.

0425 ☐☐

品

물건 품

9획 | N4

음 ひん

品質 품질　品評 품평　作品 작품

훈 しな

品 물건　品物 물건, 상품, 물품　手品 마술

- 新製品の品評会があります。 신제품의 품평회가 있습니다.
- この店は高価な品物をあつかっている。 이 가게는 고가 물품을 다루고 있다.

0426 ☐☐

皮

가죽 피

5획 | N2

음 ひ

皮肉 비꼼, 야유　皮膚 피부　脱皮 탈피

훈 かわ

皮 가죽, 껍질　毛皮 모피, 털가죽

- 彼は皮肉ばかり言うから疲れる。 그는 비꼬는 말만 하니까 피곤해.
- りんごの皮をうまくむくことができません。 사과 껍질을 잘 깎지 못합니다.

0427

筆
붓 필
12획 | N2

음 ひつ　　筆者 필자　　筆記 필기　　鉛筆 연필

훈 ふで　　筆 붓　　筆先 붓끝　　筆箱 필통

• 鉛筆で下絵を描いてください。 연필로 밑그림을 그려 주세요.

• 新しい筆を買いました。 새로운 붓을 샀습니다.

0428

荷
멜 하
10획 | N3

음 か　　出荷 출하　　入荷 입하

훈 に　　荷車 짐수레　　手荷物 수하물　　重荷 무거운 짐

• 商品は今月末に出荷する予定です。 상품은 이번 달 말에 출하할 예정입니다.

• たまには人間関係が重荷に感じる時がある。
가끔은 인간관계가 무거운 짐으로 느껴질 때가 있다.

0429

寒
찰 한
12획 | N4

음 かん　　寒波 한파　　防寒 방한

훈 さむい　　寒い 춥다　　寒気 한기

• 寒いから防寒服を着ます。 추워서 방한복을 입습니다.

• 今日はあまり寒くありません。 오늘은 별로 춥지 않습니다.

0430

漢
한나라 한　漢
13획 | N4

음 かん　　漢字 한자　　漢方 한방　　痴漢 치한

• 漢字の名前は読むのがむずかしいです。 한자 이름은 읽는 것이 어렵습니다.

• 漢方は病気ではなく病人をみるという。 한방은 병이 아니라 병자를 진찰한다고 한다.

0431

港
항구 항
12획 | N3

음 こう　　空港 공항　　入港 입항　　出港 출항

훈 みなと　　港 항구　　港町 항구 도시

• 空港バスはどこで乗りますか。 공항 버스는 어디서 탑니까?

• 神戸は港町です。 고베는 항구 도시입니다.

0432 ☐☐

幸

다행 행

8획 | N3

(음) こう

幸福 행복　　幸運 행운　　不幸 불행

(훈) さいわい

幸い 다행, 행복

さち、しあわせ

幸 행복, 자연의 산물　　幸せ 행복, 복

- 幸福のかぎは心の中にあるものです。 행복의 열쇠는 마음속에 있는 것입니다.
- 幸せな日々を過ごしています。 행복한 나날을 지내고 있습니다.

0433 ☐☐

向

향할 향

6획 | N3

(음) こう

向上 향상　　方向 방향　　動向 동향

(훈) むく、むける

向く 향하다　　向ける 향하게 하다, 돌리다

むかう、むこう

向かう 마주보다, 대하다, 향해 가다　　向こう 건너편

- いつも最新動向はチェックしている。 항상 최신 경향을 체크하고 있다.
- こっちへ向かってくる人がいる。 이쪽을 향해 오는 사람이 있어.

0434 ☐☐

県

고을 현　縣

9획 | N4

(음) けん

県立 현립　　県庁 현청　　県民 현민, 현의 주민

- 県立図書館は無料で利用できます。 현립 도서관은 무료로 이용할 수 있습니다.
- 県庁は次の駅です。 현청은 다음 역입니다.

0435 ☐☐

血

피 혈

6획 | N4

(음) けつ

血管 혈관　　止血 지혈　　出血 출혈

(훈) ち

血 피　　鼻血 코피

- 早く止血してください。 빨리 지혈해 주세요.
- 疲れて鼻血が出ました。 피곤해서 코피가 났습니다.

0436 ☐☐

号

부를 호　號

5획 | N3

(음) ごう

号令 호령, 구령　　信号 신호　　年号 연호

- 号令に合わせて運動をします。 구령에 맞추어 운동을 합니다.
- 赤信号では必ず止まってください。 적신호에는 서서 반드시 멈춰 주세요.

0437 ☐☐

湖
호수 호
12획 | N3

- 음 こ
- 훈 みずうみ

湖畔 호반, 호숫가　　湖岸 호숫가　　湖上 호수 위

湖 호수

- 湖畔キャンプ場を予約してくれる？ 호숫가 캠프장을 예약해 줄래?
- 湖がとても広いです。 호수가 정말 넓습니다.

0438 ☐☐

化
될 화
4획 | N4

- 음 か、け
- 훈 ばける

　　ばかす

化学 화학　　化石 화석　　化粧 화장

化ける 둔갑하다, 가장하다　　お化け 도깨비, 귀신

化かす 홀리다, 속이다

- 新しい化粧品がほしいです。 새로운 화장품을 갖고 싶습니다.
- お化けやしきは人気があります。 (놀이공원의) 도깨비 집은 인기가 있습니다.

0439 ☐☐

和
화할 화
8획 | N3

- 음 わ、お
- 훈 やわらぐ

　　やわらげる

　　なごむ

　　なごやか

- 특 日和 날씨

平和 평화　　和解 화해

和尚 화상(승려를 높여 부르는 말)

和らぐ 누그러지다, 온화해지다

和らげる 부드럽게 하다, 진정시키다

和む 누그러지다, 온화해지다

和やか 온화함, 부드러움

- この町は長い間平和に暮らしてきました。
  이 마을은 오랫동안 평화롭게 살아 왔습니다.
- この部屋は和やかな雰囲気ですね。 이 방은 온화한 분위기네요.

0440 ☐☐

横
가로 횡　横
15획 | N3

- 음 おう
- 훈 よこ

横断 횡단　　横領 횡령　　横着 교활함, 무례함

横 옆　　横浜 요코하마(지명)　　横顔 옆 얼굴, 프로필

- 近くに横断歩道はありません。 근처에 횡단보도는 없습니다.
- 横浜は夜景がきれいです。 요코하마는 야경이 예쁩니다.

아래의 한자를 보고 빈칸에 읽는 법과 뜻을 써 봅시다.

한자	읽는 법	뜻
예 学者	がくしゃ	학자
01 表情		
02 平和		
03 体重		
04 決定		
05 住所		
06 取得		
07 指名		
08 集合		
09 到着		
10 最終		
11 動向		
12 幸運		
13 追加		
14 転校		
15 作品		

정답

01 ひょうじょう 표정　02 へいわ 평화　03 たいじゅう 체중　04 けってい 결정　05 じゅうしょ 주소
06 しゅとく 취득　07 しめい 지명　08 しゅうごう 집합　09 とうちゃく 도착　10 さいしゅう 최종
11 どうこう 동향　12 こううん 행운　13 ついか 추가　14 てんこう 전학　15 さくひん 작품

⚙ 밑줄 친 단어의 올바른 발음을 찾아 봅시다.

1 明日までに地図を<u>返して</u>ください。
  ① もどして   ② かえして   ③ へんして   ④ かして

2 彼には<u>打算</u>的なところがある。
  ① たさん   ② ださん   ③ たざん   ④ だざん

3 ボールを<u>投げる</u>練習をします。
  ① なげる   ② ひろげる   ③ あげる   ④ およげる

4 すべての人は<u>平等</u>である。
  ① へいどう   ② ひょうどう   ③ べいどう   ④ びょうどう

5 <u>虫歯</u>が痛くて病院に行きました。
  ① ちゅうし   ② むしは   ③ ちゅうち   ④ むしば

6 <u>手荷物</u>は15キロまで無料です。
  ① てにもつ   ② しゅかもつ   ③ しゅかぶつ   ④ てにぶつ

7 <u>台所</u>で皿を洗っています。
  ① たいところ   ② たいどころ   ③ だいどころ   ④ だいところ

8 海外にいる友達に手紙を<u>送り</u>ます。
  ① くばり   ② おくり   ③ きまり   ④ まもり

9 販売ターゲットを<u>定め</u>ました。
  ① きめ   ② さめ   ③ さだめ   ④ しめ

10 彼は<u>根性</u>があります。
  ① こんしょう   ② きんじょう   ③ こんじょう   ④ きんしょう

정답   1②   2②   3①   4④   5④   6①   7③   8②   9③   10③

⚙ 밑줄 친 단어의 올바른 한자를 찾아 봅시다.

1 このレストランはなごやかな雰囲気ですね。
　　① 温やか　　　　② 穏やか　　　　③ 和やか　　　　④ 暖やか

2 すこし休みをとってください。
　　① 撮って　　　　② 摂って　　　　③ 帰って　　　　④ 取って

3 みなさん、こちらにちゅうもくしてください。
　　① 注目　　　　　② 住目　　　　　③ 衆目　　　　　④ 主目

4 庭に花をうえました。
　　① 植え　　　　　② 根え　　　　　③ 直え　　　　　④ 値え

5 台風のためバスのうんこうは中止になりました。
　　① 進行　　　　　② 追行　　　　　③ 連行　　　　　④ 運行

6 社員たちの意見をちょうさしました。
　　① 調査　　　　　② 審査　　　　　③ 検査　　　　　④ 捜査

7 先生はまるでてんしのようです。
　　① 天子　　　　　② 天士　　　　　③ 天仕　　　　　④ 天使

8 このゲームはわかものに人気があります。
　　① 苦者　　　　　② 若者　　　　　③ 苦物　　　　　④ 若物

9 先生のしじにしたがってください。
　　① 試定　　　　　② 指定　　　　　③ 指示　　　　　④ 示定

10 クーポンをくばりました。
　　① 張り　　　　　② 配り　　　　　③ 送り　　　　　④ 移り

정답 1③ 2④ 3① 4① 5④ 6① 7④ 8② 9③ 10②

한중일 한자 어떻게 다를까?

한국, 중국, 일본은 모두 한자 문화권에 속합니다. 한국은 직접적으로 한자로 글을 써서 표현을 하는 것은 아니지만, 대부분의 단어와 표현들이 한자어로 구성되어 있고 그것을 한글로 표현하는 것입니다. 그렇기 때문에 한국 사람들이 서양 사람들에 비해 쉽게 한자를 공부할 수 있습니다. 하지만, 한중일 모두 같은 한자를 쓰고 있는 것은 아닙니다.

한자에는 대표적으로 번체자, 간체자, 신자체 세 종류가 있습니다. 번체자는 한국과 대만, 간체자는 중국, 일본은 신자체를 사용합니다. 번체자는 정자체, 정자라고도 하는데, 우리가 모두 알고 있는 중국의 고대 문자를 그대로 쓰고 있는 것입니다. 하지만, 실제 중국에서는 번체자가 아닌 간체자를 사용합니다. 모든 글자를 복잡한 한자를 사용하는 중국에서는 필기에 조금 편리하게 하고자 간체자를 사용합니다. 같은 중화권인 대만에서는 한자의 기본 성립을 기반으로 한 번체자를 사용합니다. 반면, 일본에서는 중국과 같이 한자를 필기하는데 편리하고자 신자체를 사용합니다. 예를 들어, 한국에서는 번체자로 '氣(기운 기)'라고 쓰지만 일본의 신자체로는 '気', 중국의 간체자는 '气'라고 씁니다. 이렇게 번자체→신자체→간자체 순서로 한자가 간략해지는 것을 확인할 수 있습니다.

이 뿐만 아니라, 한중일 한자는 같은 한자를 두고도 의미가 다른 경우도 존재합니다. 예를 들어, 愛人라는 한자 단어를 가지고 한국에서는 '애인, 연인'이라는 의미로 쓰이지만, 일본에서는 '남녀간의 내연 관계에 있는 사람'을 뜻하고, 중국에서는 '배우자'를 뜻합니다. 일본과 중국에서 애인을 뜻하는 말은 일본어로는 '恋人', 중국어는 '情人'이라고 합니다.

이렇게 한중일 모두 같은 한자문화권에 속하지만, 모두 다른 한자를 사용하고 있기 때문에 각 나라의 언어를 배울 때 한자 학습 또한 매우 중요한 요소입니다.

제4장

일본 초등학교
4학년 한자
202자

일본 초등학교 4학년 한자 202자

✖ 아래는 제4장에서 배우는 한자 일람표입니다. 알고 있는 한자에 체크해 보세요.

加	街	各	覚	岡	康	改	挙	建	健
더할 가	거리 가	각각 각	깨달을 각	산등성이 강	편안할 강	고칠 개	들 거	세울 건	굳셀 건
欠	結	径	景	鏡	競	季	械	固	共
이지러질 결	맺을 결	지름길 경	볕 경	거울 경	다툴 경	계절 계	기계 계	굳을 고	한가지 공
功	果	課	官	管	関	観	求	軍	郡
공 공	실과 과/열매 과	공부할 과/과정 과	벼슬 관	대롱 관/주관할 관	관계할 관	볼 관	구할 구	군사 군	고을 군
群	極	給	岐	崎	埼	旗	器	機	奈
무리 군	극진할 극/다할 극	줄 급	갈림길 기	험할 기	갑 기	기 기	그릇 기	틀 기	어찌 나
念	努	単	達	帯	隊	徳	徒	働	灯
생각 념(염)	힘쓸 노	홑 단	통달할 달	띠 대	무리 대	큰 덕/덕 덕	무리 도	일할 동	등잔 등
冷	良	量	連	令	例	老	労	鹿	録
찰 랭(냉)	어질 량(양)	헤아릴 량(양)	잇닿을 련(연)	하여금 령	법식 례(예)	늙을 로(노)	일할 로(노)	사슴 록(녹)	기록할 록(녹)
料	類	陸	輪	利	梨	満	末	望	梅
헤아릴 료(요)	무리 류(유)	뭍 륙(육)	바퀴 륜(윤)	이로울 리(이)	배나무 리(이)	찰 만	끝 말	바랄 망	매화 매
牧	無	未	民	博	飯	法	辺	変	別
칠 목	없을 무	아닐 미	백성 민	넓을 박	밥 반	법 법	가 변	변할 변	나눌 별/다를 별
兵	不	夫	付	府	阜	副	富	飛	司
병사 병	아닐 부(불)	지아비 부	줄 부	마을 부	언덕 부	버금 부	부유할 부	날 비	맡을 사
辞	産	散	席	潟	選	説	成	城	省
말씀 사	낳을 산	흩을 산	자리 석	개펄 석	가릴 선	말씀 설/달랠 세	이룰 성	재 성	살필 성/덜 생

笑	巢	燒	束	續	孫	松	刷	順	繩
웃음 소	새집 소	불사를 소	묶을 속/ 약속할 속	이을 속	손자 손	소나무 송	인쇄할 쇄	순할 순	노끈 승
試	臣	信	失	氏	児	芽	案	愛	約
시험 시	신하 신	믿을 신	잃을 실	각시 씨/ 성씨 씨	아이 아	싹 아	책상 안	사랑 애	맺을 약
養	漁	億	然	熱	塩	英	栄	芸	完
기를 양	고기 잡을 어	억 억	그럴 연	더울 열	소금 염	꽃부리 영	영화로울 영/ 꽃 영	재주 예	완전할 완
要	浴	勇	熊	媛	願	位	泣	衣	議
요긴할 요	목욕할 욕	날랠 용	곰 웅	여자 원	원할 원	자리 위	울 읍	옷 의	의논할 의
以	印	茨	滋	昨	残	材	争	低	底
써 이	도장 인	지붕 일 자	불을 자	어제 작	남을 잔	재목 재	다툴 쟁	낮을 저	밑 저
的	積	伝	典	戦	折	節	井	静	兆
과녁 적	쌓을 적	전할 전	법 전	싸움 전	꺾을 절	마디 절	우물 정	고요할 정	조 조
照	卒	種	佐	周	仲	借	差	札	察
비칠 조	마칠 졸	씨 종	도울 좌	두루 주	버금 중	빌릴 차	다를 차	편지 찰/ 뽑을 찰	살필 찰
参	倉	唱	菜	浅	清	初	最	祝	沖
참여할 참/ 석 삼	곳집 창	부를 창	나물 채	얕을 천	맑을 청	처음 초	가장 최	빌 축	화할 충/ 찌를 충
側	治	置	特	阪	敗	便	包	票	標
곁 측	다스릴 치	둘 치	특별할 특	언덕 판	패할 패	편할 편	쌀 포	표 표	표할 표
必	賀	害	香	験	協	好	貨	栃	候
반드시 필	하례할 하	해할 해	향기 향	시험 험	화합할 협	좋을 호	재물 화	상수리나무 회	기후 후
訓	希								
가르칠 훈	바랄 희								

📍 필순은 별책 부록 쓰기 노트에 있습니다.

0441 ☐☐

加

더할 가

5획 | N3

(음) か

加入 _{か にゅう} 가입　　加熱 _{か ねつ} 가열　　追加 _{つい か} 추가

(훈) くわえる、くわわる

加える _{くわ} 더하다, 보태다　　加わる _{くわ} 더해지다, 참가하다

• ラーメンにゆで卵を追加してください。 라멘에 삶은 계란을 추가해 주세요.
• 調味料を加えると何でもおいしくなります。 조미료를 더하면 뭐든지 맛있어집니다.

0442 ☐☐

街

거리 가

12획 | N1

(음) がい

街灯 _{がい とう} 가로등　　商店街 _{しょうてんがい} 상점가

(훈) まち

街 _{まち} 거리　　街角 _{まちかど} 길모퉁이, 길거리

• この商店街はいつも活気があります。 이 상점가는 항상 활기가 있습니다.
• 街角にねこがいます。 길모퉁이에 고양이가 있습니다.

0443 ☐☐

各

각각 각

6획 | N3

(음) かく

各自 _{かく じ} 각자　　各種 _{かくしゅ} 각종　　各地 _{かく ち} 각지

(훈) おのおの

各々 _{おのおの} 각각

• 各種の商品が陳列されています。 각종 상품들이 진열되어 있습니다.
• 人には各々の個性があります。 사람에게는 각각의 개성이 있습니다.

0444 ☐☐

覚

깨달을 각　覺

12획 | N3

(음) かく

覚悟 _{かく ご} 각오　　感覚 _{かんかく} 감각　　発覚 _{はっかく} 발각

(훈) おぼえる

覚える _{おぼ} 외우다, 익히다, 느끼다

さます

覚ます _さ 깨다, 깨우다

さめる

覚める _さ 깨다, 뜨이다

• ヨガはバランス感覚が必要です。 요가는 밸런스 감각이 필요합니다.
• コーヒーを飲むと目が覚めます。 커피를 마시면 잠이 깹니다.

岡

산등성이 강

8획 | 예외

음 おか

岡山 オカヤ마(지명)　静岡 シズオカ(지명)

• 岡山の後楽園はとても素敵です。 오카야마의 고라쿠엔은 매우 멋집니다.

• 静岡は緑茶が有名です。 시즈오카는 녹차가 유명합니다.

康

편안할 강

11획 | N2

음 こう

健康 건강　小康 소강(소란이나 혼란이 조금 나아진 기색)

• 健康保険に加入しました。 건강 보험에 가입했습니다.

• 梅雨は小康状態になりました。 장마는 소강 상태가 되었습니다.

改

고칠 개

7획 | N2

음 かい

改造 개조　改善 개선　改名 개명

훈 あらためる、あらたまる

改める 고치다　改まる 고쳐지다, 바뀌다

• 家の内部を改造するつもりです。 집 내부를 재조할 예정입니다.

• 心を改めて再出発しよう。 마음을 고쳐먹고 재출발하자.

挙

들 거　擧

10획 | N1

음 きょ

挙手 거수　選挙 선거　快挙 쾌거

훈 あがる、あげる

挙がる 오르다, 올라가다　挙げる 들다, 손을 올리다

• この案件は挙手で決めます。 이 안건은 거수로 정하겠습니다.

• 発表したい人は手を挙げてください。 발표하고 싶은 사람은 손을 들어 주세요.

建

세울 건

9획 | N3

음 けん、こん

建設 건설　建築 건축　建立 건립

훈 たつ、たてる

建つ 서다, 세워지다　建てる 세우다, 짓다

• マンションを建築する予定です。 맨션을 건축할 예정입니다.

• 家を建てるのが私の夢です。 집을 짓는 것이 나의 꿈입니다.

健

굳셀 건

11획 | N2

(음) けん

(훈) すこやか

健全 건전　健康 건강　保健 보건

健やかだ 튼튼하다, 건강하다

• あの会社は健全な経営をしている。 저 회사는 건전한 경영을 하고 있다.
• 子供が健やかに育ちました。 아이가 건강하게 자랐습니다.

欠

이지러질 결　缺

4획 | N3

(음) けつ

(훈) かく、かける

欠席 결석　補欠 보결　不可欠 불가결

欠く 결(여)하다, 빠뜨리다　欠ける 빠지다, 부족하다

• 体調が悪くて欠席しました。 몸 상태가 안 좋아서 결석했습니다.
• 歯が欠けて歯医者さんに行きました。 이가 손상되어 치과에 갔습니다.

0452 ☐☐

結

맺을 결

12획 | N3

(음) けつ

(훈) むすぶ

ゆう

結末 결말　結婚 결혼　締結 체결

結ぶ 잇다, 매다, 맺다

結う 묶다, 엮다

• 二人の結婚式はいつですか。 두 사람의 결혼식은 언제입니까?
• 契約を結ぶ前によく注意事項を読んでください。
　계약을 맺기 전에 주의사항을 잘 읽어주세요.

0453 ☐☐

径

지름길 경　徑

8획 | N2

(음) けい

半径 반경, 반지름　直径 직경, 지름

• 半径 2 m以内には入らないでください。 반경 2m 안으로는 들어오지 마세요.
• 円の直径をはかりなさい。 원의 지름을 구하세요.

0454 ☐☐

景

볕 경

12획 | N2

(음) けい

(훈) 景色 경치, 풍경

景気 경기　風景 풍경　絶景 절경

• 景気動向をグラフで示しました。 경기 동향을 그래프로 나타냈습니다.
• 風景写真を撮りました。 풍경 사진을 찍었습니다.

0455 ☐☐

鏡
거울 경

19획 | N2

음 きょう

훈 かがみ

望遠鏡 망원경　　反射鏡 반사경

鏡 거울　　手鏡 손거울

• 天体望遠鏡で星を見ます。 천체 망원경으로 별을 봅니다.

• かわいい手鏡を買いました。 귀여운 손거울을 샀습니다.

0456 ☐☐

競
다툴 경

20획 | N2

음 きょう、けい

훈 きそう、せる

競走 경주　　競技 경기　　競馬 경마

競う 다투다, 경쟁하다, 겨루다　　競る 경쟁하다

• 今回の競技はどうなりましたか。 이번 경기는 어떻게 되었습니까?

• お互いに競いながら、実力をつけます。 서로 경쟁하면서 실력을 기릅니다.

0457 ☐☐

季
계절 계

8획 | N3

음 き

季節 계절　　四季 사계절　　冬季 동계

• 寒い季節が好きです。 추운 계절을 좋아합니다.

• 韓国と日本は四季があります。 한국과 일본은 사계절이 있습니다.

0458 ☐☐

械
기계 계

11획 | N3

음 かい

機械 기계(동력에 의한 대규모의 기계)

器械 기계(운동, 실험 등 인력에 의한 소규모의 기계)

• 工場の機械が故障しました。 공장의 기계가 고장 났습니다.

• 彼は器械体操の選手です。 그는 기계 체조 선수입니다.

0459 ☐☐

固
굳을 고

8획 | N3

음 こ

훈 かたい

　かためる

　かたまる

固有 고유　　固定 고정　　堅固 견고

固い 단단하다, 굳다

固める 굳히다, 다지다

固まる 굳어지다

• その国の固有文化は尊重されるべきだ。 그 나라의 고유문화는 존중받아야 한다.

• コンクリートがだんだん固まります。 콘크리트가 점점 굳어집니다.

共
한가지 공
6획 | N1

음 きょう

共通 공통　　公共 공공

훈 とも

共に 함께, 더불어　　共働き 맞벌이

• 私と友達は共通点が多いです。 나와 친구는 공통점이 많습니다.

• 自然と共に生きていく。 자연과 더불어 살아가다.

功
공 공
5획 | N3

음 こう、く

功績 공적　　成功 성공　　功徳 공덕

• 彼は国の発展に大きな功績を残した。 그는 나라 발전에 커다란 공적을 남겼다.

• 失敗を繰り返してきたが、やっと成功した。 실패를 반복했지만 겨우 성공했다.

果
실과 과/열매 과
8획 | N3

음 か

果実 과실　　結果 결과　　成果 성과

훈 はたす、はてる、はて

果たす 완수하다, 다하다　　果てる 끝나다　　果て 끝

특 果物 과일

• 実験結果を発表します。 실험 결과를 발표하겠습니다.

• マネージャーとしての役割を果たします。 매니저로서의 역할을 다합니다.

課
공부할 과/과정 과
15획 | N3

음 か

課題 과제　　放課後 방과 후　　日課 일과

• 放課後にテニスをします。 방과 후에 테니스를 칩니다.

• 夏休みの日課表を作成します。 여름 방학의 일과표를 작성합니다.

官
벼슬 관
8획 | N3

음 かん

官庁 관청　　官僚 관료　　警察官 경찰관

• 東京駅の近くに官庁が集まっています。 도쿄 역 근처에 관청이 모여 있습니다.

• 警察官は地域の安全を守ります。 경찰관은 지역의 안전을 지킵니다.

0465

管
대롱 관/주관할 관
14획 | N2

- 음 かん
- 훈 くだ

管理 관리　　血管 혈관　　保管 보관

管 관

- 商品の品質管理は重要です。 상품의 품질 관리는 중요합니다.
- 管を通して水を送ります。 관을 통해 물을 보냅니다.

0466

関
관계할 관　[關]
14획 | N3

- 음 かん
- 훈 せき

関心 관심　　機関 기관　　関係 관계

下関 시모노세키(지명)

- 人間関係で悩みがない人はいません。 인간관계에 고민이 없는 사람은 없습니다.
- 下関は韓国のプサンと近いです。 시모노세키는 한국의 부산과 가깝습니다.

0467

観
볼 관　[觀]
18획 | N3

- 음 かん

観光 관광　　客観的 객관적　　直観 직관

- 観光バスはどこで乗りますか。 관광 버스는 어디서 탑니까?
- 客観的な評価をお願いします。 객관적인 평가를 부탁드립니다.

0468

求
구할 구
7획 | N3

- 음 きゅう
- 훈 もとめる

求人 구인　　求職 구직　　要求 요구

求める 요구하다, 바라다

- 無理な要求にはこたえられません。 무리한 요구에는 부응할 수 없습니다.
- 損害賠償を求めます。 손해 배상을 요구합니다.

0469

軍
군사 군
9획 | N2

- 음 ぐん

軍人 군인　　空軍 공군　　海軍 해군

- 祖父は職業軍人でした。 할아버지는 직업 군인이셨습니다.
- アメリカ空軍基地で働いています。 미국 공군 기지에서 일하고 있습니다.

郡

고을 군

10획 | N1

음 ぐん ｜ 西多摩^郡 니시타마군(지명)

훈 こおり ｜ ^郡山 고리야마(지명)

- 西多摩郡は東京都に現存する唯一の郡です。
  니시타마군은 도쿄도에 현존하는 유일한 군입니다.

- 郡山は馬の人形が有名です。 고리야마는 말 인형이 유명합니다.

群

무리 군

13획 | N2

음 ぐん ｜ ^群衆 군중　抜^群 발군, 뛰어남　^群馬 군마(지명)

훈 むれ ｜ ^群れ 무리, 떼

　　むれる ｜ ^群れる 떼를 짓다

　　むらがる ｜ ^群がる 떼 지어 모이다, 군집하다

- 彼の運動能力は抜群です。 그의 운동 능력은 뛰어납니다.
- 鳥が群れを成して飛ぶ。 새가 떼를 지어 난다.

極

극진할 극/다할 극

12획 | N2

음 きょく、ごく ｜ ^極限 극한　^極上 극상, 최상　^極秘 극비

훈 きわめる ｜ ^極める 극도로 ~하다, 다하다

　　きわまる ｜ ^極まる 극도에 달하다, ~하기 짝이 없다

　　きわみ ｜ ^極み 극도, 극치, 끝

- 極上のサービスでおもてなしします。 최상의 서비스로 대접합니다.
- 台風の中、山に登るとは危険極まる。 태풍 속에 산에 오르다니 극히 위험하다.

給

줄 급

12획 | N2

음 きゅう ｜ ^給食 급식　^給料 급료　支^給 지급

- 今日の給食メニューはオムライスです。 오늘의 급식 메뉴는 오므라이스입니다.
- 給料日は毎月15日です。 급료일(월급날)은 매월 15일입니다.

0474

岐
갈림길 기
7획 | N1

음 き

특 岐阜 기후(지명)

岐路 기로　讃岐 사누키(옛 지명)　多岐 다기, 여러 갈래

• 運命の岐路に立っています。 운명의 기로에 서 있습니다.
• 讃岐うどんは「うどんの代名詞」といわれます。
사누키 우동은 '우동의 대명사'라고 불립니다.

0475

崎
험할 기
11획 | 예외

음 さき

川崎 가와사키(지명)　長崎 나가사키(지명)

• 神奈川県に川崎市があります。 가나가와현에 가와사키시가 있습니다.
• 長崎はちゃんぽんが有名です。 나가사키는 짬뽕이 유명합니다.

0476

埼
갑 기
11획 | 예외

음 さい

埼玉 사이타마(지명)

• 今週の埼玉の天気はどうですか。 이번 주 사이타마의 날씨는 어떻습니까?
• 埼玉県は東京と近いです。 사이타마현은 도쿄와 가깝습니다.

0477

旗
기 기
14획 | N1

음 き

훈 はた

旗手 기수　国旗 국기

旗 기, 깃발　旗色 형세, 전황

• 祝日に国旗をあげます。 국경일에 국기를 게양합니다.
• 船の旗を降ろしました。 배의 깃발을 내렸습니다.

0478

器
그릇 기 [器]
15획 | N2

음 き

훈 うつわ

器用 재주가 있음　消火器 소화기　容器 용기, 그릇

器 그릇

• 消火器の位置を知っておくべきです。 소화기의 위치를 알아 두어야 합니다.
• 器に果物を盛りました。 그릇에 과일을 담았습니다.

틀 기
16획 | N2

음 き 　機会 기회　　危機 위기　　待機 대기

훈 はた　　機 베틀　　機織り 길쌈, 베틀로 베를 짬

• 絶好の機会をつかみました。 절호의 기회를 잡았습니다.
• 博物館で機織り体験をしました。 박물관에서 길쌈 체험을 했습니다.

0480

어찌 나
8획 | N1

음 な　　奈良 나라(지명)　　奈落 나락, 지옥

• 奈良の東大寺に行ってきました。 나라의 도다이지(동대사)에 다녀왔습니다.
• 罪をおかすと奈落に落ちます。 죄를 저지르면 지옥으로 떨어집니다.

0481

생각 념(염)
8획 | N2

음 ねん　　念願 염원　　記念日 기념일　　信念 신념

• 念願の初勝利をあげました。 염원하던 첫 승을 올렸습니다.
• 今日は両親の結婚記念日です。 오늘은 부모님의 결혼기념일입니다.

0482

힘쓸 노
7획 | N2

음 ど　　努力 노력

훈 つとめる　　努める 노력하다, 힘쓰다

• 努力は必ずむくわれる。 노력은 반드시 보상 받는다.
• 問題解決に努めています。 문제 해결에 힘쓰고 있습니다.

0483

홑 단　　單
9획 | N3

음 たん　　単語 단어　　単純 단순　　簡単 간단

• この単語はどういう意味ですか。 이 단어는 어떤 의미입니까?
• 思ったより簡単な仕事でした。 생각보다 간단한 일이었습니다.

0484 ☐☐

達

통달할 달

12획 | N2

(음) たつ

たち、だち

達人 달인　　伝達 진달　　調達 조달

私達 우리들　　友達 친구

• 小学生なのに暗算の達人ですね。 초등학생인데 암산의 달인이네요.
• 変更事項を伝達しました。 변경 사항을 전달했습니다.

0485 ☐☐

帯

띠 대　　帯

10획 | N2

(음) たい

(훈) おび、おびる

地帯 지대　　携帯 휴대　　時間帯 시간대

帯 띠　　帯びる 띠다, 차다

• 新しい携帯電話を買いました。 새로운 휴대 전화를 샀습니다.
• 着物の帯の色がきれいです。 기모노의 띠 색이 예쁩니다.

0486 ☐☐

隊

무리 대　　隊

12획 | N2

(음) たい

隊長 대장　　隊列 대열　　軍隊 군대

• 隊列をそろえて歩いてください。 대열에 맞춰서 걸어 주세요.
• 軍隊の訓練がきびしいです。 군대의 훈련이 혹독합니다.

0487 ☐☐

徳

큰 덕/덕 덕

14획 | N4

(음) とく

人徳 인덕, 인복　　道徳 도덕　　美徳 미덕

• リーダーは人徳のある人に任せたい。 리더는 인덕 있는 사람에게 맡기고 싶다.
• 公衆道徳を守ってください。 공중도덕을 지켜 주세요.

0488 ☐☐

徒

무리 도

10획 | N2

(음) と

徒歩 도보　　信徒 신도, 신자　　生徒 학생

• 徒歩で10分ぐらいかかります。 도보로 10분 정도 걸립니다.
• 彼はカトリック教の信徒です。 그는 가톨릭교 신자입니다.

0489

働

일할 동

13획 | N3

- (음) どう　　労働 노동, 근로　　協働 협력하여 일함
- (훈) はたらく　　働く 일하다, 작용하다
- 労働力人口がますます減っています。 노동력 인구가 점점 줄어들고 있습니다.
- 朝から夜遅くまで働きました。 아침부터 밤늦게까지 일했습니다.

0490

灯

등잔 등　　燈

6획 | N2

- (음) とう　　灯台 등대　　点灯 점등　　電灯 전등
- (훈) ひ　　灯 등불
- (특) 提灯 제등(등불), 초롱
- 灯台下暗し。 등잔 밑이 어둡다.
- 6時になるとイルミネーションが点灯されます。 6시가 되면 일루미네이션이 점등됩니다.

0491

冷

찰 랭(냉)

7획 | N4

- (음) れい　　冷静 냉정　　冷蔵庫 냉장고　　冷酷 냉혹
- (훈) さます　　冷ます 식히다, 차게 하다
- さめる　　冷める 식다
- つめたい　　冷たい 차갑다
- ひえる　　冷える 차가워지다
- ひや　　冷や 찬 것
- ひやす　　冷やす 식히다, 차게 하다
- ひやかす　　冷やかす 식히다, 놀리다
- 冷蔵庫に入れたパンが堅くなりました。 냉장고에 넣은 빵이 딱딱해졌습니다.
- 冷めた料理はおいしくありません。 식은 요리는 맛있지 않습니다.

0492

良

어질 량(양)

7획 | N3

- (음) りょう　　良好 양호　　良心 양심　　優良 우량, 우수
- (훈) よい　　良い 좋다
- 優良商品の保証マークが貼ってあります。 우량 상품의 보증 마크가 붙어 있습니다.
- 今日の天気はとても良かったです。 오늘 날씨는 정말 좋았습니다.

0493 ☐☐

量
헤아릴 량(양)
12획 | N2

(음) りょう

(훈) はかる

量 양　　力量 역량　　計量 계량

量る (무게, 분량 등을) 재다

• ご飯の量が足りません。 밥의 양이 부족합니다.
• 体重計で体重を量りました。 체중계로 체중을 쟀습니다.

0494 ☐☐

連
잇닿을 련(연)
10획 | N3

(음) れん

(훈) つらなる

つらねる

つれる

連合 연합　　連続 연속　　関連 관련

連なる 나란히 줄지어 있다

連ねる 늘어놓다, 동반하다

連れる 데리고 오(가)다

• 朝の連続ドラマが人気です。 아침 연속 드라마가 인기입니다.
• 犬を連れて散歩に行きました。 강아지를 데리고 산책을 갔습니다.

0495 ☐☐

令
하여금 령
5획 | N2

(음) れい

命令 명령　　法令 법령　　指令 지령

• 命令にしたがってください。 명령에 따라 주세요.
• 法令によって判決を下します。 법령에 의해서 판결을 내립니다.

0496 ☐☐

例
법식 례(예)
8획 | N3

(음) れい

(훈) たとえる

例外 예외　　用例 용례　　特例 특례

例える 예를 들다, 비유하다

• 例外のない規則はない。 예외 없는 규칙은 없다.
• 自分を動物に例えると何ですか。 자신을 동물에 비유하면 무엇입니까?

0497 ☐☐

老
늙을 로(노)
6획 | N3

(음) ろう

(훈) おいる、ふける

老人 노인　　老化 노화

老いる 늙다, 노화되다　　老ける 늙다, 나이를 먹다

• 高齢化による老人問題が深刻です。 고령화에 따른 노인 문제가 심각합니다.
• 年のわりに老けて見えます。 나이에 비해 늙어 보입니다.

0498

労

일할 로(노) 労

7획 | N3

(음) ろう

過労 과로　功労 공로　疲労 피로

(훈) いたわる

労わる 돌보다. (노고를) 위로하다

ねぎらう

労う (노고를) 치하하다

- 彼は過労で倒れてしまいました。 그는 과로로 쓰러지고 말았습니다.
- 功労者に賞を与えました。 공로자에게 상을 주었습니다.

0499

鹿

사슴 록(녹)

11획 | N1

(음) しか、か

鹿 사슴　鹿児島 가고시마(지명)

馬鹿 어리석음, 쓸모없음

- 鹿公園で鹿たちにえさをあげました。 사슴 공원에서 사슴들에게 먹이를 주었습니다.
- 馬鹿なことをしないよう、気をつけます。 어리석은 일을 하지 않도록 주의하겠습니다.

0500

録

기록할 록(녹) 録

16획 | N2

(음) ろく

録音 녹음　録画 녹화　記録 기록

- ラジオの外国語ニュースを録音しました。 라디오 외국어 뉴스를 녹음했습니다.
- 世界記録を超えました。 세계 기록을 넘었습니다.

0501

料

헤아릴 료(요)

10획 | N4

(음) りょう

料金 요금　材料 재료　有料 유료

- 料金は30分で120円です。 요금은 30분에 120 엔입니다.
- たこやきの材料を買いました。 다코야키 재료를 샀습니다.

0502

類

무리 류(유) 類

18획 | N2

(음) るい

類似 유사　分類 분류　書類 서류

(훈) たぐい

類い 류(유), 같은 부류

- 類似品に注意してください。 유사품을 주의해 주세요.
- 盗まれたのは時計や宝石の類いだ。 도난당한 것은 시계와 보석 종류이다.

144

0503 ☐☐

陸
뭍 륙(육)
11획 | N2

㊢ りく

離陸 <ruby>り<rt>り</rt></ruby>りく 이륙　着陸 ちゃくりく 착륙　大陸 たいりく 대륙

・南極大陸ではオーロラが見られます。 남극 대륙에서는 오로라를 볼 수 있습니다.
・飛行機が着陸しました。 비행기가 착륙했습니다.

0504 ☐☐

輪
바퀴 륜(윤)
15획 | N2

㊢ りん

輪郭 りんかく 윤곽　車輪 しゃりん 차륜, 수레바퀴

年輪 ねんりん 연륜, 나이테

㊚ わ

輪 わ 원형, 바퀴　指輪 ゆびわ 반지　首輪 くびわ 목걸이

・自動車の車輪が壊れました。 자동차의 차 바퀴가 망가졌습니다.
・婚約者から指輪をもらいました。 약혼자로부터 반지를 받았습니다.

0505 ☐☐

利
이로울 리(이)
7획 | N3

㊢ り

利益 りえき 이익　勝利 しょうり 승리　権利 けんり 권리

㊚ きく

利く き 능력이 충분히 발휘되다, 가능하다

・大事な試合で勝利しました。 중요한 시합에서 승리했습니다.
・彼は芸術作品に目が利きます。 그는 예술 작품을 보는 눈이 있습니다.

0506 ☐☐

梨
배나무 리(이)
11획 | N1

㊢ なし

梨 なし 배(과일)　山梨 やまなし 야마나시(지명)

・梨が甘くておいしいです。 배가 달고 맛있습니다.
・山梨の特産物はブドウとワインです。 야마나시의 특산물은 포도와 와인입니다.

아래의 한자를 보고 빈칸에 읽는 법과 뜻을 써 봅시다.

한자	읽는 법	뜻
예 加入	かにゅう	가입
01 簡単		
02 連続		
03 建設		
04 改善		
05 伝達		
06 要求		
07 発覚		
08 努力		
09 抜群		
10 機会		
11 冷蔵庫		
12 類似		
13 利益		
14 指輪		
15 徒歩		

정답

01 かんたん 간단 02 れんぞく 연속 03 けんせつ 건설 04 かいぜん 개선 05 でんたつ 전달
06 ようきゅう 요구 07 はっかく 발각 08 どりょく 노력 09 ばつぐん 발군 10 きかい 기회
11 れいぞうこ 냉장고 12 るいじ 유사 13 りえき 이익 14 ゆびわ 반지 15 とほ 도보

📍 필순은 별책 부록 쓰기 노트에 있습니다.

0507 ☐☐ --

満

찰 만 　満

12획 | N2

- 음 まん　　　満足 만족　　満員 만원　　不満 불만
- 훈 みたす、みちる　　満たす 채우다, 충족시키다　　満ちる 차다
- 今の生活に満足しています。 지금의 생활에 만족하고 있습니다.
- お金だけでは心は満たされない。 돈만으로는 마음은 채워지지 않는다.

0508 ☐☐ --

末

끝 말

5획 | N3

- 음 まつ　　　年末 연말　　結末 결말　　末期 말기
- 훈 すえ　　　末 마지막　　末っ子 막내
- 年末年始はいつも忙しいです。 연말연시는 항상 바쁩니다.
- うちの末っ子は小学生です。 우리 집 막내는 초등학생입니다.

0509 ☐☐ --

望

바랄 망

11획 | N2

- 음 ぼう、もう　　　展望 전망　　願望 원망, 소원　　本望 소망, 숙원
- 훈 のぞむ　　　望む 바라다, 소망하다
- 　のぞましい　　　望ましい 바람직하다
- 長年の願望がかないました。 오랜 소원이 이루어졌습니다.
- 望んでいた結果が得られなくても後悔はしない。
  바라던 결과를 못 얻어도 후회는 하지 않는다.

0510 ☐☐ --

梅

매화 매 　梅

10획 | N2

- 음 ばい　　　梅雨 장마　　梅園 매원, 매화나무 밭　　梅林 매화나무 숲
- 훈 うめ　　　梅 매화나무　　梅酒 매실주　　梅干し 매실 장아찌
- 특 梅雨 장마
- 夏になると梅雨が始まります。 여름이 되면 장마가 시작됩니다.
- 家で初めて梅酒を作りました。 집에서 처음으로 매실주를 만들었습니다.

0511 ☐☐ --

牧

칠 목

8획 | N1

- 음 ぼく　　　牧場 목장　　遊牧 유목　　放牧 방목
- 훈 まき　　　牧場 목장, 방목장
- モンゴルには遊牧民がいます。 몽골에는 유목민들이 있습니다.
- 牧場に行ったら、しぼり立ての牛乳が飲めます。
  목장에 가면 갓 짜낸 우유를 마실 수 있습니다.

0512

無

없을 무

12획 | N3

(음) む、ぶ

無理 무리　　無料 무료　　無礼 무례

(훈) ない

無い 없다

なくす

無くす 잃다, 분실하다

• 先日の無礼を許してください。 일전의 무례를 용서해 주세요.
• 今日は授業が無かったから友達と遊びました。 오늘은 수업이 없어서 친구와 놀았습니다.

0513

未

아닐 미

5획 | N3

(음) み

未来 미래　　未完成 미완성　　未満 미만

• 未来を想像して描いてみましょう。 미래를 상상해서 그려 봅시다.
• まだ未完成なので見せられません。 아직 미완성이어서 보여 줄 수 없습니다.

0514

民

백성 민

5획 | N3

(음) みん

民法 민법　　民主主義 민주주의　　国民 국민

(훈) たみ

民 백성

• 日本は民主主義の国です。 일본은 민주주의 국가입니다.
• 民の声をよく聞いた方がいいです。 백성의 목소리를 잘 듣는 편이 좋습니다.

0515

博

넓을 박

12획 | N2

(음) はく、ばく

博物館 박물관　　博覧会 박람회　　博打 놀음, 도박

(특) 博士 박사

• 博覧会に行ってきました。 박람회에 다녀왔습니다.
• 博士になるために大学院に進学します。 박사가 되기 위해서 대학원에 진학합니다.

0516

飯

밥 반　[飯]

12획 | N4

(음) はん

炊飯器 밥솥　　夕ご飯 저녁밥

(훈) めし

飯 밥(남성 용어)

• 家で夕ご飯を食べましょう。 집에서 저녁밥을 먹읍시다.
• 飯食いに行こうぜ。 밥 먹으러 가자(남성어).

0517

法

법 법

8획 | N3

음 ほう、はっ

法律 법률　　法度 법도　　方法 방법

• 法律相談を受けたいです。 법률 상담을 받고 싶습니다.
• もっといい方法があるはずです。 더 좋은 방법이 있을 겁니다.

0518

辺

가 변　邊

5획 | N3

음 へん

辺境 변경, 변방　　周辺 주변　　身辺 신변

훈 あたり、べ

辺り 근처, 주변　　海辺 해변　　水辺 물가

• 駅の周辺に新しいホテルができました。 역 주변에 새로운 호텔이 생겼습니다.
• この辺りは静かな住宅地です。 이 주변은 조용한 주택지입니다.

0519

変

변할 변　變

9획 | N3

음 へん

変化 변화　　大変 큰일, 힘듦, 매우, 대단히

훈 かえる、かわる

変える 바꾸다　　変わる 바뀌다

• 一日中暑くて大変だった。 하루 종일 더워서 힘들었다.
• 法律が変わりました。 법률이 바뀌었습니다.

0520

別

나눌 별/다를 별

7획 | N3

음 べつ

別人 딴사람, 다른 사람　　特別 특별　　区別 구별

훈 わかれる

別れる 헤어지다

• 子供は私にとって特別な存在です。 아이는 나에게 있어서 특별한 존재입니다.
• 恋人と別れました。 애인과 헤어졌습니다.

0521

兵

병사 병

7획 | N2

음 へい、ひょう

兵器 병기　　兵役 병역　　兵庫 효고(지명)

• 戦争を準備するために兵器を集めます。 전쟁을 준비하기 위해 병기를 모읍니다.
• 兵庫県にひめじ城があります。 효고현에 히메지 성이 있습니다.

不
아닐 부(불)
4획 | N4

(음) ふ、ぶ

不利 불리 不可 불가 不器用 서투름

• 子供一人では入場不可です。 어린이 혼자서는 입장 불가합니다.
• 彼は手先が不器用な人です。 그는 손재주가 서투른 사람입니다.

夫
지아비 부
4획 | N4

(음) ふ、ぶ、ふう

夫婦 부부 丈夫 튼튼함 工夫 궁리함

(훈) おっと

夫 남편

• お似合いの夫婦ですね。 잘 어울리는 부부네요.
• 夫は外国人です。 남편은 외국인입니다.

付
줄 부
5획 | N3

(음) ふ

付近 부근 付着 부착 添付 첨부

(훈) つく、つける

付く 붙다 付ける 붙이다

• メールにファイルを添付して送ります。 메일에 파일을 첨부해 보냅니다.
• シャツにボタンを付けました。 셔츠에 단추를 달았습니다.

府
마을 부
8획 | N3

(음) ふ

府県 부와 현 政府 정부 幕府 막부

• 日本は都道府県に分けられています。 일본은 도도부현으로 나뉘어 있습니다.
• 新しい政府が発足しました。 새로운 정부가 출발했습니다.

阜
언덕 부
8획 | 예외

(음) ふ

岐阜 기후(지명)

• 中部地方には岐阜県があります。 주부(중부) 지방에는 기후현이 있습니다.
• 岐阜県に行けば日本アルプスを見ることができます。
기후현에 가면 일본의 알프스를 볼 수 있습니다.

0527 ☐☐

副
버금 부
11획 | N2

음 ふく

副業 부업　　副作用 부작용　　副社長 부사장

・うちの会社は副業は禁止となっている。 우리 회사는 부업은 금지되어 있다.

・薬の副作用に気を付けてください。 약 부작용에 주의해 주세요.

0528 ☐☐

富
부유할 부
12획 | N2

음 ふ、ふう

훈 とみ、とむ

富士山 후지산　　豊富 풍부　　富貴 부귀

富 부, 재산　　富む 풍부하다

富山 도야마(지명)

・富士山は日本で一番高い山です。 후지산은 일본에서 가장 높은 산입니다.

・上田さんは社交性に富んでいます。 우에다 씨는 사교성이 풍부합니다.

0529 ☐☐

飛
날 비
9획 | N3

음 ひ

훈 とばす、とぶ

飛行機 비행기　　飛躍 비약

飛ばす 날리다　　飛ぶ 날다

・初めて飛行機に乗ります。 처음으로 비행기를 탑니다.

・鳥が空を飛んでいます。 새가 하늘을 날고 있습니다.

0530 ☐☐

司
맡을 사
5획 | N2

음 し

훈 つかさどる

司法 사법　　司会 사회　　上司 상사

司る 관장하다, 담당하다

・結婚式の司会を引き受けました。 결혼식 사회를 맡았습니다.

・会議の内容は上司に報告します。 회의 내용은 상사에게 보고합니다.

0531 ☐☐

辞
말씀 사　　辭
13획 | N2

음 じ

훈 やめる

辞任 사임　　辞書 사전　　祝辞 축사

辞める 그만두다

・知らない単語を辞書で調べます。 모르는 단어를 사전에서 찾습니다.

・10年間勤めた会社を辞めました。 10년간 일한 회사를 그만두었습니다.

0532 □□

産

낳을 산

11획 | N4

음	さん	産業(さんぎょう) 산업　出産(しゅっさん) 출산　生産(せいさん) 생산
훈	うぶ	産声(うぶごえ) 갓난아기의 첫 울음소리
	うまれる	産(う)まれる 태어나다, 출생하다
	うむ	産(う)む 낳다

- もう宇宙産業(うちゅうさんぎょう)は本格化(ほんかくか)している。 이미 우주 산업은 본격화 되고 있다.
- にわとりが卵(たまご)を産(う)みました。 닭이 알을 낳았습니다.

0533 □□

散

흩을 산

12획 | N3

음	さん	散歩(さんぽ) 산책　解散(かいさん) 해산　分散(ぶんさん) 분산
훈	ちらかす	散(ち)らかす 흩뜨리다, 어지르다
	ちらかる	散(ち)らかる 흩어지다, 어지러지다
	ちらす	散(ち)らす 흩뜨리다, 분산시키다
	ちる	散(ち)る 떨어지다, (꽃이) 지다

- 毎朝公園(まいあさこうえん)を散歩(さんぽ)します。 매일 아침 공원을 산책합니다.
- 桜(さくら)はすぐに散(ち)ってしまう。 벚꽃은 금방 지고 만다.

0534 □□

席

자리 석

10획 | N3

음	せき	座席(ざせき) 좌석　出席(しゅっせき) 출석　欠席(けっせき) 결석

- インターネットで座席指定(ざせきしてい)ができます。 인터넷으로 좌석 지정을 할 수 있습니다.
- 授業(じゅぎょう)には必(かなら)ず出席(しゅっせき)するようにしてください。 수업에는 반드시 출석하도록 하세요.

0535 □□

潟

개펄 석

15획 | 예외

음	かた	干潟(ひがた) 간석지, 갯벌　新潟(にいがた) 니가타(지명)

- 干潟(ひがた)で貝(かい)を拾(ひろ)いました。 갯벌에서 조개를 주웠습니다.
- 新潟県(にいがたけん)に行(い)ったことがありますか。 니가타현에 간 적이 있습니까?

0536 ☐☐

選
가릴 선 [選]
15획 | N3

- **음** せん
- **훈** えらぶ

^{せんたく}選択 선택　^{せんきょ}選挙 선거　^{とうせん}当選 당선

^{えら}選ぶ 선택하다, 고르다

- ^{ことし だいとうりょう せんきょ}今年大統領の選挙があります。 올해 대통령 선거가 있습니다.
- ^{こっかい ぎ いん とうせん}国会議員に当選しました。 국회의원에 당선되었습니다.

0537 ☐☐

説
말씀 설/달랠 세 [説]
14획 | N4

- **음** せつ、ぜつ、ぜい
- **훈** とく

^{せつめい}説明 설명　^{えんぜつ}演説 연설　^{ゆうぜい}遊説 유세

^と説く 말하다, 설명하다, 해석하다

- ^{せんきょ こう ほ しゃ ゆうぜい}選挙の候補者たちが遊説をしています。 선거 후보자들이 유세를 하고 있습니다.
- ^{ほとけ おし と}仏の教えを説きます。 부처의 가르침을 해석합니다.

0538 ☐☐

成
이룰 성
6획 | N2

- **음** せい、じょう
- **훈** なす、なる

^{かんせい}完成 완성　^{せいせき}成績 성적　^{じょうじゅ}成就 성취

^な成す 이루다　^な成る 되다

- ^{そつぎょうさくひん かんせい}卒業作品を完成しました。 졸업 작품을 완성했습니다.
- ^{ゆうめい な な い}有名になることを「名を成す」とも言う。
  유명해지는 것을 '이름을 이루다(올리다)'라고도 한다.

0539 ☐☐

城
재 성
9획 | N1

- **음** じょう
- **훈** しろ
- **특** ^{みや ぎ}宮城 미야기(지명)　^{いばら き}茨城 이바라키(지명)

^{じょうしゅ}城主 성주　^{おおさかじょう}大阪城 오사카 성

^{しろ}城 성　^{しろあと}城跡 성터

- ^{おおさかじょう ちか い}このバスは大阪城のすぐ近くまで行く。 이 버스는 오사카 성 바로 근처까지 간다.
- ^{いまのこ せ かい いちばんふる しろ}今残っている世界で一番古い城です。 지금 남아 있는 세계에서 가장 오래된 성입니다.

0540 ☐☐

省
살필 성/덜 생
9획 | N4

- **음** しょう、せい
- **훈** かえりみる、はぶく

^{しょうりゃく}省略 생략　^{ほう む しょう}法務省 법무성　^{はんせい}反省 반성

^{かえり}省みる 돌이켜보다, 반성하다

^{はぶ}省く 생략하다, 줄이다

- ^{はんせいぶん か だ}反省文を書いて出しました。 반성문을 써 냈습니다.
- ^{か こ かえり}過去のあやまちを省みます。 과거의 잘못을 반성합니다.

笑
웃음 소
10획 | N3

- 음 しょう
- 談笑 담소　爆笑 폭소　微笑 미소
- 훈 えむ、わらう
- 笑む 미소 짓다, (열매가) 벌어지다　笑う 웃다

- がまんできず、爆笑してしまいました。 참지 못하고 폭소하고 말았습니다.
- 映画を見て涙が出るほど笑いました。 영화를 보고 눈물이 나올 정도로 웃었습니다.

巣
새집 소　巣
11획 | N1

- 음 そう
- 巣窟 소굴
- 훈 す
- 巣 집(새, 짐승 등)　巣箱 둥지　古巣 옛 보금자리, 옛집

- この地域は「悪の巣窟」と呼ばれます。 이 지역은 '악의 소굴'이라고 불립니다.
- 軒下につばめの巣があります。 처마 밑에 제비 둥지가 있습니다.

焼
불사를 소　焼
12획 | N3

- 음 しょう
- 焼酎 소주　全焼 전소　燃焼 연소
- 훈 やく、やける
- 焼く 태우다　焼ける 타다

- ごみの焼却場はどこですか。 쓰레기 소각장은 어디입니까?
- 海で肌が焼けました。 바다에서 피부가 탔습니다.

束
묶을 속/약속할 속
7획 | N2

- 음 そく
- 束縛 속박　結束 결속　約束 약속
- 훈 たば、たばねる
- 一束 한 다발, 한 묶음　花束 꽃다발
- 札束 돈다발　束ねる 다발로 묶다, 통솔하다

- 友達と週末に会う約束をしました。 친구와 주말에 만날 약속을 했습니다.
- 誕生日に友達から花束をもらいました。 생일에 친구로부터 꽃다발을 받았습니다.

続
이을 속　續
13획 | N3

- 음 ぞく
- 続行 속행　連続 연속　存続 존속
- 훈 つづく、つづける
- 続く 계속되다　続ける 계속하다

- 彼女は連続優勝をしました。 그녀는 연속 우승을 했습니다.
- 35度を超える暑い日が続いています。 35도를 넘는 더운 날이 계속되고 있습니다.

0546 ☐☐

孫

손자 손

10획 | N3

- 음 そん
- 훈 まご

子孫 자손 　　愛孫 사랑하는 손자

孫 손주

- 未来の子孫のためにがんばります。 미래의 자손을 위해서 열심히 합니다.
- 孫はまだ三才です。 손주는 아직 세 살입니다.

0547 ☐☐

松

소나무 송

8획 | N1

- 음 しょう
- 훈 まつ

松竹梅 송죽매 　　老松 노송, 늙은 소나무

松 소나무 　　門松 가도마쓰(설날 대문 앞에 세우는 소나무 장식)

- 松竹梅は絵の素材として愛されている。 송죽매는 그림의 소재로써 사랑받고 있다.
- お寺の入口に松があります。 절 입구에 소나무가 있습니다.

0548 ☐☐

刷

인쇄할 쇄

8획 | N2

- 음 さつ
- 훈 する

刷新 쇄신 　　印刷 인쇄 　　増刷 증쇄, 추가 인쇄

刷る 인쇄하다

- カラーで印刷してください。 컬러로 인쇄해 주세요.
- 新聞を刷った時のインクの匂いが好きです。 신문을 인쇄했을 때의 잉크 냄새를 좋아합니다.

0549 ☐☐

順

순할 순

12획 | N3

- 음 じゅん

順番 순번, 차례 　　順調 순조로움 　　手順 순서, 절차

- 列に並んで順番を待ってください。 줄 서서 차례를 기다려 주세요.
- 仕事は順調に進んでいます。 일은 순조롭게 진행되고 있습니다.

0550 ☐☐

繩

노끈 승 　繩

15획 | N1

- 음 じょう
- 훈 なわ

繩文時代 조몬 시대 　　自繩自縛 자승자박

繩 새끼줄 　　沖繩 오키나와(지명)

- 日本の繩文時代について習いました。 일본의 조몬 시대에 대해서 배웠습니다.
- 荷物が落ちないように繩でしばりました。 짐이 떨어지지 않도록 새끼줄로 묶었습니다.

0551 ☐☐

試
시험 시
13획 | N4

음 し 試験 시험 試合 시합, 경기 入試 입시
훈 こころみる、ためす 試みる 시도해 보다 試す 시험해 보다
- 来週、野球の試合があります。 다음 주에 야구 시합이 있습니다.
- 人間の限界を試してみたいです。 인간의 한계를 시험해 보고 싶습니다.

0552 ☐☐

臣
신하 신
7획 | N2

음 しん、じん 臣下 신하 君臣 군신 大臣 대신, 장관
- 王が臣下に金をさずけました。 왕이 신하에게 금을 하사했습니다.
- あの人が日本の総理大臣です。 저 사람이 일본의 총리대신입니다.

0553 ☐☐

信
믿을 신
9획 | N3

음 しん 信用 신용 通信 통신 受信 수신
- 彼女は信用できる人です。 그녀는 신용할 수 있는 사람입니다.
- 通信販売でテレビを買いました。 통신 판매로 텔레비전을 샀습니다.

0554 ☐☐

失
잃을 실
5획 | N3

음 しつ 失望 실망 失敗 실패 過失 과실
훈 うしなう 失う 잃다
- 失敗は成功の母です。 실패는 성공의 어머니입니다.
- 今回のことで長年の信用を失いました。 이번 일로 오랜 신용을 잃었습니다.

0555 ☐☐

氏
각시 씨/성씨 씨
4획 | N3

음 し 氏名 성명 氏族 씨족 彼氏 남자 친구
훈 うじ 氏神 그 고장의 수호신
- 試験を始める前に氏名を書いてください。 시험을 시작하기 전에 성명을 써 주세요.
- 同じ地域に住む人が信じる神を氏神といいます。
  같은 지역에 살고 있는 사람이 믿는 신을 '우지가미'라고 합니다.

0556

児

아이 아 兒

7획 | N3

음 じ、に

児童 아동　　幼児 유아　　小児科 소아과

- 児童学科を専攻しました。 아동학과를 전공했습니다.
- 小児科には風邪を引いた子供が多いです。 소아과에는 감기 걸린 아이가 많습니다.

0557

芽

싹 아

8획 | N1

음 が

発芽 발아　　麦芽 맥아

훈 め

芽 싹　　新芽 새싹　　芽生える 싹트다

- このビールは麦芽100%で作られました。 이 맥주는 맥아 100퍼센트로 만들어졌습니다.
- 凍った地面から芽が生えてきました。 얼었던 지면으로부터 싹이 자라기 시작했습니다.

0558

案

책상 안

10획 | N3

음 あん

案内 안내　　案件 안건　　答案 답안

- 私がご案内いたします。 제가 안내하겠습니다.
- 会議の案件をわかりやすく整理しました。 회의 안건을 이해하기 쉽게 정리했습니다.

0559

愛

사랑 애

13획 | N3

음 あい

愛情 애정　　愛想 정나미, 붙임성　　恋愛 연애

훈 いとしい

愛しい 사랑스럽다

특 愛媛 에히메(지명)

- 彼に愛想がつきました。 그에게 정나미가 떨어졌습니다.
- 恋愛したくなる季節ですね。 연애하고 싶어지는 계절이네요.

0560

約

맺을 약

9획 | N3

음 やく

約束 약속　　節約 절약　　要約 요약

- 何も言わない約束だったでしょう。 아무 말 안 하기로 약속했잖아요.
- お金を節約しましょう。 돈을 절약합시다.

0561

養

기를 양

15획 | N2

- (음) よう
- (훈) やしなう

養育 양육　　教養 교양　　休養 휴양

養う 기르다, 부양하다

- ハワイは休養地で有名です。 하와이는 휴양지로 유명합니다.
- 学校生活を通してコミュニケーション能力を養った。
  학교 생활을 통해서 커뮤니케이션 능력을 길렀다.

0562

漁

고기 잡을 어

14획 | N2

- (음) ぎょ、りょう
- (훈) あさる

漁船 어선, 고깃배　　漁業 어업　　漁師 어부

漁る 찾아다니다, 뒤지다

- 漁業協定が締結されました。 어업 협정이 체결되었습니다.
- うちの父は漁師です。 우리 아버지는 어부입니다.

0563

億

억 억

15획 | N2

- (음) おく

億万長者 억만장자　　一億 일 억

- 世界的な億万長者は誰ですか。 세계적인 억만장자는 누구입니까?
- 宝くじで一億円が当たったら家を買う。 복권으로 일억 엔이 당첨되면 집을 살 것이다.

0564

然

그럴 연

12획 | N3

- (음) ぜん、ねん

当然 당연　　自然 자연　　天然 천연

- カナダは自然が美しい国です。 캐나다는 자연이 아름다운 나라입니다.
- 天然資源が豊かな都市です。 천연자원이 풍부한 도시입니다.

0565

熱

더울 열

15획 | N3

- (음) ねつ
- (훈) あつい

熱中 열중　　発熱 발열　　情熱 정열

熱い 뜨겁다

- 彼はいつも情熱にあふれています。 그는 항상 열정이 넘쳐납니다.
- お茶が熱いので気をつけてください。 차가 뜨거우니 조심해 주세요.

0566

塩

소금 염 　鹽

13획 | N3

(음) えん

(훈) しお

塩分 염분　食塩 식염

塩 소금　塩辛い 짜다　塩水 소금물

• 塩分が多い食べものはさけてください。 염분이 많은 음식은 피해 주세요.
• 塩を入れすぎました。 소금을 너무 많이 넣었습니다.

0567

英

꽃부리 영

8획 | N4

(음) えい

英語 영어　英才 영재　英雄 영웅

• 英語が話せますか。 영어를 말할 수 있습니까?
• 英才教育を受けました。 영재 교육을 받았습니다.

0568

栄

영화로울 영/꽃 영 　榮

9획 | N2

(음) えい

(훈) さかえる

　はえ

　はえる

栄養 영양　光栄 영광　繁栄 번영

栄える 번영하다, 번창하다

栄え 번영

栄える 돋보이다, 두드러지다

• 栄養のある食べものを摂るのは大事です。 영양 있는 음식을 섭취하는 것은 중요합니다.
• 店がますます栄えてきました。 가게가 점점 번창해졌습니다.

0569

芸

재주 예 　藝

7획 | N3

(음) げい

芸能 예능　芸術 예술　文芸 문예

• 伝統芸能に興味があります。 전통 예능에 흥미가 있습니다.
• 今年の文芸賞を受けました。 올해의 문예상을 받았습니다.

0570

完

완전할 완

7획 | N3

(음) かん

完成 완성　完璧 완벽　完治 완치

• やっと論文を完成しました。 드디어 논문을 완성했습니다.
• 完治まではあと2か月はかかるそうだ。 완치까지는 앞으로 2개월은 걸린다고 한다.

要
요긴할 요
9획 | N3

㉠ よう　　　要点 요점　　要素 요소　　重要 중요

㉢ いる、かなめ　要る 필요하다　要 가장 중요한 점, 주축

• 重要なお知らせがあります。 중요한 공지가 있습니다.
• スープを飲む時、スプーンが要ります。 스프를 먹을 때 스푼이 필요합니다.

浴
목욕할 욕
10획 | N3

㉠ よく　　　浴室 욕실　　海水浴 해수욕　　日光浴 일광욕

㉢ あびる、あびせる　浴びる 뒤집어쓰다, 퍼부어지다

　　　　　　　　　　浴びせる 퍼붓다, 끼얹다

㉣ 浴衣 유카타(일본 의복)

• 夏といえばやっぱり海水浴ですね。 여름이라고 하면 역시 해수욕이지요.
• 汗を流したくてシャワーを浴びました。 땀을 씻어내고 싶어서 샤워를 했습니다.

勇
날랠 용
9획 | N2

㉠ ゆう　　　勇者 용사　　勇気 용기　　武勇 무용

㉢ いさむ　　勇む 기운이 솟다　　勇ましい 용감하다, 활발하다

• 告白する時には勇気が必要です。 고백할 때에는 용기가 필요합니다.
• 勇ましく敵と戦いました。 용감하게 적과 싸웠습니다.

熊
곰 웅
14획 | N1

㉠ くま　　　熊 곰　　熊本 구마모토(지명)　　白熊 백곰, 북극곰

• 妹は熊の人形をほしがっています。 여동생은 곰 인형을 갖고 싶어 합니다.
• 熊本県のキャラクターはくまモンです。 구마모토현의 캐릭터는 구마몬입니다.

媛
여자 원
12획 | 예외

㉠ えん　　　才媛 재원(재주가 많은 젊은 여성)

㉣ 愛媛 에히메(지명)

• 彼女は才媛で人気があります。 그녀는 재주가 많아서 인기가 있습니다.
• 愛媛はみかんが有名です。 에히메는 귤이 유명합니다.

0576

願
원할 원
19획 | N3

음 がん

> 願望 꿈, 희망, 욕구　志願 지원　念願 염원

훈 ねがう、ねがい

> 願う 바라다　願い 원함, 바람, 부탁

- 志願者はメールを送ってください。 지원자는 메일을 보내 주세요.
- 長年の願いが叶った。 오랜 세월의 바람이 이루어졌다.

0577

位
자리 위
7획 | N3

음 い

> 位置 위치　地位 지위　単位 단위, 학점

훈 くらい

> 位 지위, 계급, 자릿수, ~정도

- 位置情報共有アプリを使うと便利です。 위치 정보 공유 어플을 사용하면 편리합니다.
- 選択科目の単位を落としてしまった。 선택 과목 학점을 못 땄다.

0578

泣
울 읍
8획 | N3

음 きゅう

> 号泣 오열　感泣 감격하여 욺

훈 なく

> 泣く 울다

- 号泣するほど悲しい映画でした。 오열할 만큼 슬픈 영화였습니다.
- 子供が道で泣いています。 아이가 길에서 울고 있습니다.

0579

衣
옷 의
6획 | N3

음 い

> 衣食住 의식주　衣装 의상　作業衣 작업복

훈 ころも

> 衣 옷, 의복　羽衣 날개옷

- 私の作業衣は少し大きいです。 나의 작업복은 조금 큽니다.
- 天丼の天ぷらの衣がおいしいです。 튀김 덮밥의 튀김옷이 맛있습니다.

0580

議
의논할 의
20획 | N2

음 ぎ

> 議題 의제　議論 의논, 논의, 토론　会議 회의

- 今回の議題について説明します。 이번 의제에 관해 설명합니다.
- 参加する人は1時までに会議室に来てください。
  참가하는 사람은 1시까지 회의실로 오세요.

以

써 이

5획 | N3

음 い

以上 이상　　以来 이래, 이후, 앞으로　　以内 이내

• 想像以上に値段が安いです。 상상 이상으로 가격이 쌉니다.
• 先月以来、雨が降りません。 지난달 이후 비가 내리지 않습니다.

印

도장 인

6획 | N2

음 いん

印刷 인쇄　　実印 인감 도장

훈 しるし

目印 안표, 표시　　矢印 화살표

• このファイルを印刷してください。 이 파일을 인쇄해 주세요.
• 矢印はトイレを示しています。 화살표는 화장실을 가리키고 있습니다.

🔵 이런 차이점에 주의!

代える、変える、替える、換える는 읽는 법은 같지만 의미가 다릅니다. 어떻게 다른지 확인해 볼까요?

▶「代える 바꾸다(대신하다)」 기존의 것을 대신, 대체할 수 있는 것으로 바꾸다
　　　예 試験をレポートに代える 시험을 리포트로 대신하다

▶「変える 바꾸다」 이전과 다른 것으로 바꾸다
　　　예 住所を変える 주소를 바꾸다

▶「替える 바꾸다(교체하다)」 낡은 것은 버리고 기존의 것과 동등한 새로운 것으로 바꾸다
　　　예 メンバーを替える 멤버를 교체하다

▶「換える 바꾸다(교환하다)」 A와 B를 서로 바꾸다(이 때 A와 B는 동등한 것)
　　　예 宝石をお金に換える 보석을 돈으로 바꾸다

아래의 한자를 보고 빈칸에 읽는 법과 뜻을 써 봅시다.

한자	읽는 법	뜻
예 年末	ねんまつ	연말
01 座席		
02 重要		
03 続行		
04 志願		
05 大変		
06 海辺		
07 兵役		
08 案内		
09 順調		
10 上司		
11 無理		
12 辞書		
13 遊説		
14 反省		
15 副作用		

정답

01 ざせき 좌석 02 じゅうよう 중요 03 ぞっこう 속행 04 しがん 지원 05 たいへん 큰일, 힘듦, 매우, 대단히
06 うみべ 해변 07 へいえき 병역 08 あんない 안내 09 じゅんちょう 순조로움 10 じょうし 상사
11 むり 무리 12 じしょ 사전 13 ゆうぜい 유세 14 はんせい 반성 15 ふくさよう 부작용

📍 필순은 별책 부록 쓰기 노트에 있습니다.

0583 ☐☐ --

茨

지붕 일 자

9획 | 예외

(훈) いばら

茨 가시나무　　茨城 이바라키(지명)

• 茨の道を歩むような気持ちです。 가시밭길을 걷는 기분입니다.
• 茨城県に行ったことがあります。 이바라키현에 간 적이 있습니다.

0584 ☐☐ --

滋

불을 자

12획 | 예외

(음) じ

滋養 자양, 영양　　滋雨 자우, 단비

(특) 滋賀 시가(지명)

• うなぎには滋養分がたくさんあります。 장어에는 자양분이 많이 있습니다.
• 滋賀県には日本で一番大きい湖、びわ湖があります。
　시가현에는 일본에서 가장 큰 호수, 비와코가 있습니다.

0585 ☐☐ --

昨

어제 작

9획 | N4

(음) さく

昨日 어제　　昨年 작년　　昨夜 어젯밤

(특) 一昨日 그저께　　一昨年 재작년

• 昨年ヨーロッパ旅行に行ってきました。 작년에 유럽 여행을 갔다 왔습니다.
• 一昨日道で先生に会いました。 그저께 길에서 선생님을 만났습니다.

0586 ☐☐ --

残

남을 잔 　殘

10획 | N3

(음) ざん

残業 잔업　　残高 잔고, 잔액　　残念 유감

(훈) のこす、のこる

残す 남기다　　残る 남다

(특) 名残 자취, 추억, 이별, 아쉬움

• 残業が多くて大変です。 잔업이 많아서 힘듭니다.
• サラダは全部食べたが、パンは残した。 샐러드는 전부 먹었지만 빵은 남겼다.

0587 ☐☐ --

材

재목 재

7획 | N3

(음) ざい

材料 재료　　人材 인재　　教材 교재

• 料理の材料を買いに行きましょう。 요리 재료를 사러 갑시다.
• 世界で活躍する人材を養成しています。 세계에서 활약할 인재를 양성하고 있습니다.

0588

争 다툴 쟁 | 争

6획 | N2

(음) そう

競争 경쟁　戦争 전쟁　紛争 분쟁

(훈) あらそう

争う 다투다

- お互いに競争しながら成長します。 서로 경쟁하면서 성장합니다.
- 松田さんと私は首席の座を争っています。 마쓰다 씨와 나는 수석 자리를 다투고 있습니다.

0589

低 낮을 저

7획 | N4

(음) てい

低温 저온　低気圧 저기압　高低 고저, 높고 낮음

(훈) ひくい

低い 낮다

ひくまる

低まる 낮아지다

ひくめる

低める 낮추다

- 空気が温まると低気圧になります。 공기가 따뜻해지면 저기압이 됩니다.
- 弟にくらべて背が低いです。 남동생에 비해서 키가 작습니다.

0590

底 밑 저

8획 | N3

(음) てい

底辺 저변　海底 해저　到底 도저히

(훈) そこ

底 밑, 바닥　底力 저력, 잠재력　谷底 골짜기 밑

- 海底トンネルが完成しました。 해저 터널이 완성되었습니다.
- 心の底にある本音が出ました。 마음속에 있는 본심이 나왔습니다.

0591

的 과녁 적

8획 | N3

(음) てき

的中 적중　目的 목적　標的 표적, 목표

(훈) まと

的 과녁, 대상, 목표

- 目的地まで何時間かかりますか。 목적지까지 몇 시간 걸립니까?
- 先輩はみんなの憧れの的です。 선배님은 모두의 동경의 대상입니다.

0592

積 쌓을 적

16획 | N2

(음) せき

積極的 적극적　積雪 적설　面積 면적

(훈) つむ、つもる

積む 쌓다　積もる 쌓이다

- ゆかの面積が広いです。 마루 면적이 넓습니다.
- 雪がたくさん積もりました。 눈이 많이 쌓였습니다.

0593

伝 전할 전 | 傳
6획 | N3

- 음 でん ── 伝言 전언　伝統 전통　宣伝 선전
- 훈 つたう ── 伝う 따라 이동하다, 타다
  つたえる ── 伝える 전하다
  つたわる ── 伝わる 전해지다

- 着物は日本の伝統衣装です。 기모노는 일본 전통 의상입니다.
- 私の気持ちを彼女に伝えました。 나의 마음을 그녀에게 전했습니다.

0594

典 법 전
8획 | N2

- 음 てん ── 典型 전형　古典 고전　出典 출전, 출처

- 発熱は風邪の典型的な症状です。 발열은 감기의 전형적인 증상입니다.
- 中国や日本の古典文学が好きです。 중국이나 일본의 고전 문학을 좋아합니다.

0595

戦 싸움 전 | 戰
13획 | N2

- 음 せん ── 戦争 전쟁　戦闘 전투　作戦 작전
- 훈 いくさ、たたかう ── 戦 전쟁, 싸움　戦う 싸우다

- 戦争がない平和な国を作りましょう。 전쟁이 없는 평화로운 나라를 만듭시다.
- 敵と戦って勝ちました。 적과 싸워서 이겼습니다.

0596

折 꺾을 절
7획 | N3

- 음 せつ ── 右折 우회전　屈折 굴절　骨折 골절
- 훈 おる、おれる ── 折る 꺾다　折れる 부러지다

- あの角で右折してください。 저 모퉁이에서 우회전 해 주세요.
- 転んで骨が折れました。 넘어져서 뼈가 부러졌습니다.

0597

節 마디 절 | 節
13획 | N3

- 음 せつ、せち ── 関節 관절　お節 오세치(일본의 명절 음식, 설 음식)
- 훈 ふし ── 節 마디

- お節料理にはいろんな材料が入ります。 오세치 요리에는 여러 가지 재료가 들어갑니다.
- 節の多い木材でテーブルを作りました。 마디가 많은 목재로 테이블을 만들었습니다.

0598 ☐☐ --

井

우물 정

4획 | N1

| 음 | せい、しょう | 井水 정수, 우물물　市井 시정, 거리　天井 천장 |
| 훈 | い | 井戸 우물　福井 후쿠이(지명) |

- 家の天井が高いです。 집 천장이 높습니다.
- 庭に古い井戸があります。 정원에 오래된 우물이 있습니다.

0599 ☐☐ --

静

고요할 정　靜

14획 | N4

음	せい、じょう	静電気 정전기　安静 안정　静脈 정맥
훈	しずか	静かだ 조용하다
	しずまる	静まる 가라앉다, 안정되다
	しずめる	静める 가라앉히다, 조용하게 하다

- 患者は安静が必要です。 환자는 안정이 필요합니다.
- このカフェは広くて静かです。 이 카페는 넓고 조용합니다.

0600 ☐☐ --

兆

조 조

6획 | N2

| 음 | ちょう | 兆候 징조　吉兆 길조　前兆 전조, 조짐 |
| 훈 | きざし、きざす | 兆し 징조, 조짐　兆す 싹트다 |

- お金をたくさんかせげる吉兆です。 돈을 많이 벌게 될 길조입니다.
- 少しずつ回復の兆しが見えます。 조금씩 회복의 조짐이 보입니다.

0601 ☐☐ --

照

비칠 조

13획 | N2

음	しょう	照会 조회　照明 조명　対照的 대조적
훈	てらす	照らす 비추다
	てる	照る 빛나다
	てれる	照れる 부끄러워하다

- 照明を変えるだけで、雰囲気が変わります。 조명을 바꾸는 것만으로 분위기가 달라집니다.
- 暗いところをライトで照らします。 어두운 곳을 조명으로 비춥니다.

卒

마칠 졸

8획 | N2

(음) そつ

卒業 졸업　脳卒中 뇌졸중　新卒 신졸, 그 해 졸업자

- 去年大学を卒業しました。작년에 대학을 졸업했습니다.
- 新卒採用が始まりました。신졸 채용이 시작되었습니다.

0603

種

씨 종

14획 | N2

(음) しゅ

種目 종목　種類 종류　品種 품종

(훈) たね

種 씨앗

- 飲み物の種類は色々あります。음료의 종류는 여러 가지 있습니다.
- トマトの種を庭に植えました。토마토 씨앗을 정원에 심었습니다.

0604

佐

도울 좌

7획 | 예외

(음) さ

補佐 보좌　佐賀 사가(지명)

- 佐賀県で有田とうじきまつりをします。사가현에서 아리타 도자기 축제를 합니다.
- 彼は補佐役には向いていません。그는 보좌직에는 적합하지 않습니다.

0605

周

두루 주

8획 | N3

(음) しゅう

周囲 주위　世界一周 세계 일주　円周 원주, 원둘레

(훈) まわり

周り 주위, 주변

- 周囲が静かで、本が読みやすいです。주위가 조용해서 책을 읽기 좋습니다.
- 周りのものを片付けてください。주위의 물건들을 정리해 주세요.

0606

仲

버금 중

6획 | N3

(음) ちゅう

仲介 중개　仲裁 중재, 조정

(음) なか

仲 사이　仲間 동료　仲直り 화해

- 不動産業は仲介の役割をします。부동산업은 중개 역할을 합니다.
- 兄弟は仲がいい方です。형제는 사이가 좋은 편입니다.

0607 ☐☐

借
빌릴 차
10획 | N4

- 음 しゃく | 借用 차용　借金 빚
- 훈 かりる | 借りる 빌리다
- 苦労して借金を全部返しました。 고생해서 빚을 전부 갚았습니다.
- 友達に借りた本をまだ読んでいません。 친구에게 빌린 책을 아직 읽지 않았습니다.

0608 ☐☐

差
다를 차
10획 | N3

- 음 さ | 差別 차별　差異 차이　時差 시차
- 훈 さす | 差す (빛이) 비치다, 쓰다, 받치다, 끼우다
- 男女差別をしてはいけません。 남녀 차별을 해선 안 됩니다.
- このくらいの雨なら傘を差さなくてもいいでしょう。
  이 정도 비라면 우산을 안 써도 되잖아.

0609 ☐☐

札
편지 찰/뽑을 찰
5획 | N3

- 음 さつ | 札束 돈다발　改札 개찰　入札 입찰
- 훈 ふだ | 札 표　名札 이름표
- 金庫に札束が入っています。 금고에 돈다발이 들어 있습니다.
- 名札は名前と会社名を書きます。 이름표는 이름과 회사명을 적습니다.

0610 ☐☐

察
살필 찰
14획 | N2

- 음 さつ | 察知 찰지, 헤아려 앎　考察 고찰　観察 관찰
- 相手の事情を察知します。 상대방의 사정을 헤아립니다.
- 多面的な考察が必要です。 다면적인 고찰이 필요합니다.

0611 ☐☐

参
참여할 참/석 삼　参
8획 | N3

- 음 さん、ざん、じん | 参加 참가　新参 신참, 신인　人参 당근
- 훈 まいる | 参る 가다, 오다(겸양어)
- 運動会に参加しました。 운동회에 참가했습니다.
- お見舞いに参りました。 문안을 갔습니다.

倉
곳집 **창**
10획 | N3

(음) そう

倉庫 창고 　　穀倉 곡창 　　船倉 선창

(훈) くら

倉 곳간, 창고 　　倉敷 구라시키(지명)

· 必要な道具は倉庫に置いてあります。 필요한 도구는 창고에 놓여 있습니다.
· 倉敷は美観地区で有名です。 구라시키는 미관 지구로 유명합니다.

唱
부를 **창**
11획 | N1

(음) しょう

合唱 합창 　　暗唱 암송

(훈) となえる

唱える 소리 내어 읽다, 주장하다

· 合唱大会に参加します。 합창 대회에 참가합니다.
· コペルニクスは地動説を唱えました。 코페르니쿠스는 지동설을 주장했습니다.

菜
나물 **채**
11획 | N4

(음) さい

菜食 채식 　　野菜 채소 　　前菜 전채, 애피타이저

(훈) な

菜の花 유채꽃 　　青菜 푸른 채소

· 私は菜食主義者です。 저는 채식주의자입니다.
· 青菜に味をつけます。 푸른 채소에 간을 더합니다.

浅
얕을 **천** 　浅
9획 | N3

(음) せん

浅海 천해(얕은 바다) 　　深浅 심천, 깊고 얕음

(훈) あさい、あさはか

浅い 얕다 　　浅はか 어리석음

· 川の深浅を測ります。 강의 깊이를 잽니다.
· 浅い海でも気をつけてください。 얕은 바다라도 주의해 주세요.

清
맑을 **청**
11획 | N2

(음) せい、しょう

清算 청산 　　清純 청순 　　清浄 청정

(훈) きよい

清い 맑다

きよまる

清まる 맑아지다

きよめる

清める 깨끗이 하다

· ついに借金を清算しました。 드디어 빚을 청산했습니다.
· 体と心を清めます。 몸과 마음을 깨끗이 합니다.

0617

初
처음 초
7획 | N4

- 음 しょ
- 훈 うい
- はじめ
- はじめて
- はつ

初心者 초심자　初級 초급　最初 최초

初々しい 순진하다, 풋풋하다

初め 처음

初めて 처음, 처음으로

初耳 초문, 처음 듣는 일　初雪 첫눈

- この教材は初心者向けです。 이 교재는 초보자용입니다.
- 日本に行くのは初めてです。 일본에 가는 것은 처음입니다.

0618

最
가장 최
12획 | N2

- 음 さい
- 훈 もっとも
- 특 最寄り 가장 가까움

最大 최대　最高 최고　最上 최상

最も 가장

- 最高の品質をほこります。 최고의 품질을 자랑합니다.
- 学校で最も足が速いです。 학교에서 가장 발이 빠릅니다.

0619

祝
빌 축　祝
9획 | N3

- 음 しゅく、しゅう
- 훈 いわう

祝日 축일　祝賀 축하　祝言 축언, 축사, 혼례

祝う 축하하다

- 海の日は日本の祝日です。 바다의 날은 일본의 축일(공휴일)입니다.
- 友達が私の誕生日を祝ってくれた。 친구들이 나의 생일을 축하해 주었다.

0620

沖
화할 충/찌를 충
7획 | N2

- 음 ちゅう
- 훈 おき

沖天 충천　沖積 충적

沖 먼바다　沖縄 오키나와(지명)

- この地域は沖積平野です。 이 지역은 충적 평야입니다.
- 沖縄の海には自然がそのまま残っています。
  오키나와의 바다에는 자연이 그대로 남아 있습니다.

側
곁 측
11획 | N3

㊟ そく 　　側面 측면　　側近 측근

㊃ がわ 　　裏側 뒤쪽　　片側 한쪽　　両側 양측

• 誰でも意外な側面を持っている。 누구라도 의외적인 측면을 가지고 있다.
• 本の裏側に価格が書いてあります。 책 뒤쪽에 가격이 쓰여 있습니다.

治
다스릴 치
8획 | N2

㊟ じ、ち 　　政治 정치　　治療 치료　　治安 치안

㊃ おさまる 　　治まる 다스려지다, 고요해지다

　おさめる 　　治める 다스리다

　なおす 　　治す 치료하다, 고치다

　なおる 　　治る 낫다, 치료되다

• 政治家になろうと考えています。 정치가가 되려고 생각하고 있습니다.
• 病院に行かないでけがを治しました。 병원에 가지 않고 상처를 치료했습니다.

置
둘 치
13획 | N3

㊟ ち 　　位置 위치　　放置 방치　　装置 장치

㊃ おく 　　置く 두다, 놓다

• 現在の位置を教えてください。 현재 위치를 알려 주세요.
• テーブルの上にキーが置いてあります。 테이블 위에 열쇠가 놓여 있습니다.

特
특별할 특
10획 | N4

㊟ とく 　　特産 특산　　特殊 특수　　独特 독특

• 地域ごとに特産物が違います。 지역마다 특산물이 다릅니다.
• この料理は独特な味がします。 이 요리는 독특한 맛이 납니다.

0625 ☐☐

阪
언덕 판
7획 | N1

- (음) はん
- (특) おおさか 大阪 오사카(지명)

はんしん 阪神 한신(오사카와 고베를 뜻하는 지명)

- 阪神タイガースは有名な野球チームです。 한신 타이거즈는 유명한 야구 팀입니다.
- 大阪では関西弁を使います。 오사카는 간사이 사투리를 사용합니다.

0626 ☐☐

敗
패할 패
11획 | N3

- (음) はい
- (훈) やぶれる

はいしゃ 敗者 패자　　はいぼく 敗北 패배　　しっぱい 失敗 실패

やぶ 敗れる 패배하다, 지다

- 失敗してもあきらめないことが大切です。 실패해도 포기하지 않는 것이 중요합니다.
- 試合に敗れたが、次は勝ちましょう。 시합에 졌지만, 다음엔 이깁시다.

0627 ☐☐

便
편할 편
9획 | N4

- (음) びん、べん
- (훈) たより

ゆうびん 郵便 우편　　べんり 便利 편리　　べんじょ 便所 변소, 뒷간

たよ 便り 소식

- スマホはとても便利です。 스마트폰은 매우 편리합니다.
- 妹から何の便りもなくて心配です。 여동생으로부터 아무런 소식도 없어서 걱정입니다.

0628 ☐☐

包
쌀 포 　 包
5획 | N3

- (음) ほう
- (훈) つつむ

ほうい 包囲 포위　　ほうようりょく 包容力 포용력　　ほうかつ 包括 포괄

つつ 包む 포장하다

- リーダーは包容力のある人です。 리더는 표용력 있는 사람입니다.
- プレゼント用に包んでください。 선물용으로 포장해 주세요.

0629 ☐☐

票
표 표
11획 | N1

- (음) ひょう

ひょうけつ 票決 표결　　とうひょう 投票 투표　　とくひょう 得票 득표

- 意見が割れたので票決することにしました。 의견이 갈라져서 표결하기로 했습니다.
- 投票の結果は予想どおりでした。 투표 결과는 예상대로였습니다.

標
표할 표
15획 | N1

음 ひょう

標本 표본　標準 표준　目標 목표

• 商品の規格を標準化させました。 상품의 규격을 표준화시켰습니다.
• 人生の目標は何ですか。 인생의 목표는 무엇입니까?

必
반드시 필
5획 | N3

음 ひつ

必然 필연　必要 필요　必勝 필승

훈 かならず

必ず 반드시

• 必要な書類をそろえました。 필요한 서류를 갖추었습니다.
• 必ず勝ってください。 반드시 이겨 주세요.

賀
하례할 하
12획 | N1

음 が

祝賀 축하　年賀状 연하장

• 結婚祝賀パーティーをしました。 결혼 축하 파티를 했습니다.
• 毎年、友達に年賀状を送ります。 매년 친구들에게 연하장을 보냅니다.

害
해할 해
10획 | N2

음 がい

害虫 해충　損害 손해　公害 공해

• 害虫を退治する方法を探しています。 해충을 퇴치할 방법을 찾고 있습니다.
• 損害保険に加入することを勧められた。 손해보험에 가입할 것을 권유받았다.

0634

香
향기 향
9획 | N2

음 こう、きょう

香水 향수　　香辛料 향신료　　芳香剤 방향제

훈 かおり

香り 향기, 냄새

かおる

香る 향기가 나다

こうばしい

香ばしい 구수하다

- 気分を変えようと香水を変えました。 기분을 바꾸려고 향수를 바꿨습니다.
- どこかでいい香りがします。 어딘가에서 좋은 향기가 납니다.

0635

験
시험 험　驗
18획 | N4

음 けん、げん

実験 실험　　経験 경험　　霊験 영험

- アメリカで留学した経験があります。 미국에서 유학한 경험이 있습니다.
- 霊験あらたかな神社に行ってきました。 영험이 뚜렷한 신사에 갔다 왔습니다.

0636

協
화합할 협
8획 | N2

음 きょう

協力 협력　　協会 협회　　妥協 타협

- 健康保険協会に加入しました。 건강 보험 협회에 가입했습니다.
- お互いの妥協条件を言ってみましょう。 서로의 타협 조건을 말해 봅시다.

0637

好
좋을 호
6획 | N4

음 こう

好奇心 호기심　　好意 호의　　愛好家 애호가

훈 このむ、すく

好む 좋아하다　　好く 좋아하다

- 母は昔から切手の愛好家でした。 엄마는 옛날부터 우표의 애호가였습니다.
- 好きな日本料理は何ですか。 좋아하는 일본 요리는 무엇입니까?

0638

貨
재물 화
11획 | N2

음 か

貨物 화물　　通貨 통화　　雑貨 잡화

- トラックで貨物を運びます。 트럭으로 화물을 옮깁니다.
- 日本の通貨は「円」です。 일본의 통화는 '엔' 입니다.

栃
상수리나무 회
9획 | 예외

㊜ とち

栃の木 칠엽수　　栃木 도치기(지명)

・この木は栃の木といいます。 이 나무는 칠엽수라고 합니다.
・日光は栃木県にあります。 닛코는 도치기현에 있습니다.

0640 ☐☐

候
기후 후
10획 | N2

㊜ こう

候補 후보　　気候 기후　　兆候 징후, 조짐

㊛ そうろう

居候 식객(남의 집에서 먹고 자는 뻔뻔한 사람)

・最近気候の変化がはげしいです。 최근 기후의 변화가 심합니다.
・彼は兄の家に居候しています。 그는 형의 집에 얹혀 살고 있습니다.

0641 ☐☐

訓
가르칠 훈
10획 | N2

㊜ くん

訓練 훈련　　教訓 교훈　　特訓 특훈

・犬を訓練するのは時間がかかります。 개를 훈련하는 것은 시간이 걸립니다.
・良い教訓を学びました。 좋은 교훈을 배웠습니다.

0642 ☐☐

希
바랄 희
7획 | N2

㊜ き

希望 희망　　希少 희소　　希薄 희박

・希望を持って結果を待ちましょう。 희망을 가지고 결과를 기다립시다.
・これは希少価値のあるアルバムです。 이것은 희소 가치가 있는 앨범입니다.

아래의 한자를 보고 빈칸에 읽는 법과 뜻을 써 봅시다.

한자	읽는 법	뜻
예 位置	いち	위치
01 経験		
02 種類		
03 借金		
04 名札		
05 初心者		
06 最も		
07 考察		
08 好奇心		
09 希望		
10 目標		
11 独特		
12 合唱		
13 新卒		
14 仲間		
15 残高		

정답

01 けいけん 경험　02 しゅるい 종류　03 しゃっきん 빚　04 なふだ 이름표　05 しょしんしゃ 초심자
06 もっとも 가장　07 こうさつ 고찰　08 こうきしん 호기심　09 きぼう 희망　10 もくひょう 목표
11 どくとく 독특　12 がっしょう 합창　13 しんそつ 신졸, 그 해 졸업자　14 なかま 동료　15 ざんだか 잔고, 잔액

⚙ 밑줄 친 단어의 올바른 발음을 찾아 봅시다.

1 料理を作る<u>材料</u>を買いました。
　　① ざいりょう　　② さいりょ　　③ ざいりょ　　④ さいりょう

2 手紙を彼女に<u>伝えて</u>ください。
　　① こたえて　　② つたえて　　③ ひえて　　④ かえて

3 売り上げの<u>利益</u>が上がりました。
　　① りいき　　② りえき　　③ りやき　　④ りやく

4 人は社会を<u>成す</u>動物です。
　　① なす　　② いかす　　③ おろす　　④ たす

5 むすこが<u>軍隊</u>に入りました。
　　① ぐんだい　　② くんたい　　③ くんだい　　④ ぐんたい

6 来週<u>重要</u>なゼミがあります。
　　① じゅよう　　② じゅうよ　　③ じゅうよう　　④ じゅよ

7 風邪をひいて<u>欠席</u>しました。
　　① けつせき　　② げっせき　　③ けっせき　　④ げつせき

8 結婚式の<u>司会</u>をつとめました。
　　① しいかい　　② じかい　　③ じいかい　　④ しかい

9 新しいめいしを<u>刷り</u>ました。
　　① かざり　　② すり　　③ まいり　　④ おさまり

10 彼に<u>愛想</u>がつきました。
　　① あいそ　　② あいぞう　　③ あいしょう　　④ あいしょ

⚙ 밑줄 친 단어의 올바른 한자를 찾아 봅시다.

1　私が公演場まであんないします。
　　① 安内　　　　　② 案内　　　　　③ 安来　　　　　④ 案来

2　今度はワークショップにさんかするつもりです。
　　① 惨可　　　　　② 惨加　　　　　③ 参可　　　　　④ 参加

3　最高のサービスにつとめています。
　　① 務めて　　　　② 努めて　　　　③ 勤めて　　　　④ 収めて

4　世界いっしゅうがしたいです。
　　① 一周　　　　　② 一週　　　　　③ 日周　　　　　④ 日週

5　しぜん保護に力を入れるべきです。
　　① 自然　　　　　② 自燃　　　　　③ 自燬　　　　　④ 自撚

6　かいぎがあるので、お先に失礼します。
　　① 会議　　　　　② 会義　　　　　③ 会儀　　　　　④ 会犠

7　なべがあついのでさわらないでください。
　　① 厚い　　　　　② 暑い　　　　　③ 熱い　　　　　④ 温い

8　日本で留学したけいけんがあります。
　　① 経険　　　　　② 径検　　　　　③ 経験　　　　　④ 径剣

9　ラーメンがさめないうちに食べてください。
　　① 覚めない　　　② 令めない　　　③ 寒めない　　　④ 冷めない

10　多くの人の前で話すのはゆうきが必要です。
　　① 湧気　　　　　② 湧汽　　　　　③ 勇気　　　　　④ 勇汽

정답 1② 2④ 3② 4① 5① 6① 7③ 8③ 9④ 10③

올해의 한자가 무엇일까?

일본의 연말 행사 중 하나인 '올해의 한자(今年の漢字)'라는 것이 있습니다. 이는 일본한자능력검정협회에서 주관하는 캠페인으로, 한 해에 일어났던 일들을 회상하며 떠오르는 한자 한 글자를 정해 공표하는 것입니다.

'올해의 한자' 캠페인의 계기는 한자의 우수성과 심오한 의의를 일본 국민에게 알리기 위한 계몽 활동의 목적으로 시작되었습니다. 1995년에 처음 시작하여 지금까지 매년 올해의 한자가 선정되고 있습니다. 올해의 한자 선정은 일본 국민 모두가 참가 가능하며, 국민의 투표로 가장 많이 표를 얻은 한자가 뽑히게 됩니다. 그리고 한자의 날인 12월 12일에 교토 기요미즈데라(清水寺)의 주지 스님이 큰 일본 종이에 붓글씨를 써서 알립니다.

지금까지 발표된 올해의 한자 중 두 번이나 뽑힌 한자가 있습니다. 그것은 바로 「災」인데요. 2004년과 2018년도에 선정되었습니다. 그 당시 모두 크고 작은 자연재해가 잦았고 전쟁과 범죄, 성희롱 문제 등 사회적으로 좋지 않은 사건들이 동시에 발생하여 많은 피해가 있었습니다. 끊임없이 발생하는 기록적인 천재와 인재로부터 내년에는 전화위복을 기원하며 「災」에 투표한 것입니다. 2011년에는 동일본대지진이 일어나 쓰나미와 더불어 많은 인명 피해가 있었습니다. 그래서 그해에도 재해와 관련된 한자가 뽑히게 될 줄 알았으나, '인연'을 뜻하는 「絆」가 가장 많은 표를 받았습니다. 섬나라인 일본은 계속되는 대규모의 재해 경험으로부터 사람과 사람 사이의 작은 연결고리가 더욱 중요하다는 것을 깨달았습니다. 가족과 동료, 지역과 국경을 넘어 세계와의 소통을 통해 많은 사람의 응원을 받으며 '연'의 소중함을 일깨우는 계기가 되었습니다.

이처럼 올해의 한자는 그해의 세태를 한 글자로 표현하는 것입니다. 안 좋았던 일들은 깨끗이 함과 동시에 다가오는 신년을 맞이하여 소원을 빌고 봉납 의식을 치러 한 해를 마무리합니다. 올해에는 또 어떤 한자가 뽑히게 될까요? 일본한자능력검정협회 홈페이지(https://www.kanken.or.jp)에서 외국인도 제약 없이 투표할 수 있으니 한번 직접 투표해봐도 재미있는 경험이 될 것 같네요.

🔊 예문 음성 듣기

제5장

일본 초등학교

5학년 한자

193자

일본 초등학교 5학년 한자 193자

❖ 아래는 제5장에서 배우는 한자 일람표입니다. 알고 있는 한자에 체크해 보세요.

可 옳을 가	仮 거짓 가	価 값 가	刊 새길 간	幹 줄기 간	減 덜 감	講 외울 강	個 낱 개	居 살 거	件 물건 건
検 검사할 검	格 격식 격/가지 각	潔 깨끗할 결	耕 밭 갈 경	経 지날 경	境 지경 경	告 고할 고	故 연고 고	過 지날 과	慣 익숙할 관
鉱 쇳돌 광/광물 광	久 오랠 구	句 글귀 구	旧 옛 구	救 구원할 구	構 얽을 구	規 법 규	均 고를 균	禁 금할 금	技 재주 기
紀 벼리 기	基 터 기	寄 부칠 기	能 능할 능	団 둥글 단	断 끊을 단	堂 집 당	貸 빌릴 대	導 인도할 도	毒 독 독
独 홀로 독	銅 구리 동	得 얻을 득	略 간략할 략(약)	歴 지날 력(역)	領 거느릴 령(영)	留 머무를 류(유)	脈 줄기 맥	綿 솜 면	夢 꿈 몽
墓 무덤 묘	武 호반 무	務 힘쓸 무	貿 무역할 무	迷 미혹할 미	防 막을 방	犯 범할 범	弁 고깔 변	保 지킬 보	報 갚을 보/알릴 보
復 회복할 복/다시 부	複 겹칠 복	婦 며느리 부	粉 가루 분	仏 부처 불	比 견줄 비	非 아닐 비	肥 살찔 비	費 쓸 비	備 갖출 비
貧 가난할 빈	士 선비 사	史 사기 사	似 닮을 사	舎 집 사	査 조사할 사	師 스승 사	飼 기를 사	謝 사례할 사	酸 실 산
殺 죽일 살	状 형상 상/문서 장	常 항상 상	賞 상줄 상	象 코끼리 상	像 모양 상	序 차례 서	設 베풀 설	性 성품 성	税 세금 세
勢 형세 세	素 본디 소	属 무리 속	損 덜 손	率 거느릴 솔/비율 률(율)	修 닦을 수	授 줄 수	輸 보낼 수	述 펄 술	術 재주 술

示	識	眼	圧	液	額	桜	余	易	逆
보일 시	알 식	눈 안	누를 압	진 액	이마 액	앵두나무 앵	남을 여	바꿀 역/ 쉬울 이	거스릴 역
演	燃	永	営	往	容	囲	衛	応	義
펼 연	탈 연	길 영	경영할 영	갈 왕	얼굴 용	둘레 위	지킬 위	응할 응	옳을 의
移	益	因	任	資	雑	張	再	在	災
옮길 이	더할 익	인할 인	맡길 임	재물 자	섞일 잡	베풀 장	두 재	있을 재	재앙 재
財	貯	適	績	絶	接	停	情	政	程
재물 재	쌓을 저	맞을 적	길쌈할 적	끊을 절	이을 접	머무를 정	뜻 정	정사 정	한도 정
精	提	制	製	際	祖	造	条	罪	準
정할 정	끌 제	절제할 제	지을 제	즈음 제	할아버지 조/ 조상 조	지을 조	조목 조	허물 죄	준할 준
証	増	志	支	枝	織	職	質	賛	採
증거 증	더할 증	뜻 지	지탱할 지	가지 지	짤 직	직분 직	바탕 질	도울 찬	캘 채
責	妻	招	総	築	則	測	快	態	統
꾸짖을 책	아내 처	부를 초	거느릴 총	쌓을 축	법칙 칙	헤아릴 측	쾌할 쾌	모습 태	거느릴 통
破	判	版	編	評	布	暴	豊	河	限
깨뜨릴 파	판단할 판	판목 판	엮을 편	평할 평	베 포	사나울 폭	풍년 풍	물 하	한할 한
航	解	許	険	現	型	護	混	確	効
배 항	풀 해	허락할 허	험할 험	나타날 현	모형 형	도울 호	섞을 혼	굳을 확	본받을 효
厚	興	喜							
두터울 후	일 흥	기쁠 희							

📍 필순은 별책 부록 쓰기 노트에 있습니다.

0643 ☐☐

可

옳을 가

5획 | N3

(음) か

可決 가결　　可能 가능　　許可 허가

• 公演は8時から入場可能です。 공연은 8시부터 입장 가능합니다.
• 病院から外泊許可をもらって家に帰った。 병원에서 외박 허가를 받고 집에 돌아갔다.

0644 ☐☐

仮

거짓 가　　假

6획 | N1

(음) か、け

仮定 가정　　仮面 가면　　仮病 꾀병

(훈) かり

仮に 만약, 설령　　仮処分 가처분

• 子供が仮病を使って学校を休みました。 아이가 꾀병을 부려서 학교를 쉬었습니다.
• 仮に雨が降っても行きますよ。 설령 비가 내려도 갈 거예요.

0645 ☐☐

価

값 가　　價

8획 | N3

(음) か

価値 가치　　価格 가격　　評価 평가

(훈) あたい

価 값, 가격

• 人間の価値は金に比べられません。 인간의 가치는 돈에 비교할 수 없습니다.
• 他人の評価を気にしすぎるのはよくない。
　타인의 평가를 너무 신경쓰는 것은 좋지 않다.

0646 ☐☐

刊

새길 간

5획 | N2

(음) かん

刊行 간행　　発刊 발간, 출판　　週刊 주간

• 定期刊行物を配りました。 정기 간행물을 나누어 주었습니다.
• 雑誌が発刊されました。 잡지가 발간되었습니다.

0647 ☐☐

幹

줄기 간

13획 | N1

(음) かん

幹部 간부　　新幹線 신칸센　　根幹 근간, 근본

(훈) みき

幹 나무 줄기

• 新幹線に乗って大阪に行きます。 신칸센을 타고 오사카에 갑니다.
• 彼は木の幹でボートを作った。 그는 나무 줄기로 보트를 만들었다.

0648

減

덜 감

12획 | N3

음 げん

훈 へる、へらす

減量 감량　減少 감소　加減 가감, 조절함

減る 줄다, 적어지다　減らす 줄이다, 덜다

• 塩を入れて味加減をする。 소금을 넣어서 간을 맞추다.
• 去年より売り上げが減りました。 작년보다 매출이 줄었습니다.

0649

講

외울 강

17획 | N2

음 こう

講演 강연　講義 강의　受講 수강

• 講義レポートは今日までに出してください。 강의 리포트는 오늘까지 내세요.
• ビジネス英語を受講しようと思います。 비즈니스 영어를 수강하려고 합니다.

0650

個

낱 개

10획 | N3

음 こ

個人 개인　個性 개성　個々 개개, 하나하나

• 彼女は個性が強いです。 그녀는 개성이 강합니다.
• 個々の力には限界がある。 개개의 힘에는 한계가 있다.

0651

居

살 거

8획 | N3

음 きょ

훈 いる

住居 주거　同居 동거

居る 있다　居眠り 앉아서 졺

• 他人との同居にストレスを感じる人は結構いる。
　타인과의 동거에 스트레스를 느끼는 사람은 꽤 있다.
• 授業中に居眠りをしました。 수업 중에 앉아서 졸았습니다.

0652

件

물건 건

6획 | N2

음 けん

件数 건수　条件 조건　事件 사건

• 毎年事故の件数が増えています。 매년 사고의 건수가 늘고 있습니다.
• 契約の条件を出しました。 계약 조건을 제시했습니다.

検
검사할 검 　検
12획 | N3

(음) けん

検問 검문　検査 검사　点検 점검

- 学校で身体検査を受けました。 학교에서 신체검사를 받았습니다.
- エレベーターを点検しています。 엘리베이터를 점검하고 있습니다.

0654

格
격식 격/가지 각
10획 | N3

(음) かく、こう

格別 각별, 유난함　人格 인격　格子 격자

- ここのラーメンは格別においしい。 여기 라면은 유난히 맛있다.
- 格子柄のシャツを買いました。 격자 무늬의 셔츠를 샀습니다.

0655

潔
깨끗할 결　潔
15획 | N1

(음) けつ

潔白 결백　清潔 청결　不潔 불결, 더러움

(훈) いさぎよい

潔い 깨끗하다, 떳떳하다

- 山本さんは潔白を主張しました。 야마모토 씨는 결백을 주장했습니다.
- 彼の潔い態度を皆がほめていた。 그의 떳떳한 태도를 모두가 칭찬하고 있었다.

0656

耕
밭 갈 경
10획 | N1

(음) こう

耕地 경작지　耕作 경작　農耕 농경

(훈) たがやす

耕す (논밭을) 갈다, 일구다

- 昔は農耕社会でした。 옛날에는 농경 사회였습니다.
- 祖母が畑を耕しています。 할머니께서 밭을 갈고 계십니다.

0657

経
지날 경　經
11획 | N3

(음) けい、きょう

経理 경리　経済 경제　経典 경전

(훈) へる、たつ

経る 지나가다, 거치다　経つ 지나다, 경과하다

- 今年経済学部に入学しました。 올해 경제학부에 입학했습니다.
- 審議を経て新しい法案が通りました。 심의를 거쳐 새로운 법안이 통과했습니다.

0658 ☐☐

境

지경 경

14획 | N2

음 きょう、けい

훈 さかい

国境 국경　　逆境 역경　　境内 (신사, 사찰의) 경내

境 경계, 기로　　境目 경계선, 갈림길

• 彼は努力を続けて逆境を克服しました。 그는 노력을 계속해서 역경을 극복했습니다.

• 人生の境目に立っています。 인생의 갈림길에 서 있습니다.

0659 ☐☐

告

고할 고

7획 | N2

음 こく

훈 つげる

告白 고백　　報告 보고　　予告 예고

告げる 고하다, 알리다

• 社長に会議の内容を報告しました。 사장님에게 회의 내용을 보고했습니다.

• 彼女は別れを告げました。 그녀는 이별을 고했습니다.

0660 ☐☐

故

연고 고

9획 | N3

음 こ

훈 ゆえ

故障 고장　　故郷 고향　　事故 사고

故 까닭, 이유, 사정　　故に 그러므로, ~때문에

• 交通事故が起こって遅れました。 교통사고가 나서 늦었습니다.

• 愛故にすべてを捨てた。 사랑 때문에 모든 것을 버렸다.

0661 ☐☐

過

지날 과

12획 | N3

음 か

훈 すぎる

　　すごす

　　あやまつ

　　あやまち

過失 과실　　過程 과정　　通過 통과

過ぎる 지나다, 지나치다

過ごす 보내다, 지내다

過つ 잘못하다, 실수하다

過ち 잘못, 실수

• 汽車がトンネルを通過しました。 기차가 터널을 통과했습니다.

• 夏休みに家族と一緒に過ごすつもりです。 여름 방학에 가족과 함께 지낼 생각입니다.

0662

음 かん
훈 なれる、ならす

慣性 관성, 타성　慣用句 관용구　習慣 습관
慣れる 익숙해지다　慣らす 익숙하게 하다, 길들이다

慣
익숙할 관
14획 | N2

・寝る前に本を読む習慣があります。 자기 전에 책을 읽는 습관이 있습니다.
・学校の生活にはもう慣れました。 학교 생활에는 이미 익숙해졌습니다.

0663

음 こう

鉱山 광산　鉄鉱 철광　金鉱 금광

鉱
쇳돌 광/광물 광 鑛
13획 | N1

・鉱山だったところが今は記念館です。 광산이었던 곳은 지금 기념관입니다.
・中国は鉄鉱石を生産します。 중국은 철광석을 생산합니다.

0664

음 きゅう、く
훈 ひさしい

耐久性 내구성　永久 영구　久遠 영원
久しい 오래다, 오래간만이다

久
오랠 구
3획 | N3

・この製品は耐久性に優れている。 이 제품은 내구성이 뛰어나다.
・実家を離れて久しいです。 본가를 떠난 지 오래입니다.

0665

음 く

句点 마침표, 종지부　文句 문구, 불평

句
글귀 구
5획 | N2

・句点は文の終わりにつけます。 마침표는 문장 끝에 붙입니다.
・彼はいつも文句ばかり言う。 그는 언제나 불평만 말한다.

0666

음 きゅう

旧友 옛 친구　復旧 복구　旧型 구형

旧
옛 구 舊
5획 | N2

・道で偶然旧友に会いました。 길에서 우연히 옛 친구를 만났습니다.
・削除したデータを復旧しました。 삭제한 데이터를 복구했습니다.

0667 ☐☐

救
구원할 구
11획 | N2

- (음) きゅう
- (훈) すくう

救助 구조 救急 구급 救出 구출
救う 구하다, 살리다

- 救急車を呼んでください。 구급차를 불러 주세요.
- 川に落ちた子供を救いました。 강에 빠진 아이를 구했습니다.

0668 ☐☐

構
얽을 구
14획 | N2

- (음) こう
- (훈) かまう
  かまえる

構成 구성 構造 구조 結構 훌륭함, 괜찮음
構う 관계하다, 상관하다
構える 자세를 취하다, 겨누다, 준비하다

- この美術館の構造はすばらしいです。 이 미술관의 구조는 근사합니다.
- ペンで書いても構いません。 펜으로 써도 상관없습니다(괜찮습니다).

0669 ☐☐

規
법 규
11획 | N3

- (음) き、ぎ

規定 규정 規則 규칙 定規 자

- 学校の規則を守りましょう。 학교 규칙을 지킵시다.
- 定規を使って線を引きます。 자를 사용하여 선을 긋습니다.

0670 ☐☐

均
고를 균
7획 | N3

- (음) きん

均一 균일 均等 균등 平均 평균

- 料理を均等に分けました。 요리를 균등하게 나눴습니다.
- 数学の平均点数は80点です。 수학의 평균 점수는 80점입니다.

0671 ☐☐

禁
금할 금
13획 | N3

- (음) きん

禁止 금지 禁煙 금연 厳禁 엄금

- 店の前は駐車禁止です。 가게 앞은 주차 금지입니다.
- 国立公園では火気厳禁です。 국립 공원에서는 화기 엄금입니다.

0672

技
재주 기
7획 | N2

(음) ぎ　　　技能 기능　　技術 기술　　特技 특기

(훈) わざ　　技 기술, 재주　　足技 다리재간

• 妹の特技は歌を歌うことです。 여동생의 특기는 노래를 부르는 것입니다.

• 手に技を付ける仕事を見つけたい。 손에 기술을 익히는 일을 찾고 싶다.

0673

紀
벼리 기
9획 | N2

(음) き　　　紀元 기원　　紀行 기행　　世紀 세기

• 私が書いた紀行文が雑誌に載りました。 내가 쓴 기행문이 잡지에 실렸습니다.

• この建物は18世紀に建てられました。 이 건물은 18세기에 지어졌습니다.

0674

基
터 기
11획 | N2

(음) き　　　基本 기본　　基礎 기초　　基準 기준

(훈) もと、もとい　　基づく 기초를 두다, 입각하다　　基 토대, 기본

• 評価する基準がはっきりしていません。 평가 기준이 뚜렷하지 않습니다.

• 事実に基づいて報告書を書きます。 사실에 입각하여 보고서를 씁니다.

0675

寄
부칠 기
11획 | N2

(음) き　　　寄生 기생　　寄贈 기증　　寄与 기여, 공헌

(훈) よる、よせる　　寄る 접근하다, 다가가다　　寄せる 밀려오다

• 保育園に服を寄贈しました。 보육원(어린이집)에 옷을 기증했습니다.

• 強い風が吹いて波が寄せてきます。 강한 바람이 불어서 파도가 밀려옵니다.

0676

能
능할 능
10획 | N3

(음) のう　　　能力 능력　　効能 효능　　知能 지능

• 日本語能力試験を受けました。 일본어 능력 시험을 봤습니다.

• 薬の効能は箱に書いてあります。 약의 효능은 상자에 적혀 있습니다.

0677 ☐☐

団

둥글 단 | 團

6획 | N3

- 음 だん、とん
- 特 <ruby>団扇<rt>うちわ</rt></ruby> 부채

<ruby>団体<rt>だんたい</rt></ruby> 단체　<ruby>団結<rt>だんけつ</rt></ruby> 단결　<ruby>布団<rt>ふとん</rt></ruby> 이불

- うちのチームは<ruby>団結力<rt>だんけつりょく</rt></ruby>が<ruby>強<rt>つよ</rt></ruby>いです。 우리 팀은 단결력이 강합니다.
- <ruby>布団<rt>ふとん</rt></ruby>カバーを<ruby>洗<rt>あら</rt></ruby>いました。 이불 커버를 빨았습니다.

0678 ☐☐

断

끊을 단 | 斷

11획 | N3

- 음 だん
- 훈 たつ、ことわる

<ruby>断定<rt>だんてい</rt></ruby> 단정　<ruby>判断<rt>はんだん</rt></ruby> 판단　<ruby>中断<rt>ちゅうだん</rt></ruby> 중단

<ruby>断<rt>た</rt></ruby>つ 끊다, 자르다　<ruby>断<rt>ことわ</rt></ruby>る 거절하다

- <ruby>断定<rt>だんてい</rt></ruby>するにはまだ<ruby>早<rt>はや</rt></ruby>いです。 단정하긴 아직 이릅니다.
- <ruby>彼<rt>かれ</rt></ruby>の<ruby>要求<rt>ようきゅう</rt></ruby>を<ruby>断<rt>ことわ</rt></ruby>りました。 그의 요구를 거절했습니다.

0679 ☐☐

堂

집 당

11획 | N3

- 음 どう

<ruby>食堂<rt>しょくどう</rt></ruby> 식당　<ruby>講堂<rt>こうどう</rt></ruby> 강당

- <ruby>新<rt>あたら</rt></ruby>しくできた<ruby>食堂<rt>しょくどう</rt></ruby>に<ruby>行<rt>い</rt></ruby>きました。 새로 생긴 식당에 갔습니다.
- <ruby>全校生<rt>ぜんこうせい</rt></ruby>が<ruby>講堂<rt>こうどう</rt></ruby>に<ruby>集<rt>あつ</rt></ruby>まりました。 전교생이 강당에 모였습니다.

0680 ☐☐

貸

빌릴 대

12획 | N3

- 음 たい
- 훈 かす

<ruby>貸与<rt>たいよ</rt></ruby> 대여　<ruby>賃貸<rt>ちんたい</rt></ruby> 임대

<ruby>貸<rt>か</rt></ruby>す 빌려주다

- <ruby>駅<rt>えき</rt></ruby>では<ruby>希望者<rt>きぼうしゃ</rt></ruby>に<ruby>自転車<rt>じてんしゃ</rt></ruby>を<ruby>貸与<rt>たいよ</rt></ruby>している。 역에서는 희망자에게 자전거를 대여하고 있다.
- <ruby>彼<rt>かれ</rt></ruby>に<ruby>本<rt>ほん</rt></ruby>を<ruby>貸<rt>か</rt></ruby>しました。 그에게 책을 빌려주었습니다.

0681 ☐☐

導

인도할 도

15획 | N2

- 음 どう
- 훈 みちびく

<ruby>導入<rt>どうにゅう</rt></ruby> 도입　<ruby>半導体<rt>はんどうたい</rt></ruby> 반도체　<ruby>指導<rt>しどう</rt></ruby> 지도

<ruby>導<rt>みちび</rt></ruby>く 인도하다, 안내하다, 지도하다

- <ruby>最新<rt>さいしん</rt></ruby>ソフトウェアを<ruby>導入<rt>どうにゅう</rt></ruby>します。 최신 소프트웨어를 도입합니다.
- <ruby>生徒<rt>せいと</rt></ruby>を<ruby>正<rt>ただ</rt></ruby>しい<ruby>道<rt>みち</rt></ruby>へ<ruby>導<rt>みちび</rt></ruby>きます。 학생을 올바른 길로 지도합니다.

毒
독 독 　毒
8획 | N2

(음) **どく**　　毒 독　　毒舌 독설　　中毒 중독

- 毒のあるへびに気を付けてください。 독이 있는 뱀을 조심하십시오.
- 食中毒のため、入院しました。 식중독 때문에 입원했습니다.

独
홀로 독 　獨
9획 | N3

(음) **どく**　　独学 독학　　独立 독립　　単独 단독

(훈) **ひとり**　　独り 혼자, 독신

- 親から経済的に独立しました。 부모님으로부터 경제적으로 독립했습니다.
- 独りで英語を勉強しました。 혼자서 영어를 공부했습니다.

銅
구리 동
14획 | N2

(음) **どう**　　銅像 동상　　銅貨 동전　　青銅 청동

- この銅像は18世紀に作られました。 이 동상은 18세기에 만들어졌습니다.
- 青銅は色あせると赤くなります。 청동은 색 바래면 붉어집니다.

得
얻을 득
11획 | N2

(음) **とく**　　得点 득점　　納得 납득　　習得 습득

(훈) **える、うる**　　得る 얻다, 획득하다　　得る ~할 수 있다

- 一位と得点差が大きくありません。 1위와 득점 차가 크지 않습니다.
- 彼の主張は大勢の支持を得ました。 그의 주장은 많은 사람들의 지지를 얻었습니다.

略
간략할 략(약)
11획 | N2

(음) **りゃく**　　略語 줄임말　　省略 생략　　計略 계략

- スマートフォンの略語はスマホです。 스마트폰의 줄임말은 '스마호'입니다.
- 時間がないので挨拶は省略します。 시간이 없어서 인사는 생략하겠습니다.

0687

歷
지낼 력(역) 歴
14획 | N2

- 음 れき

歴史 역사　履歴書 이력서　経歴 경력

- 歴史を記録するのは重要です。 역사를 기록하는 것은 중요합니다.
- 履歴書を書き始めました。 이력서를 쓰기 시작했습니다.

0688

領
거느릴 령(영)
14획 | N2

- 음 りょう

領収証 영수증　大統領 대통령　要領 요령

- 領収証があれば交換できます。 영수증이 있으면 교환 가능합니다.
- 子供のころは大統領になりたいと思いました。
  어렸을 때는 대통령이 되고 싶다고 생각했습니다.

0689

留
머무를 류(유)
10획 | N3

- 음 りゅう、る

留学 유학　在留 재류　留守 부재중

- 훈 とめる、とまる

留める 만류하다, 고정시키다　留まる 머물다, 고정되다

- イギリスに留学したことがあります。 영국에서 유학한 적이 있습니다.
- 紙をピンで留めます。 종이를 핀으로 고정시킵니다.

0690

脈
줄기 맥 脈
10획 | N2

- 음 みゃく

脈絡 맥락　山脈 산맥　動脈 동맥

- 話に全然脈絡がありません。 이야기에 전혀 맥락이 없습니다.
- ヒマラヤ山脈に車で行くことができます。 히말라야 산맥에 차로 갈 수 있습니다.

0691

綿
솜 면
14획 | N2

- 음 めん

綿花 목화　綿密 면밀　純綿 순면

- 훈 わた

綿 목화, 솜　綿あめ 솜사탕　綿雪 함박눈

- プロジェクトの綿密な計画を立てます。 프로젝트의 면밀한 계획을 세웁니다.
- 遊園地で綿あめを食べました。 놀이공원에서 솜사탕을 먹었습니다.

夢
꿈 몽
13획 | N3

음 む 　　夢中 _{むちゅう} 열중함, 꿈속 　夢想 _{むそう} 몽상, 공상 　悪夢 _{あくむ} 악몽

훈 ゆめ 　　夢 _{ゆめ} 꿈

- この本なら子供も夢中になれます。 이 책이라면 애들도 푹 빠질 수 있습니다.
- 好きな俳優に会う夢を見ました。 좋아하는 배우를 만나는 꿈을 꾸었습니다.

墓
무덤 묘
13획 | N2

음 ぼ 　　墓地 _{ぼち} 묘지 　墓穴 _{ぼけつ} 묘혈 　墓石 _{ぼせき} 묘석, 묘비

훈 はか 　墓 _{はか} 묘, 무덤 　墓参り _{はかまいり} 성묘

- 草を取って墓地をきれいにしました。 잡초를 뽑아 묘지를 깨끗이 했습니다.
- 墓参りに行ってきました。 성묘를 갔다 왔습니다.

武
호반 무
8획 | N2

음 ぶ、む 　武力 _{ぶりょく} 무력 　武芸 _{ぶげい} 무예 　武者 _{むしゃ} 무사

- 武力で解決してはいけません。 무력으로 해결해선 안 됩니다.
- この小説は若武者が主人公です。 이 소설은 젊은 무사가 주인공입니다.

務
힘쓸 무
11획 | N2

음 む 　　事務 _{じむ} 사무 　義務 _{ぎむ} 의무 　任務 _{にんむ} 임무

훈 つとめる、つとまる 　務める _{つと} 임무를 맡다 　務まる _{つと} 잘 수행해 내다

- わざと事務的な態度をとる。 일부러 사무적인 태도를 취한다.
- 会社の社長を務めることになりました。 회사 사장을 맡게 되었습니다.

貿
무역할 무
12획 | N3

음 ぼう 　　貿易 _{ぼうえき} 무역

- 外国と活発に貿易をしています。 외국과 활발히 무역을 하고 있습니다.
- 貿易会社は学生に人気があります。 무역 회사는 학생에게 인기가 있습니다.

0697 ☐☐

迷
미혹할 미
9획 | N2

（음） めい

（훈） まよう

（특） 迷子 미아

迷信 미신　迷路 미로　迷惑 괴로움, 폐

迷う 갈피를 못 잡다, 헤매다

- 隣の人に迷惑をかけてしまいました。옆 사람에게 폐를 끼치고 말았습니다.
- 道に迷って交番に行きました。길을 헤매서 파출소에 갔습니다.

0698 ☐☐

防
막을 방
7획 | N2

（음） ぼう

（훈） ふせぐ

防音 방음　予防 예방　消防 소방

防ぐ 막다, 방어하다

- 冬になる前に予防注射を受けました。겨울이 되기 전에 예방 주사를 맞았습니다.
- 相手チームの攻撃を防ぎました。상대 팀의 공격을 막았습니다.

0699 ☐☐

犯
범할 범
5획 | N2

（음） はん

（훈） おかす

犯人 범인　犯罪 범죄　防犯 방범

犯す 범하다, 어기다

- ここには防犯カメラが設置されています。여기에는 방범 카메라가 설치되어 있습니다.
- 法を犯すと罰を受けます。법을 어기면 벌을 받습니다.

0700 ☐☐

弁
고깔 변　辯
5획 | N2

（음） べん

弁償 변상　弁当 도시락

関西弁 간사이 사투리(긴키 지방의 방언)

- 車の修理代を弁償しました。차의 수리비를 변상했습니다.
- 安田さんは関西弁を使います。야스다 씨는 간사이 사투리를 씁니다.

0701 ☐☐

保
지킬 보
9획 | N2

（음） ほ

（훈） たもつ

保安 보안　保証 보증　確保 확보

保つ 유지하다, 지키다

- 保安を強化してください。보안을 강화해 주세요.
- レストランの衛生を清潔に保っています。레스토랑의 위생을 청결하게 유지하고 있습니다.

報
갚을 보/알릴 보
12획 | N2

(음) ほう
報告 보고　情報 정보　速報 속보

(훈) むくいる、むくう
報いる 보답하다, 보복하다　報う 보답하다, 갚다

• 出張報告書を書きました。 출장 보고서를 썼습니다.
• 努力はいつかは報われる。 노력은 언젠가는 보상받는다.

復
회복할 복/다시 부
12획 | N3

(음) ふく
往復 왕복, 왕래　報復 보복　復活 부활

• 発売禁止になったゲームが復活した。 발매 금지 된 게임이 부활했다.
• 実家は往復5時間かかります。 본가는 왕복 5시간 걸립니다.

複
겹칠 복
14획 | N2

(음) ふく
複数 복수　複雑 복잡　重複 중복

• 複数のファイルを一つにまとめました。 복수의 파일을 하나로 정리했습니다.
• 入国手続きが複雑です。 입국 수속이 복잡합니다.

婦
며느리 부　婦
11획 | N2

(음) ふ
婦人 부인, 여성　主婦 주부

• 婦人服は2階にあります。 여성복은 2층에 있습니다.
• 主婦の生活は思ったより大変です。 주부의 생활은 생각보다 힘듭니다.

0706

粉
가루 분
10획 | N2

(음) ふん
粉末 분말, 가루　花粉症 꽃가루 알레르기

(훈) こ、こな
小麦粉 밀가루　粉 가루, 분말　粉雪 가랑눈

• 私は春になると花粉症にかかります。 나는 봄이 되면 꽃가루 알레르기에 걸립니다.
• 小麦粉を食べすぎると体によくありません。 밀가루를 많이 먹으면 몸에 안 좋습니다.

0707

부처 불 　佛

4획 | N2

(음) ぶつ

(훈) ほとけ

仏像 불상　　大仏 대불, 큰 불상　　念仏 염불

仏 부처, 불상, 고인

• 奈良の大仏を見たことがあります。 나라(지명)의 대불을 본 적이 있습니다.

• 仏の顔も三度。 부처의 얼굴도 세 번(아무리 착한 사람이라도 지나치게 굴면 화낸다).

0708

견줄 비

4획 | N3

(음) ひ

(훈) くらべる

比例 비례　　比較 비교　　対比 대비

比べる 비교하다, 대조하다

• 日韓比較文学を勉強しています。 한일 비교 문학을 공부하고 있습니다.

• 背を比べてみましょう。 키를 비교해 봅시다.

0709

非

아닐 비

8획 | N3

(음) ひ

非常口 비상구　　是非 부디, 제발, 옳고 그름

• 非常口は右側にあります。 비상구는 우측에 있습니다.

• 是非日本の温泉を楽しんでください。 부디 일본 온천을 즐겨 주세요.

0710

살찔 비

8획 | N1

(음) ひ

(훈) こえる

　　こやす

肥料 비료　　肥満 비만

肥える 살이 찌다, 땅이 비옥해지다

肥やす 살찌게 하다, 땅을 기름지게 하다

• 病院で肥満と判定されました。 병원에서 비만이라고 판정받았습니다.

• いろんなものを見て目を肥やす。 많은 것을 보고 안목을 높이다.

費

쓸 비

12획 | N3

(음) ひ

費用 비용   消費 소비   会費 회비

(훈) ついやす、ついえる

費やす 쓰다, 허비하다   費える 줄다, 허비되다

• 今年は消費を減らします。 올해는 소비를 줄이겠습니다.

• 時間をむだに費やしてしまいました。 시간을 쓸데없이 허비하고 말았습니다.

備

갖출 비   備

12획 | N2

(음) び

備品 비품   予備 예비   守備 수비

(훈) そなえる、そなわる

備える 대비하다, 갖추다   備わる 갖춰지다

• 前回の反省から守備を強化しました。 지난번 반성부터 수비를 강화했습니다.

• 地震に備えてできることはやっておこう。 지진에 대비하여 가능한 것은 해 두자.

貧

가난할 빈

11획 | N2

(음) ひん、びん

貧血 빈혈   貧富 빈부   貧乏 빈핍, 가난함

(훈) まずしい

貧しい 가난하다, 적다

• 貧富の差がはげしいです。 빈부의 차가 심합니다.

• 貧しい家庭に生まれたが、明るく育った。 가난한 가정에서 태어났지만 밝게 자랐다.

아래의 한자를 보고 빈칸에 읽는 법과 뜻을 써 봅시다.

한자	읽는 법	뜻
예 許可	きょか	허가
01 永久		
02 復旧		
03 人格		
04 潔白		
05 均等		
06 国境		
07 慣用句		
08 夢中		
09 世紀		
10 保証		
11 大統領		
12 複雑		
13 報告		
14 貿易		
15 迷惑		

정답

01 えいきゅう 영구　02 ふっきゅう 복구　03 じんかく 인격　04 けっぱく 결백　05 きんとう 균등
06 こっきょう 국경　07 かんようく 관용구　08 むちゅう 열중함, 꿈속　09 せいき 세기　10 ほしょう 보증
11 だいとうりょう 대통령　12 ふくざつ 복잡　13 ほうこく 보고　14 ぼうえき 무역　15 めいわく 괴로움, 폐

📍 필순은 별책 부록 쓰기 노트에 있습니다.

0714 ☐☐

선비 사
3획 | N2

(음) し

士官 사관　　武士 무사　　紳士 신사

(특) 博士 박사

• 彼は陸軍士官学校を卒業しました。 그는 육군사관학교를 졸업했습니다.
• 武士は刀をうまく扱います。 무사는 칼을 잘 다룹니다.

0715 ☐☐

사기 사
5획 | N2

(음) し

史実 사실　　史料 사료(역사 연구 자료)　　歴史 역사

• 博物館に史料がたくさんあります。 박물관에 사료가 많이 있습니다.
• 歴史を知るのは今を知ることです。 역사를 아는 것은 지금을 아는 것입니다.

0716 ☐☐

닮을 사
7획 | N2

(음) じ

類似 유사　　近似 근사　　相似 서로 닮음

(훈) にる

似る 닮다, 비슷하다　　似合う 어울리다, 잘 맞다

似顔絵 초상화

• 類似品に注意してください。 유사품에 주의하세요.
• 私は父によく似ています。 저는 아버지를 많이 닮았습니다.

0717 ☐☐

집 사
8획 | N1

(음) しゃ

校舎 교사, 학교 건물　　寄宿舎 기숙사

• 学生たちが校舎を掃除しています。 학생들이 학교 건물을 청소하고 있습니다.
• 学校の中に寄宿舎があります。 학교 안에 기숙사가 있습니다.

0718 ☐☐

조사할 사
9획 | N2

(음) さ

査察 사찰　　調査 조사　　検査 검사

• 飛行機で空中査察を行います。 비행기에서 공중 사찰을 시행합니다.
• 視力検査をします。 시력 검사를 합니다.

師
스승 사
10획 | N2

음 し

師弟 시제　　教師 교사　　講師 깅사

• 山本さんと私は師弟関係です。 야마모토 씨와 저는 사제 관계입니다.
• 彼女は小学校の教師になりました。 그녀는 초등학교 교사가 되었습니다.

飼
기를 사 　飼
13획 | N3

음 し

飼育 사육　　飼料 사료

훈 かう

飼う 기르다, 사육하다

• 牛に飼料をやりました。 소에게 사료를 주었습니다.
• 子供の頃、ウサギを飼いました。 어렸을 때 토끼를 길렀습니다.

謝
사례할 사
17획 | N2

음 しゃ

謝罪 사죄　　謝絶 사절　　感謝 감사

훈 あやまる

謝る 사죄하다, 사과하다

• 今回の協力に心から感謝します。 이번 협력에 진심으로 감사합니다.
• 道でぶつかった人に謝りました。 길에서 부딪힌 사람에게 사과했습니다.

酸
실 산
14획 | N1

음 さん

酸素 산소　　酸味 산미, 신맛　　炭酸 탄산

훈 すい

酸い 시다　　酸っぱい 시다, 시큼하다

• ピザを食べる時、炭酸飲料を飲みます。 피자를 먹을 때 탄산음료를 마십니다.
• このコーヒーは酸っぱい味がします。 이 커피는 신맛이 납니다.

殺
죽일 살 　殺
10획 | N2

음 さつ、さい、せつ

殺人 살인　　相殺 상쇄　　殺生 살생

훈 ころす

殺す 죽이다, 약화시키다

• 警察が殺人事件を調べています。 경찰이 살인 사건을 조사하고 있습니다.
• 生き物を殺してはいけません。 살아 있는 것을 죽여서는 안 됩니다.

0724

状

형상 상/문서 장 状

7획 | N2

- 음 じょう

状態 상태　状況 상태　招待状 초대장

- 通信状態がよくないです。 통신 상태가 좋지 않습니다.
- 招待状がないと入場できない。 초대장이 없으면 입장 못 한다.

0725

常

항상 상

11획 | N3

- 음 じょう

常温 상온　常識 상식　日常 일상

- 훈 つね、とこ

常 항상, 늘　常夏 상하, 늘 여름임

- 日常を動画で記録します。 일상을 동영상으로 기록합니다.
- 彼は常に一生懸命です。 그는 항상 열심히 합니다.

0726

賞

상줄 상

12획 | N2

- 음 しょう

賞金 상금　鑑賞 감상　入賞 입상

- 優勝者には賞金を与えます。 우승자에게는 상금을 드립니다.
- 芸術作品を鑑賞する機会がありません。 예술 작품을 감상할 기회가 없습니다.

0727

象

코끼리 상

12획 | N2

- 음 しょう、ぞう

対象 대상　印象 인상　象 코끼리

- 第一印象は大事です。 첫인상은 중요합니다.
- ガネーシャは象の頭を持ったインドの神様である。
  가네샤는 코끼리 머리를 가진 인도의 신이다.

0728

像

모양 상

14획 | N2

- 음 ぞう

画像 화상　想像 상상　映像 영상

- グーグルで画像検索をする。 구글에서 이미지 검색을 하다.
- 子供は想像力が豊かです。 아이들은 상상력이 풍부합니다.

0729

음 じょ　　序曲 서곡　序列 서열　秩序 질서

• 組織には序列があります。 조직에는 서열이 있습니다.
• 社会の秩序と法律は守らなければならない。
　사회 질서와 법률은 지키지 않으면 안 된다.

차례 서
7획 | N1

0730

음 せつ　　設立 설립　設定 설정　建設 건설

훈 もうける　　設ける 마련하다, 만들다, 설치하다

• ここに高層ビルが建設される予定です。 이곳에 고층 빌딩이 건설될 예정입니다.
• イベントブースを設けました。 이벤트 부스를 설치했습니다.

베풀 설
11획 | N2

0731

음 せい、しょう、じょう　　理性 이성　相性 궁합이 잘 맞음, 성격이 잘 맞음
　　　　　　　　　　　　　　根性 근성

• 彼女は理性的な人です。 그녀는 이성적인 사람입니다.
• チキンはビールと相性が良いです。 치킨은 맥주와 궁합이 좋습니다.

성품 성
8획 | N2

0732

음 ぜい　　税金 세금　免税 면세　納税 납세

• これは税金とサービス料金が含まれた価格です。
　이것은 세금과 서비스 요금이 포함된 가격입니다.
• 免税店で化粧品を買いました。 면세점에서 화장품을 샀습니다.

세금 세　税
12획 | N3

0733

음 せい　　勢力 세력　優勢 우세　運勢 운세, 운수

훈 いきおい　　勢い 기세, 세력, 기운

• こちらのチームの方が優勢です。 이쪽 팀이 우세합니다.
• 水を勢いよく出す。 물을 세차게 틀다.

형세 세
13획 | N2

0734 ☐☐

素
본디 소
10획 | N1

㉠ そ、す

素材 소재　　要素 요소　　素直 솔직함, 순수함

• 新素材を輸入するのに許可が要ります。 신소재를 수입하는 데 허가가 필요합니다.
• 彼女の素直さが好きです。 그녀의 솔직함이 좋습니다.

0735 ☐☐

属
무리 속　屬
12획 | N2

㉠ ぞく

属性 속성　　金属 금속　　所属 소속

• 金属アレルギーの原因がわかりません。 금속 알레르기의 원인을 모르겠습니다.
• 私は大学所属のゴルフ選手です。 저는 대학 소속 골프 선수입니다.

0736 ☐☐

損
덜 손
13획 | N2

㉠ そん

損害 손해　　損失 손실　　破損 파손

㉡ そこなう

損なう 파손하다, 손상하다

　 そこねる

損ねる 상하게 하다, 해치다

• 金銭的な損失が大きいです。 금전적인 손실이 큽니다.
• 相手の気分を損ねたのであやまりました。 상대의 기분을 상하게 해서 사과했습니다.

0737 ☐☐

率
거느릴 솔/비율 률(율)
11획 | N2

㉠ そつ、りつ

率先 솔선　　引率 인솔　　比率 비율

㉡ ひきいる

率いる 거느리다, 이끌다, 인솔하다

• 他の会社に比べて女性の比率が高いです。 다른 회사에 비해 여성의 비율이 높습니다.
• 先生が学生たちを率いています。 선생님께서 학생들을 인솔하고 계십니다.

0738 ☐☐

修
닦을 수
10획 | N2

㉠ しゅう、しゅ

修学旅行 수학여행　　修正 수정　　修行 수행

㉡ おさめる

修める 닦다, 수양하다

　 おさまる

修まる 좋아지다, 행실이 바로 잡히다

• 修学旅行は大阪に行きます。 수학여행은 오사카로 갑니다.
• 身と心を修めます。 몸과 마음을 수양합니다.

0739

줄 수
11획 | N3

(음) じゅ

授業 수업　　教授 교수　　伝授 전수

(훈) さずける、さずかる

授ける 주다, 하사하다　　授かる 내려주시다

- 日本語の授業は楽しいです。 일본어 수업은 즐겁습니다.
- 王が臣下に刀を授けました。 왕이 신하에게 칼을 하사했습니다.

0740

보낼 수　輸
16획 | N2

(음) ゆ

輸送 수송　　輸出 수출　　密輸 밀수

- 半導体を海外に輸出します。 반도체를 해외에 수출합니다.
- 不法薬物を密輸した犯人を捕まえました。 불법 약물을 밀수한 범인을 붙잡았습니다.

0741

펼 술
8획 | N2

(음) じゅつ

述語 술어　　口述 구술　　記述 기술

(훈) のべる

述べる 말하다, 진술하다

- 今回は口述試験があります。 이번에는 구술 시험이 있습니다.
- 彼は事件について述べました。 그는 사건에 대해 진술했습니다.

0742

재주 술
11획 | N2

(음) じゅつ

手術 수술　　芸術 예술　　技術 기술

- 彼に(は)芸術的感覚がありますね。 그에게(는) 예술적 감각이 있네요.
- 技術の発展が早いです。 기술의 발전이 빠릅니다.

0743

보일 시
5획 | N3

(음) じ、し

指示 지시　　展示 전시　　示唆 시사

(훈) しめす

示す 가리키다, 보이다

- 部長から指示を受けました。 부장님으로부터 지시를 받았습니다.
- 子供は車に興味を示した。 아이는 자동차에 흥미를 보였다.

識
알 식
19획 | N2

음 しき　　識別 식별식　　知識 지식　　認識 인식

- 本を読むと知識が深まる。책을 읽으면 지식이 깊어진다.
- ひとみを認識してドアが開きます。동공을 인식하여 문이 열립니다.

眼
눈 안
11획 | N1

음 がん　　眼球 안구　　着眼 착안　　近眼 근시

훈 まなこ　　血眼 혈안

특 眼鏡 안경

- 眼球検査をしました。안구 검사를 했습니다.
- 血眼になって容疑者を探しています。혈안이 되어 용의자를 찾고 있습니다.

圧
누를 압　壓
5획 | N2

음 あつ　　圧力 압력　　圧勝 압승　　気圧 기압

- 圧力なべでご飯を炊きます。압력솥으로 밥을 짓습니다.
- 気圧の影響で、頭が痛いです。기압의 영향으로 머리가 아픕니다.

液
진 액
11획 | N2

음 えき　　液体 액체　　血液 혈액　　胃液 위액

- 氷が溶けると液体になります。얼음이 녹으면 액체가 됩니다.
- O型の血液がすぐに必要です。O형 혈액이 당장 필요합니다.

額
이마 액
18획 | N2

음 がく　　額縁 액자　　金額 금액　　差額 차액

훈 ひたい　　額 이마

- 買い物した合計金額は100ドルです。쇼핑한 총금액은 100달러입니다.
- 額が広いのがコンプレックスです。이마가 넓은 것이 콤플렉스입니다.

0749 ☐☐

桜
앵두나무 앵 櫻
10획 | N1

(음) おう

桜花 벚꽃

(훈) さくら

桜 벚나무, 벚꽃   桜色 연분홍색

• 春風にゆれる桜花が美しい。 봄바람에 흔들리는 벚꽃이 예쁘다.
• 一晩で桜の花が満開になりました。 하룻밤 사이에 벚꽃이 만개했습니다.

0750 ☐☐

余
남을 여 餘
7획 | N3

(음) よ

余地 여지   余裕 여유   残余 잔여

(훈) あまる、あます

余る 남다, (어떤 수량을) 넘다   余す 남기다

• 時間の余裕がなくて会えません。 시간 여유가 없어서 만날 수 없습니다.
• 余ったりんごでジャムを作りました。 남은 사과로 잼을 만들었습니다.

0751 ☐☐

易
바꿀 역/쉬울 이
8획 | N3

(음) えき、い

貿易 무역   容易 용이   安易 안이

(훈) やさしい

易しい 쉽다

• 貿易会社に勤めています。 무역 회사에 근무하고 있습니다.
• 英語は易しくありません。 영어는 쉽지 않습니다.

0752 ☐☐

逆
거스를 역
9획 | N2

(음) ぎゃく

逆説 역설   逆転 역전   反逆 반역

(훈) さか、さからう

逆立ち 물구나무서기   逆らう 거스르다, 거역하다

• 試合が逆転されました。 시합이 역전되었습니다.
• 親に逆らって怒られました。 부모님께 거역해서 혼났습니다.

0753 ☐☐

演
펼 연
14획 | N2

(음) えん

演技 연기   演奏 연주   公演 공연

• 来週、ピアノの演奏会があります。 다음 주에 피아노 연주회가 있습니다.
• 広場で無料公演をしています。 광장에서 무료 공연을 하고 있습니다.

0754

音 ねん

燃料 연료　　燃費 연비　　可燃性 가연성

訓 もえる

燃える 타다

もやす

燃やす 불태우다

탈 연

16획 | N2

・飛行機に燃料を供給します。 비행기에 연료를 공급합니다.

・燃えるゴミはここに捨ててください。 타는 쓰레기는 여기에 버려 주세요.

0755

音 えい

永久 영구　　永住 영주　　永続 영속

訓 ながい

永い 영원하다, 아주 오래다

길 영

5획 | N2

・アメリカの永住権を取得しました。 미국의 영주권을 취득했습니다.

・末永くお幸せに。 오래 오래 행복하세요.

0756

音 えい

営業 영업　　経営 경영　　公営 공영

訓 いとなむ

営む 경영하다

경영할 영　営

12획 | N2

・営業日はホームページをご確認ください。 영업일은 홈페이지를 확인해 주세요.

・母はカフェを営んでいます。 어머니는 카페를 경영합니다.

0757

音 おう

往復 왕복　　往来 왕래　　右往左往 우왕좌왕

갈 왕

8획 | N2

・学校は往復２時間ぐらいかかります。 학교는 왕복 2시간 정도 걸립니다.

・ふだんから隣とよく往来しています。 평소부터 이웃과 자주 왕래합니다.

0758

音 よう

美容 미용　　内容 내용　　収容 수용

얼굴 용

10획 | N3

・最近、メンズ美容グッズが結構売れるようになった。
최근 남자 미용 상품이 꽤 팔리게 되었다.

・小説の内容が面白いです。 소설 내용이 재미있습니다.

0759

囲

둘레 위 | 圍

7획 | N2

㉚ い

㉙ かこむ、かこう

周囲 주위 　 包囲 포위 　 範囲 범위

囲む 둘러싸다 　 囲う 둘러싸다, 숨겨 두다

• 警察が犯人を包囲しました。 경찰이 범인을 포위했습니다.
• 山に囲まれた都市に住んでいます。 산에 둘러싸인 도시에 살고 있습니다.

0760

衛

지킬 위

16획 | N1

㉚ えい

衛星 위성 　 衛生 위생 　 護衛 호위

• いつも衛生管理に気をつけています。 항상 위생 관리에 주의하고 있습니다.
• 大統領の護衛は特別に選ばれた人たちがします。
　 대통령의 호위는 특별히 선택받은 사람들이 합니다.

0761

応

응할 응 | 應

7획 | N3

㉚ おう

㉙ こたえる

㉙ 反応 반응

応用 응용 　 応募 응모 　 一応 일단

応える 응하다, 반응하다

• 祭りでイベントに応募しました。 축제에서 이벤트에 응모했습니다.
• 子犬がえさに反応しました。 강아지가 먹이에 반응했습니다.

0762

義

옳을 의

13획 | N1

㉚ ぎ

義理 의리 　 正義 정의 　 意義 의의, 뜻

• 姉が結婚して義理の兄ができた。 언니(누나)가 결혼해서 형부(매형)가 생겼다.
• 彼らは正義のために戦う。 그들은 정의를 위해 싸운다.

0763

移

옮길 이

11획 | N3

㉚ い

㉙ うつる、うつす

移住 이주 　 移民 이민 　 転移 전이

移る 이동하다, 변하다 　 移す 옮기다

• アメリカは移民大国と呼ばれます。 미국은 이민 대국이라고 불립니다.
• ここはうるさいから席を移しましょう。 여기는 시끄러우니까 자리를 옮깁시다.

0764

음 えき、やく

有益 유익　　ご利益 공덕, 부처님의 은혜

• 本は友であり有益な趣味でもある。 책은 벗이기도 하고 유익한 취미이기도 하다.
• 仏様のご利益で、念願が叶いました。 부처님의 은혜 덕분에 염원이 이루어졌습니다.

더할 익　益

10획 | N1

0765

음 いん

因果 인과　　要因 요인　　原因 원인

훈 よる

因る 의하다, 원인이 되다

• 彼女の成功要因は何ですか。 그녀의 성공 요인은 무엇입니까?
• 風邪に因る熱で欠席しました。 감기로 인한 열 때문에 결석했습니다.

인할 인

6획 | N2

0766

음 にん

任期 임기　　任務 임무　　責任 책임

훈 まかせる、まかす

任せる 맡기다　　任す 맡기다

• 秘密任務を果たしました。 비밀 임무를 완수하였습니다.
• その仕事は私に任せてください。 그 일은 저에게 맡겨 주세요.

맡길 임

6획 | N2

쏙쏙 확인해 보자!

아래의 한자를 보고 빈칸에 읽는 법과 뜻을 써 봅시다.

한자	읽는 법	뜻
예 教師	きょうし	교사
01 素材		
02 有益		
03 相性		
04 輸出		
05 比率		
06 衛生		
07 応募		
08 貿易		
09 免税		
10 任務		
11 歴史		
12 正義		
13 授業		
14 液体		
15 飼育		

정답

01 そざい 소재 02 ゆうえき 유익 03 あいしょう 궁합이 잘 맞음, 성격이 잘 맞음 04 ゆしゅつ 수출 05 ひりつ 비율
06 えいせい 위생 07 おうぼ 응모 08 ぼうえき 무역 09 めんぜい 면세 10 にんむ 임무
11 れきし 역사 12 せいぎ 정의 13 じゅぎょう 수업 14 えきたい 액체 15 しいく 사육

📍 필순은 별책 부록 쓰기 노트에 있습니다.

0767 ☐☐ --

資
재물 자
13획 | N2

🔊 し

資本 자본　　資格 자격　　物資 물자

• 会社の応募資格は大卒以上です。 회사의 응모 자격은 대졸 이상입니다.
• 災害地に生活物資を送りました。 재해지에 생활 물자를 보냈습니다.

0768 ☐☐ --

雑
섞일 잡　[雑]
14획 | N2

🔊 ざつ、ぞう

複雑 복잡　　雑草 잡초　　雑巾 걸레

🔊 ざ

雑魚 잡어

• 庭にある雑草を抜きました。 정원에 있는 잡초를 뽑았습니다.
• 雑巾で床をふきました。 걸레로 바닥을 닦았습니다.

0769 ☐☐ --

張
베풀 장
11획 | N2

🔊 ちょう

張力 장력　　拡張 확장　　主張 주장

🔊 はる

張る 뻗다, 펴다, 팽팽해지다

• 事業を拡張するつもりです。 사업을 확장할 생각입니다.
• 胸を張ってストレッチングをします。 가슴을 펴고 스트레칭을 합니다.

0770 ☐☐ --

再
두 재
6획 | N2

🔊 さい、さ

再現 재현　　再生 재생　　再来週 다다음 주

🔊 ふたたび

再び 다시, 재차

• 再来週家族旅行に行きます。 다다음 주에 가족 여행을 갑니다.
• こんなことが再び起こらないことを祈る。 이런 일이 재차 일어나지 않을 것을 기원한다.

0771 ☐☐ --

在
있을 재
6획 | N3

🔊 ざい

在庫 재고　　在宅 재택　　存在 존재

🔊 ある

在る 있다, 존재하다

• 人間は価値のある存在です。 인간은 가치 있는 존재입니다.
• 本社は東京に在ります。 본사는 도쿄에 있습니다.

災

재앙 재

7획 | N2

- 음 さい
- 훈 わざわい

災害 재해　　災難 재난　　火災 화재

災い 재난, 화

- 火災が発生したら、すぐに避難してください。 화재가 발생하면 바로 대피해 주세요.
- 「災い転じて福となす」 재난을 바꾸어 복이 되게 하다, 전화위복이 되다。

財

재물 재

10획 | N2

- 음 さい、ざい

財布 지갑　　財団 재단　　文化財 문화재

- 財布にはカードも入っています。 지갑에는 카드도 들어 있습니다.
- 文化財がよく保管されています。 문화재가 잘 보관되어 있습니다.

貯

쌓을 저

12획 | N3

- 음 ちょ

貯蓄 저축　　貯金 저금　　貯蔵 저장

- 未来のために貯蓄しています。 미래를 위하여 저축하고 있습니다.
- 毎日こつこつと貯金しています。 매일 꾸준히 저금하고 있습니다.

適

맞을 적

14획 | N2

- 음 てき

適切 적절　　適当 적당　　快適 쾌적

- にんじんを適当な大きさに切ってください。 당근을 적당한 크기로 잘라 주세요.
- きれいで快適なお部屋ですね。 깨끗하고 쾌적한 방이네요.

績

길쌈할 적

17획 | N2

- 음 せき

成績 성적　　業績 업적　　実績 실적

- 塾に行ってから成績が上がりました。 학원에 가고 나서 성적이 올랐습니다.
- この頃会社の業績が落ちている。 요즘 회사 업무 실적이 떨어지고 있다.

絶

끊을 절

12획 | N2

(음) ぜつ 絶交 절교 絶妙 절묘 断絶 단절

(훈) たえる 絶える 끊어지다, 끝나다

たやす 絶やす 끊어지게 하다, 끊다, 없애다

たつ 絶つ 끊다, 없애다

• その時彼は絶妙なタイミングで現れた。 그때 그는 절묘한 타이밍에 나타났다.
• 国際紛争が絶えない。 국제 분쟁이 끊이지 않는다.

接

이을 접

11획 | N2

(음) せつ 接点 접점 接待 접대 直接 직접

(훈) つぐ 接ぐ 접목하다, 이어 붙이다

• 招待した客を接待しました。 초대한 손님을 접대했습니다.
• 本人から直接聞きました。 본인한테서 직접 들었습니다.

停

머무를 정

11획 | N3

(음) てい 停車 정차 停留 정류, 정거 調停 조정, 중재

• あそこに停留所が見えます。 저기에 정류소가 보입니다.
• 労働調停委員会が開かれました。 노동 조정 위원회가 열렸습니다.

情

뜻 정

11획 | N2

(음) じょう、せい 情報 정보 友情 우정 風情 운치

(훈) なさけ 情け 정, 인정, 자비

• 求人情報を集めています。 구인 정보를 수집하고 있습니다.
• 彼女は情け深い人です。 그녀는 정이 깊은 사람입니다.

政

정사 정

9획 | N2

(음) せい、しょう 政権 정권 行政 행정 摂政 섭정

(훈) まつりごと 政 마쓰리고토(영토와 국민을 통치함), 국정

• 幕府時代は武士が政権を取っていた。 막부 시대는 무사가 정권을 잡고 있었다.
• 「政」は「神をまつる」ことから来た言葉です。
'마쓰리고토'는 '신을 모시다'에서 유래한 말입니다.

0782 ☐☐

程
한도 정
12획 | N2

- 음 てい
- 훈 ほど

程度 정도　　過程 과정　　日程 일정

程 한계, 정도

- 結果より過程が重要です。 결과보다 과정이 중요합니다.
- 毎日30分程歩くと健康になります。 매일 30분 정도 걸으면 건강해집니다.

0783 ☐☐

精
정할 정
14획 | N2

- 음 せい、しょう

精神 정신　　精密 정밀　　精進 정진

- 精密な作業をするために照明が必要です。
  정밀한 작업을 하기 위해서 조명이 필요합니다.
- 毎日研究に精進しています。 매일 연구에 정진하고 있습니다.

0784 ☐☐

提
끌 제
12획 | N2

- 음 てい
- 훈 さげる

提案 제안　　提供 제공　　前提 전제

提げる (손에) 들다

- ドリンク一杯、無料で提供します。 음료 한 잔, 무료로 제공합니다.
- 大きいかばんを提げてどこに行くのですか。 큰 가방을 들고 어디에 갑니까?

0785 ☐☐

制
절제할 제
8획 | N2

- 음 せい

制限 제한　　統制 통제　　規制 규제

- この道は制限速度があります。 이 길은 제한 속도가 있습니다.
- マラソンのため、交通を規制しています。
  마라톤으로 인해 교통을 통제하고 있습니다.

0786 ☐☐

製
지을 제
14획 | N2

- 음 せい

製品 제품　　製造 제조　　特製 특제

- 牛乳の製造工場を見学しました。 우유의 제조 공장을 견학했습니다.
- 特製ソースを使ってパスタを作りました。
  특제 소스를 사용하여 파스타를 만들었습니다.

際

즈음 제

14획 | N2

음 さい　　交際 교제　　国際 국제

훈 きわ　　際 가장자리, 직전　　窓際 창가　　手際 솜씨, 수완

• 結婚を前提に交際している人がいます。 결혼을 전제로 교제하고 있는 사람이 있습니다.

• 窓際の席に座りたいです。 창가 자리에 앉고 싶습니다.

0788

祖

할아버지 조/조상 조　祖

9획 | N2

음 そ　　祖母 조모, 할머니　　祖国 조국　　元祖 원조

• 祖国を離れて外国に住んでいます。 조국을 떠나 외국에서 살고 있습니다.

• ここがとんこつラーメンの元祖といわれる店です。
여기가 돈코쓰 라멘의 원조라 불리는 가게입니다.

0789

造

지을 조

10획 | N3

음 ぞう　　造花 조화　　構造 구조　　創造 창조

훈 つくる　　造る 만들다, 짓다, 꾸미다

• 造花がまるで生花のようです。 조화가 마치 생화인 것 같습니다.

• 新しい家に庭を造っています。 새 집에 정원을 꾸미고 있습니다.

0790

条

조목 조　條

7획 | N2

음 じょう　　条約 조약　　不条理 부조리　　箇条 조항, 항목

• 休戦条約を結びました。 휴전 조약을 맺었습니다.

• 箇条書きをよく読んでください。 조항별로 쓴 것을 잘 읽어 주세요.

0791

罪

허물 죄

13획 | N2

음 ざい　　犯罪 범죄　　謝罪 사죄　　無罪 무죄

훈 つみ　　罪 죄

• 彼は自分のミスを謝罪しました。 그는 자신의 실수를 사죄했습니다.

• 彼女は重い罪を犯しました。 그녀는 무거운 죄를 저질렀습니다.

0792 ☐☐

準
준할 준
13획 | N2

음 じゅん

<ruby>準備<rt>じゅんび</rt></ruby> 준비　　<ruby>標準<rt>ひょうじゅん</rt></ruby> 표준　　<ruby>水準<rt>すいじゅん</rt></ruby> 수준

• プールに<ruby>入<rt>はい</rt></ruby>る<ruby>前<rt>まえ</rt></ruby>に<ruby>準備運動<rt>じゅんびうんどう</rt></ruby>をします。 수영장에 들어가기 전에 준비 운동을 합니다.

• <ruby>標準<rt>ひょうじゅん</rt></ruby><ruby>体重<rt>たいじゅう</rt></ruby>を<ruby>計算<rt>けいさん</rt></ruby>する<ruby>方法<rt>ほうほう</rt></ruby>があります。 표준 체중을 계산하는 방법이 있습니다.

0793 ☐☐

証
증거 증　證
12획 | N2

음 しょう

<ruby>証言<rt>しょうげん</rt></ruby> 증언　　<ruby>証拠<rt>しょうこ</rt></ruby> 증거　　<ruby>免許証<rt>めんきょしょう</rt></ruby> 면허증

• <ruby>裁判所<rt>さいばんしょ</rt></ruby>で<ruby>証拠<rt>しょうこ</rt></ruby>を<ruby>調<rt>しら</rt></ruby>べています。 재판소에서 증거를 조사하고 있습니다.

• <ruby>運転免許証<rt>うんてんめんきょしょう</rt></ruby>を<ruby>見<rt>み</rt></ruby>せてください。 운전면허증을 보여 주세요.

0794 ☐☐

増
더할 증　増
14획 | N3

음 ぞう

<ruby>増量<rt>ぞうりょう</rt></ruby> 증량　　<ruby>増加<rt>ぞうか</rt></ruby> 증가　　<ruby>急増<rt>きゅうぞう</rt></ruby> 급증

훈 ます

<ruby>増<rt>ま</rt></ruby>す 커지다, 늘다

　　ふえる

<ruby>増<rt>ふ</rt></ruby>える 늘다, 증가하다

　　ふやす

<ruby>増<rt>ふ</rt></ruby>やす 늘리다

• <ruby>先月<rt>せんげつ</rt></ruby>より<ruby>会員<rt>かいいん</rt></ruby>が<ruby>増加<rt>ぞうか</rt></ruby>しました。 지난달보다 회원이 증가했습니다.

• <ruby>旅客<rt>りょかく</rt></ruby>の<ruby>定員<rt>ていいん</rt></ruby>を<ruby>増<rt>ふ</rt></ruby>やしました。 여객의 정원을 늘렸습니다.

0795 ☐☐

志
뜻 지
7획 | N1

음 し

<ruby>志願<rt>しがん</rt></ruby> 지원　　<ruby>志望<rt>しぼう</rt></ruby> 지망　　<ruby>意志<rt>いし</rt></ruby> 의지, 뜻

훈 こころざす、こころざし　<ruby>志<rt>こころざ</rt></ruby>す 뜻하다, 뜻을 두다　　<ruby>志<rt>こころざし</rt></ruby> 뜻, 마음

• <ruby>彼<rt>かれ</rt></ruby>は<ruby>子供<rt>こども</rt></ruby>のころから<ruby>作家志望<rt>さっかしぼう</rt></ruby>でした。 그는 어렸을 때부터 작가 지망생이었습니다.

• <ruby>志<rt>こころざし</rt></ruby>は<ruby>高<rt>たか</rt></ruby>く<ruby>持<rt>も</rt></ruby>て。 뜻은 크게 가져라.

0796 ☐☐

支
지탱할 지
4획 | N3

음 し

<ruby>支持<rt>しじ</rt></ruby> 지지　　<ruby>支店<rt>してん</rt></ruby> 지점　　<ruby>支障<rt>ししょう</rt></ruby> 지장, 차질

훈 ささえる

<ruby>支<rt>ささ</rt></ruby>える 버티다, 유지하다, 떠받치다

• <ruby>彼女<rt>かのじょ</rt></ruby>の<ruby>意見<rt>いけん</rt></ruby>を<ruby>支持<rt>しじ</rt></ruby>します。 그녀의 의견을 지지합니다.

• <ruby>手<rt>て</rt></ruby>で<ruby>箱<rt>はこ</rt></ruby>を<ruby>支<rt>ささ</rt></ruby>えています。 손으로 상자를 받치고 있습니다.

枝
가지 지

8획 | N2

음 し
枝葉 ^{しよう} 가지와 잎, 지엽　楊枝 ^{ようじ} 이쑤시개

음 えだ
枝 ^{えだ} 가지, 갈래　枝豆 ^{えだまめ} 풋콩　枝道 ^{えだみち} 샛길, 옆길

• 祖父が楊枝を使います。 할아버지께서 이쑤시개를 쓰십니다.

• 木の枝を折らないでください。 나뭇가지를 꺾지 마세요.

織
짤 직

18획 | N1

음 しょく、しき
織機 ^{しょっき} 직기, 베틀　組織 ^{そしき} 조직

훈 おる
織る ^お (옷감을) 짜다

• 様々な動物の神経組織を研究しています。
다양한 동물의 신경 조직을 연구하고 있습니다.

• 着物の布を自分で織りました。 기모노의 천을 직접 짰습니다.

職
직분 직

18획 | N2

음 しょく
職場 ^{しょくば} 직장　職業 ^{しょくぎょう} 직업　就職 ^{しゅうしょく} 취직

• 今の職業を教えてください。 현재의 직업을 알려 주세요.

• 就職活動を始めました。 취직 활동을 시작했습니다.

質
바탕 질

15획 | N4

음 しつ、しち、ち
質問 ^{しつもん} 질문　人質 ^{ひとじち} 인질, 볼모　言質 ^{げんち} 언질

• 先生に質問をしました。 선생님에게 질문을 했습니다.

• 警察が人質を救いました。 경찰이 인질을 구출했습니다.

賛
도울 찬　贊

15획 | N2

음 さん
賛成 ^{さんせい} 찬성　賛否 ^{さんぴ} 찬반　絶賛 ^{ぜっさん} 절찬, 극찬

• 彼の意見に賛成します。 그의 의견에 찬성합니다.

• ハリウッド映画が絶賛上映中です。 할리우드 영화가 절찬 상영 중입니다.

218

0802

採
캘 채
11획 | N2

- (음) さい 　採集 채집　採用 채용　採点 채점
- (훈) とる　　採る 뽑다, 채집하다, 채용하다
- 店員を三人採用しました。 점원을 세 명 채용했습니다.
- 病院で血を採りました。 병원에서 피를 뽑았습니다.

0803

責
꾸짖을 책
11획 | N2

- (음) せき、しゃく　　責任 책임　職責 직책　呵責 가책
- (훈) せめる　　責める 책망하다, 나무라다, 꾸짖다
- 私がこのプロジェクトの責任者です。 제가 이 프로젝트의 책임자입니다.
- 自分を責めるのはよくない。 자신을 책망하는 것은 좋지 않다.

0804

妻
아내 처
8획 | N3

- (음) さい　　妻子 처자　夫妻 부부　愛妻 애처
- (훈) つま　　妻 처, 아내　人妻 유부녀
- 友人夫妻と旅行に行きました。 친구 부부와 여행을 갔습니다.
- 僕の妻は3歳年下です。 저의 아내는 3살 연하입니다.

0805

招
부를 초
8획 | N3

- (음) しょう　　招待 초대　招請 초청　招集 소집
- (훈) まねく　　招く 손짓하여 부르다, 초대하다
- 友達をパーティーに招待しました。 친구를 파티에 초대했습니다.
- 先生のお宅に招かれました。 선생님 댁에 초대받았습니다.

0806

総
거느릴 총　總
14획 | N2

- (음) そう　　総合 종합　総括 총괄　総理 총리
- 駅の近くに総合病院があります。 역 근처에 종합 병원이 있습니다.
- 私が経理部の総括責任者です。 제가 경리부의 총괄 책임자입니다.

築
쌓을 축
16획 | N2

- (음) ちく　　建築 건축　　新築 신축　　改築 개축
- (훈) きずく　　築く 쌓다, 구축하다

• 新築した家へ引越しました。 신축한 집으로 이사했습니다.
• 安全のためにバリケードを築きました。 안전을 위해서 바리케이드를 쌓았습니다.

則
법칙 칙
9획 | N3

- (음) そく　　規則 규칙　　法則 법칙　　反則 반칙

• 規則を守らなければなりません。 규칙을 지키지 않으면 안 됩니다(지켜야 합니다).
• 物理で万有引力の法則を学びました。 물리에서 만유인력의 법칙을 배웠습니다.

測
헤아릴 측
12획 | N2

- (음) そく　　測量 측량　　推測 추측　　予測 예측
- (훈) はかる　　測る (길이, 깊이 등을) 재다

• このデータだけでは、原因が推測できない。
　이 데이터만으로는 원인을 추측할 수 없다.
• 池の深さを測ってみよう。 연못의 깊이를 재 보자.

快
쾌할 쾌
7획 | N2

- (음) かい　　快速 쾌속　　快活 쾌활　　明快 명쾌
- (훈) こころよい　　快い 유쾌하다, 즐겁다, 기분 좋다

• 彼女は快活な性格です。 그녀는 쾌활한 성격입니다.
• 彼は私のことを快く思っていないらしい。
　그는 나를 기분 좋게 생각하지 않는 것 같다.

態
모습 태
14획 | N2

- (음) たい　　態度 태도　　生態 생태　　変態 변태

• 子供の学習態度がいいです。 아이의 학습 태도가 좋습니다.
• 生態系破壊の原因を調べます。 생태계 파괴의 원인을 조사합니다.

0812 ☐☐

統

거느릴 통

12획 | N1

음 とう

統一 통일　　統合 통합　　伝統 전통

훈 すべる

統べる 총괄하다, 지배하다

• ドイツは1990年に公式に統一された。 독일은 1990년에 공식적으로 통일되었다.
• 昔は王が国を統べました。 옛날에는 왕이 나라를 다스렸습니다.

0813 ☐☐

破

깨뜨릴 파

10획 | N3

음 は

破産 파산　　破壊 파괴　　突破 돌파

훈 やぶる、やぶれる

破る 찢다, 부수다, 깨다　　破れる 찢어지다, 깨지다

• 環境を破壊してはいけません。 환경을 파괴해서는 안 됩니다.
• 彼女からの手紙を破りました。 그녀로부터 받은 편지를 찢었습니다.

0814 ☐☐

判

판단할 판　判

7획 | N2

음 はん、ばん

判断 판단　　判明 판명　　裁判 재판

• 彼の無罪が判明しました。 그의 무죄가 판명되었습니다.
• その事件の刑事裁判が始まりました。 그 사건의 형사 재판이 시작되었습니다.

0815 ☐☐

版

판목 판

8획 | N2

음 はん

版画 판화　　版権 판권　　出版 출판

• 版画の展示会が開かれました。 판화 전시회가 열렸습니다.
• 今年初めて小説を出版しました。 올해 처음으로 소설을 출판했습니다.

0816 ☐☐

編

엮을 편

15획 | N2

음 へん

編集 편집　　長編 장편　　短編 단편

훈 あむ

編む 엮다, 뜨다

• 動画を編集してブログに載せます。 동영상을 편집해서 블로그에 올립니다.
• 彼にプレゼントするマフラーを編みました。 그에게 선물할 목도리를 떴습니다.

0817

評

평할 평 | 評

12획 | N2

음 ひょう

評判 평판   書評 서평   論評 논평

• あの映画は評判がいいです。 그 영화는 평판이 좋습니다.
• その本についての論評は好意的だった。 그 책에 대한 논평은 호의적이었다.

0818

布

베 포

5획 | N3

음 ふ

布団 이불   財布 지갑   分布 분포

훈 ぬの

布地 천

• 電車の中で財布を落としました。 전차 안에서 지갑을 잃어버렸습니다.
• 洋服の布地の一部がボロボロになった。 양복 천의 일부가 너덜너덜해졌다.

0819

暴

사나울 폭

15획 | N2

음 ぼう、ばく

暴言 폭언   乱暴 난폭   暴露 폭로

훈 あばく、あばれる

暴く 파헤치다, 폭로하다   暴れる 난폭하게 굴다

• 彼の暴言は度が過ぎました。 그의 폭언은 도가 지나쳤습니다.
• 事件の真実を暴きました。 사건의 진실을 폭로했습니다.

0820

豊

풍년 풍

13획 | N3

음 ほう

豊作 풍작   豊富 풍부   豊満 풍만, 풍성

훈 ゆたか

豊か 풍부함, 풍족함

• 今年は農作物が豊作です。 올해는 농작물이 풍작입니다.
• 野菜は栄養が豊かです。 채소는 영양이 풍부합니다.

0821

河

물 하

8획 | N2

음 か

河川 하천   運河 운하   氷河 빙하

훈 かわ

河 하천, 강   河原 강가의 모래밭

• 家の近くに一級河川があります。 집 근처에 일급 하천이 있습니다.
• 河原の石を持って帰ってはいけません。 강가 모래밭의 돌을 갖고 돌아가면 안 됩니다.

0822

限
한할 한
9획 | N2

- (음) げん 　限定 한정　限度 한도, 한계　期限 기한
- (훈) かぎる 　限る 경계 짓다, 제한하다
- 食パンの賞味期限は今日までです。 식빵의 유통 기한은 오늘까지입니다.
- 参加人員は二人に限ります。 참가 인원은 두 명으로 제한하겠습니다.

0823

航
배 항
10획 | N2

- (음) こう 　航海 항해　航空 항공　欠航 결항
- 航空会社に就職しました。 항공사에 취직했습니다.
- 嵐のため、欠航になりました。 폭풍우로 인해 결항되었습니다.

0824

解
풀 해
13획 | N3

- (음) かい、げ 　解説 해설　理解 이해　解熱剤 해열제
- (훈) とく 　解く 풀다
- 　　とかす 　解かす (머리를) 빗다
- 　　とける 　解ける 풀리다, 해제되다
- 彼の説明はよく理解できます。 그의 설명은 잘 이해됩니다.
- 数学の問題を解きました。 수학 문제를 풀었습니다.

0825

許
허락할 허
11획 | N3

- (음) きょ 　許可 허가　許容 허용　特許 특허
- (훈) ゆるす 　許す 용서하다, 허락하다
- これは特許商品です。 이것은 특허 상품입니다.
- 親が一人暮らしを許しました。 부모님이 자취를 허락했습니다.

0826

険
험할 험 　險
11획 | N3

- (음) けん 　険悪 험악　保険 보험　危険 위험
- (훈) けわしい 　険しい 험하다, 험상궂다
- 二十歳になってから健康保険に入りました。 20살이 되고 나서 건강 보험을 들었습니다.
- 山が険しいので運動靴を履いてください。 산이 험하니 운동화를 신으세요.

現

나타날 현

11획 | N3

(음) げん

(훈) あらわれる、あらわす

現金 현금　　現象 현상　　表現 표현

現れる 나타나다, 드러나다　　現す 나타내다

• 不思議な現象が起きました。 불가사의한 현상이 일어났습니다.

• 急に人が現れてびっくりしました。 갑자기 사람이 나타나서 깜짝 놀랐습니다.

型

모형 형

9획 | N3

(음) けい

(훈) かた

原型 원형　　模型 모형　　類型 유형

型 본, 형식, 틀　　血液型 혈액형

• 模型飛行機を子供に買ってあげました。 모형 비행기를 아이에게 사 주었습니다.

• 血液型で性格がわかります。 혈액형으로 성격을 알 수 있습니다.

護

도울 호

20획 | N1

(음) ご

護衛 호위　　看護 간호　　警護 경호

• 王のそばには護衛の武士がいます。 왕의 곁에는 호위 무사가 있습니다.

• 交代でおばあさんを看護します。 교대로 할머니를 간호합니다.

混

섞을 혼

11획 | N2

(음) こん

(훈) まじる

　　まざる

　　まぜる

　　こむ

混合 혼합　　混雑 혼잡　　混乱 혼란

混じる 섞이다

混ざる 섞이다

混ぜる 넣어 섞다, 혼합하다

混む 붐비다, 막히다

• 地下鉄が混雑しています。 지하철이 혼잡합니다.

• 色を混ぜると新しい色になります。 색을 섞으면 새로운 색이 됩니다.

0831 ☐☐

確

굳을 확

15획 | N3

- 음 かく

かくてい
確定 확정　　確認 확인　　正確 정확

- 훈 たしか

た し
確か 확실함, 틀림없음

たしかめる

た し
確かめる 확실히 하다, 확인하다

- よ やく　かくにん
予約を確認したいです。 예약을 확인하고 싶습니다.
- へんこう じ こう　　いち ど たし
変更事項をもう一度確かめました。 변경 사항을 다시 한 번 확인했습니다.

0832 ☐☐

効

본받을 효　効

8획 | N2

- 음 こう

こうりょく
効力 효력　　効果 효과　　発効 발효

- 훈 きく

き
効く (효과, 효능이) 듣다, 효과가 있다

- こう か
なっとうはダイエットに効果があります。 낫토는 다이어트에 효과가 있습니다.
- くすり　ず つう　　き
この薬は頭痛によく効きます。 이 약은 두통에 잘 듣습니다.

0833 ☐☐

厚

두터울 후

9획 | N2

- 음 こう

こうせい
厚生 후생　　濃厚 농후　　温厚 온후

- 훈 あつい

あつ
厚い 두껍다, 두텁다

あつかましい

あつ
厚かましい 염치없다, 뻔뻔하다

- のうこう
濃厚なスープのラーメンが好きです。 농후한 국물의 라멘을 좋아합니다.
- かん じ　じ しょ　あつ　　おも
漢字の辞書は厚くて重いです。 한자 사전은 두껍고 무겁습니다.

0834 ☐☐

興

일 흥

16획 | N1

- 음 こう、きょう

こうふん
興奮 흥분　　復興 부흥　　興味 흥미

- 훈 おこる、おこす

おこ
興る 흥하다, 일어나다　　興す 일으키다, 흥하게 하다

- に ほんぶん か　きょう み
日本文化に興味があります。 일본 문화에 흥미가 있습니다.
- さんぎょう　おこ　　くに　ゆた
産業が興って国が豊かになりました。 산업이 번성하여 나라가 부유해졌습니다.

0835 ☐☐

喜

기쁠 희

12획 | N3

- 음 き

き しょく
喜色 희색　　喜劇 희극　　悲喜 희비

- 훈 よろこぶ

よろこ
喜ぶ 기뻐하다

よろこばしい

よろこ
喜ばしい 기쁘다, 경사스럽다

- き げきはいゆう
喜劇俳優になりたいです。 희극 배우가 되고 싶습니다.
- かのじょ　　さいかい　よろこ
彼女との再会を喜びました。 그녀와의 재회를 기뻐했습니다.

쏙쏙 확인해 보자!

아래의 한자를 보고 빈칸에 읽는 법과 뜻을 써 봅시다.

한자	읽는 법	뜻
예 準備	じゅんび	준비
01 災害		
02 快適		
03 理解		
04 成績		
05 製造		
06 夫妻		
07 態度		
08 総合		
09 物資		
10 建築		
11 危険		
12 確認		
13 看護		
14 暴露		
15 元祖		

정답

01 さいがい 재해　02 かいてき 쾌적　03 りかい 이해　04 せいせき 성적　05 せいぞう 제조
06 ふさい 부부　07 たいど 태도　08 そうごう 종합　09 ぶっし 물자　10 けんちく 건축
11 きけん 위험　12 かくにん 확인　13 かんご 간호　14 ばくろ 폭로　15 がんそ 원조

✿ 밑줄 친 단어의 올바른 발음을 찾아 봅시다.

1　レポートの提出期限は今日までです。
　　① きがん　　　　② きげん　　　　③ きかん　　　　④ ぎかん

2　どちらの方が背が高いか、比べてみましょう。
　　① ならべて　　　② しらべて　　　③ はこべて　　　④ くらべて

3　私の血液型はA型です。
　　① ちえき　　　　② けつえき　　　③ じえき　　　　④ げつえき

4　学校の規則を守ってください。
　　① きそく　　　　② きゅうそく　　③ きゅうしょく　④ きしょく

5　今、トンネルを通過しました。
　　① とうか　　　　② とおか　　　　③ つうか　　　　④ ついか

6　風邪を予防するために運動をします。
　　① よぼう　　　　② ようぼう　　　③ よほう　　　　④ ようほう

7　運動量が少ないので、少し増やしてください。
　　① ひやして　　　② ついやして　　③ ふやして　　　④ もやして

8　エッセイを出版したことがあります。
　　① でばん　　　　② しゅつはん　　③ しゅっぱん　　④ ではん

9　そのホテルはルームにアメニティを備えています。
　　① そびえて　　　② つかまえて　　③ おぎなえて　　④ そなえて

10　公共の場で秩序を守りましょう。
　　① しつじょ　　　② ちつじょ　　　③ じつじょ　　　④ ぢつじょ

정답　1②　2④　3②　4①　5③　6①　7③　8③　9④　10②

⚙ 밑줄 친 단어의 올바른 한자를 찾아 봅시다.

1　忘れ物がないよう、もう一度<u>たしかめて</u>ください。
　　① 解かめて　　　② 謝かめて　　　③ 確かめて　　　④ 認かめて

2　日本の<u>こうくう</u>会社に就職しました。
　　① 航空　　　　　② 空港　　　　　③ 船空　　　　　④ 空航

3　済州島に<u>しゅうがく</u>旅行に行きました。
　　① 参学　　　　　② 衆学　　　　　③ 就学　　　　　④ 修学

4　兄が自転車を<u>かして</u>くれました。
　　① 借して　　　　② 仮して　　　　③ 返して　　　　④ 貸して

5　自分の未来を<u>そうぞう</u>してみましょう。
　　① 相象　　　　　② 想象　　　　　③ 想像　　　　　④ 相像

6　<u>ぜひ</u>うちへ遊びに来てください。
　　① 提非　　　　　② 是非　　　　　③ 提俳　　　　　④ 是俳

7　大阪までの<u>おうふく</u>切符を買いました。
　　① 往復　　　　　② 住複　　　　　③ 住復　　　　　④ 往複

8　私たちは21<u>せいき</u>を生きています。
　　① 世紀　　　　　② 世記　　　　　③ 世機　　　　　④ 世期

9　傘が<u>やぶれて</u>新しいのを買いました。
　　① 敗れて　　　　② 矢れて　　　　③ 壊れて　　　　④ 破れて

10　お客様に質の高いサービスを<u>ていきょう</u>します。
　　① 提共　　　　　② 提協　　　　　③ 提供　　　　　④ 提功

정답　1③　2①　3④　4④　5③　6②　7①　8①　9④　10③

제6장

일본 초등학교
6학년 한자
191자

일본 초등학교 6학년 한자 191자

✖ 아래는 제6장에서 배우는 한자 일람표입니다. 알고 있는 한자에 체크해 보세요.

刻 새길 **각**	閣 집 **각**	干 방패 **간**	看 볼 **간**	簡 대쪽 **간**	降 내릴 **강**/항복할 **항**	鋼 강철 **강**	激 격할 **격**	絹 비단 **견**	敬 공경 **경**
警 깨우칠 **경**/경계할 **경**	系 이어맬 **계**	届 이를 **계**	穀 곡식 **곡**	困 곤할 **곤**	骨 뼈 **골**	供 이바지할 **공**	券 문서 **권**	巻 책 **권**	権 권세 **권**
机 책상 **궤**	貴 귀할 **귀**	劇 심할 **극**	筋 힘줄 **근**	勤 부지런할 **근**	己 몸 **기**	暖 따뜻할 **난**	難 어려울 **난**	納 들일 **납**	脳 머리 **뇌**
段 층계 **단**	担 멜 **담**	党 무리 **당**	糖 엿 **당**/엿 **탕**	宅 댁 **댁**/집 **택**	卵 알 **란(난)**	乱 어지러울 **란(난)**	覧 볼 **람**	朗 밝을 **랑(낭)**	論 논할 **론(논)**
律 법칙 **률(율)**	裏 속 **리(이)**	臨 임할 **림(임)**	幕 장막 **막**	晩 늦을 **만**	亡 망할 **망**	忘 잊을 **망**	枚 낱 **매**	盟 맹세 **맹**	暮 저물 **모**
模 본뜰 **모**/모호할 **모**	密 빽빽할 **밀**	班 나눌 **반**	訪 찾을 **방**	拝 절 **배**	背 등 **배**	俳 배우 **배**	並 나란할 **병**	宝 보배 **보**	補 기울 **보**/도울 **보**
腹 배 **복**	棒 막대 **봉**	否 아닐 **부**	奮 떨칠 **분**	批 비평할 **비**	秘 숨길 **비**	私 사사 **사**	砂 모래 **사**	射 쏠 **사**	捨 버릴 **사**
詞 말 **사**	傷 다칠 **상**	署 마을 **서**/	宣 베풀 **선**	善 착할 **선**	舌 혀 **설**	盛 성할 **성**	誠 정성 **성**	聖 성인 **성**	洗 씻을 **세**
収 거둘 **수**	垂 드리울 **수**	樹 나무 **수**	熟 익을 **숙**	純 순수할 **순**	承 이을 **승**	視 볼 **시**	我 나 **아**	若 같을 **약**	厳 엄할 **엄**
域 지경 **역**	訳 통변할 **역**	延 늘일 **연**	沿 물 따라갈 **연**	染 물들 **염**	映 비칠 **영**	預 맡길 **예**/미리 **예**	誤 그르칠 **오**	欲 하고자 할 **욕**	宇 집 **우**

郵	優	源	危	胃	幼	乳	遺	恩	疑
우편 **우**	뛰어날 **우**	근원 **원**	위태할 **위**	밥통 **위**	어릴 **유**	젖 **유**	남길 **유**	은혜 **은**	의심할 **의**
異	翌	仁	認	賃	姿	磁	蚕	将	装
다를 **이**	다음날 **익**	어질 **인**	알 **인**	품삯 **임**	모양 **자**	자석 **자**	누에 **잠**	장차 **장**/ 장수 **장**	꾸밀 **장**
腸	障	蔵	臓	裁	著	敵	専	展	銭
창자 **장**	막을 **장**	감출 **장**	오장 **장**	옷 마를 **재**	나타날 **저**	대적할 **적**	오로지 **전**	펼 **전**	돈 **전**
頂	諸	除	済	潮	操	存	尊	宗	従
정수리 **정**	모두 **제**	덜 **제**	건널 **제**	밀물 **조**/ 조수 **조**	잡을 **조**	있을 **존**	높을 **존**	마루 **종**	좇을 **종**
縦	座	宙	奏	株	衆	蒸	至	誌	窓
세로 **종**	자리 **좌**	집 **주**	아뢸 **주**	그루 **주**	무리 **중**	찔 **증**	이를 **지**	기록할 **지**	창 **창**
創	冊	策	処	尺	泉	庁	寸	推	縮
비롯할 **창**	책 **책**	꾀 **책**	곳 **처**	자 **척**	샘 **천**	관청 **청**	마디 **촌**	밀 **추**	줄일 **축**
忠	就	層	値	針	誕	探	討	痛	退
충성 **충**	나아갈 **취**	층 **층**	값 **치**	바늘 **침**	낳을 **탄**	찾을 **탐**	칠 **토**	아플 **통**	물러날 **퇴**
派	片	肺	閉	陛	俵	割	郷	憲	革
갈래 **파**	조각 **편**	허파 **폐**	닫을 **폐**	대궐 섬돌 **폐**	나누어줄 **표**	벨 **할**	시골 **향**	법 **헌**	가죽 **혁**
穴	呼	紅	拡	皇	灰	孝	后	揮	胸
굴 **혈**	부를 **호**	붉을 **홍**	넓힐 **확**	임금 **황**	재 **회**	효도 **효**	임금 **후**	휘두를 **휘**	가슴 **흉**
吸									
마실 **흡**									

📍 필순은 별책 부록 쓰기 노트에 있습니다.

0836 ☐☐

刻

새길 각

8획 | N3

음 こく
時刻 시각 遅刻 지각 深刻 심각

훈 きざむ
刻む 새기다, 잘게 썰다

• 会社に遅刻してしまいました。 회사에 지각하고 말았습니다.
• だいこんを刻んで鍋に入れます。 무를 잘게 썰어서 냄비에 넣습니다.

0837 ☐☐

閣

집 각

14획 | N1

음 かく
金閣寺 금각사 銀閣寺 은각사 内閣 내각

• 金閣寺が夕日を受けて輝いています。 금각사가 석양을 받아 빛나고 있습니다.
• 内閣支持率は何パーセントですか。 내각 지지율은 몇 퍼센트입니까?

0838 ☐☐

干

방패 간

3획 | N3

음 かん
干潮 간조, 썰물 干渉 간섭 若干 약간, 어느 정도

훈 ほす、ひる
干す 말리다 干る 마르다

• 私は若干スペイン語が話せます。 나는 어느 정도 스페인어를 말할 수 있습니다.
• 洗濯物を干しています。 세탁물을 말리고 있습니다.

0839 ☐☐

看

볼 간

9획 | N2

음 かん
看板 간판 看病 간병 看護 간호

• あの店は看板がないのに人が多いですね。 저 가게는 간판이 없는데도 사람이 많네요.
• 患者を看病します。 환자를 간병합니다.

0840 ☐☐

簡

대쪽 간

18획 | N3

음 かん
簡単 간단 簡潔 간결 簡素 간소

• 簡単な料理を作りました。 간단한 요리를 만들었습니다.
• 文章が簡潔で読みやすいです。 문장이 간결해서 읽기 쉽습니다.

0841

降

내릴 강/항복할 항

10획 | N2

음 こう　　下降 하강　　以降 이후　　降伏 항복

훈 おりる　　降りる 내리다, 내려오다

おろす　　降ろす 내리다, 내려놓다

ふる　　降る 내리다

・3時以降なら電話に出られます。 3시 이후라면 전화 받을 수 있습니다.
・少しずつ雨が降っています。 조금씩 비가 내리고 있습니다.

0842

鋼

강철 강

16획 | N1

음 こう　　鋼材 강재　　鉄鋼 철강

훈 はがね　　鋼 강철

・鉄鋼の輸出量が減りました。 철강 수출량이 줄었습니다.
・鋼のメンタルはむしろ壊れやすいという。 강철 멘탈은 오히려 망가지기 쉽다고 한다.

0843

激

격할 격

16획 | N1

음 げき　　激動 격동　　感激 감격　　刺激 자극

훈 はげしい　　激しい 심하다

・メダルを取って感激の涙を流しました。 메달을 따고 감격의 눈물을 흘렸습니다.
・今日、雨が激しく降りました。 오늘 비가 심하게 내렸습니다.

0844

絹

비단 견

13획 | N1

음 けん　　絹布 견포, 견직물　　正絹 순견　　人絹 인견

훈 きぬ　　絹 비단　　絹糸 견사, 명주실　　絹織物 견직물

・正絹だけで作ったスカーフは高いです。 순견으로만 만든 스카프는 비쌉니다.
・絹の洗濯方法を教えてください。 비단의 세탁 방법을 알려 주세요.

0845

敬

공경 경

12획 | N2

음 けい　　敬語 경어　　敬意 경의　　尊敬 존경

훈 うやまう　　敬う 존경하다, 공경하다

・ビジネス敬語の表現を勉強します。 비즈니스 경어 표현을 공부합니다.
・親を敬うのは自然な気持ちです。 부모님을 존경하는 것은 자연스러운 마음입니다.

0846

음 けい

警告 けいこく 경고　警察 けいさつ 경찰　警備 けいび 경비

- 審判から警告を受けました。 심판으로부터 경고를 받았습니다.
- 警察が犯人を捕まえました。 경찰이 범인을 잡았습니다.

깨우칠 경/경계할 경

19획 | N2

0847

음 けい

系統 けいとう 계통　文系 ぶんけい 문과　体系 たいけい 체계

- 高校で文系を選びました。 고등학교에서 문과를 선택했습니다.
- 計画を体系的に説明してください。 계획을 체계적으로 설명해 주세요.

이어맬 계

7획 | N1

0848

음 とどく、とどける

届く 닿다, 미치다　届ける 보내다, 전하다

- 宅配が家に届く時間に帰りました。 택배가 집에 도착하는 시간에 돌아왔습니다.
- 注文したら、すぐに届けてくれました。 주문했더니 바로 보내(배달해) 주었습니다.

이를 계　届

8획 | N3

0849

음 こく

穀物 こくもつ 곡물　雑穀 ざっこく 잡곡　五穀 ごこく 오곡

- 穀物は健康的な食事にはかかせない。 곡물은 건강한 식사에는 빼놓을 수 없다.
- ご飯を炊く時、雑穀を混ぜました。 밥을 지을 때 잡곡을 섞었습니다.

곡식 곡　穀

14획 | N1

0850

음 こん

困惑 こんわく 곤혹　困難 こんなん 곤란　貧困 ひんこん 빈곤

훈 こまる

困る 곤란하다

- もう貧困生活にたえられません。 더 이상 빈곤한 생활을 견딜 수 없습니다.
- 毎日遅刻すると困ります。 매일 지각하면 곤란합니다.

곤할 곤

7획 | N4

0851

骨
뼈 골
10획 | N2

- 음 こつ
- 훈 ほね

骨 요령　骨格 골격　遺骨 유골

骨 뼈　骨身 뼈, 몸　背骨 등뼈

- 仕事の骨を教えてください。 일의 요령을 가르쳐 주세요.
- この魚は骨ごと食べてもいいです。 이 생선은 뼈째 먹어도 괜찮습니다.

0852

供
이바지할 공
8획 | N2

- 음 きょう、く
- 훈 そなえる、とも

供給 공급　提供 제공　供養 공양

供える 바치다, 올리다　子供 어린이

- 国連から食料の供給を受けました。 국제 연합으로부터 식량 공급을 받았습니다.
- この人形は子供に人気があります。 이 인형은 어린이에게 인기가 있습니다.

0853

券
문서 권　
8획 | N3

- 음 けん

券売機 매표기　割引券 할인권　発券 발권

- 券売機は入口にあります。 매표기는 입구에 있습니다.
- 割引券は今月まで使えます。 할인권은 이번 달까지 사용할 수 있습니다.

0854

巻
책 권　
9획 | N2

- 음 かん
- 훈 まく、まき

巻頭 권두, 책의 첫머리　圧巻 압권　全巻 전권

巻く 말다　のり巻き 김밥, 일본식 김초밥

- あのドラマは俳優の演技が圧巻だ。 저 드라마는 배우의 연기가 압권이다.
- 遠足に行く時、のり巻きを作ります。 소풍 갈 때 김밥을 만듭니다.

0855

権
권세 권　
15획 | N2

- 음 けん、ごん

権利 권리　人権 인권　権化 화신(불교 용어)

- 労働者の人権を尊重します。 노동자의 인권을 존중합니다.
- 悪の権化のようだった彼は、ついに捕まった。
  악의 화신 같았던 그는 결국 붙잡혔다.

0856

机

책상 궤

6획 | N3

음 き   机上 궤상, 책상 위   机下 책상 아래, 궤하

훈 つくえ   机 책상   わき机 보조 책상

- それは実現できない机上の空論です。 그것은 실현할 수 없는 탁상공론입니다.
- 机の下に犬がいます。 책상 밑에 개가 있습니다.

0857

貴

귀할 귀

12획 | N1

음 き   貴重 귀중   貴族 귀족   貴金属 귀금속

훈 とうとい   貴い 귀중하다, 소중하다, 고귀하다

たっとい   貴い 귀중하다, 소중하다, 고귀하다

とうとぶ   貴ぶ 공경하다, 존경하다

たっとぶ   貴ぶ 공경하다, 존경하다

특 貴方 당신

- 貴重品は自分で保管してください。 귀중품은 스스로 보관해 주세요.
- 人間の命は何よりも貴いものです。 인간의 목숨이란 무엇보다도 소중한 것입니다.

0858

劇

심할 극

15획 | N2

음 げき   劇団 극단   劇場 극장   演劇 연극

- 露天劇場で公演をしています。 노천 극장에서 공연을 하고 있습니다.
- シェイクスピア作品の演劇を見ました。 셰익스피어 작품의 연극을 봤습니다.

0859

筋

힘줄 근

12획 | N1

음 きん   筋肉 근육   腹筋 복근   鉄筋 철근

훈 すじ   筋 힘줄, 근육   大筋 줄거리, 대강, 요점

- ジムで筋肉運動をしています。 체육관에서 근육 운동을 하고 있습니다.
- 再建計画は大筋で決まった。 재건 계획은 대강 정해졌다.

0860 ☐☐

勤
부지런할 근 勤
12획 | N2

(음) きん　　勤務 근무　　出勤 출근　　通勤 통근

(훈) つとめる、つとまる　　勤める 근무하다, 종사하다　　勤まる 잘 수행해 내다

- 明日、会社に初出勤します。 내일 회사에 첫 출근합니다.
- 卒業してからずっと学校に勤めています。 졸업하고 나서 쭉 학교에서 근무하고 있습니다.

0861 ☐☐

己
몸 기
3획 | N1

(음) こ、き　　自己 자기　　利己 이기　　克己 극기

(훈) おのれ　　己 나, 자기 자신, 너, 이놈

- 日本語で自己紹介書を書きます。 일본어로 자기소개서를 씁니다.
- 己の分を尽くすのは大事です。 자기의 몫을 다하는 것은 중요합니다.

0862 ☐☐

暖
따뜻할 난
13획 | N3

(음) だん　　暖流 난류　　暖房 난방　　温暖 온난

(훈) あたたか　　暖か 따뜻함

　　あたたかい　　暖かい 따뜻하다

　　あたたまる　　暖まる 따뜻해지다

　　あたためる　　暖める 따뜻하게 하다

- 寒いから暖房をつけましょう。 추우니까 난방을 켭시다.
- 今日は暖かくて気持ちいいです。 오늘은 따뜻해서 기분이 좋습니다.

0863 ☐☐

難
어려울 난 難
18획 | N3

(음) なん　　難易 난이, 어려움과 쉬움　　災難 재난　　非難 비난

(훈) かたい、むずかしい　　難い 어렵다, 힘들다　　難しい 어렵다

- 試験の難易度は少し高い方でした。 시험의 난이도는 조금 높은 편이었습니다.
- この数学問題は非常に難しいです。 이 수학 문제는 상당히 어렵습니다.

納
들일 납
10획 | N2

(음) のう　　　納品 납품　納入 납입　収納 수납

なっ　　　納豆 낫토　納得 납득

な　　　　納屋 헛간

なん　　　納戸色 회색빛을 띤 남색

とう　　　出納 출납

(훈) おさめる　納める 납품하다, 바치다, 거두다

おさまる　納まる 납입되다

• 熱いご飯で納豆を食べるのが大好きです。 뜨거운 밥에 낫토를 먹는 것을 정말 좋아합니다.
• 年末に税金を納めました。 연말에 세금을 납부했습니다.

脳
머리 뇌 ｜ 腦
11획 | N2

(음) のう　　　脳 뇌　脳裏 뇌리, 머릿속　頭脳 두뇌

• 先月祖父が脳卒中で倒れました。 지난달에 할아버지가 뇌졸중으로 쓰러졌습니다.
• 頭脳めいせきな学生ですね。 두뇌가 명석한 학생이네요.

段
층계 단
9획 | N3

(음) だん　　　段階 단계　段落 단락　手段 수단

• 三つ目の段落から読んでみましょう。 세 번째 단락부터 읽어 봅시다.
• どんな交通手段をよく利用しますか。 어떤 교통수단을 자주 이용합니까?

担
멜 담 ｜ 擔
8획 | N2

(음) たん　　　担当 담당　負担 부담　分担 분담

(훈) かつぐ、になう　担ぐ 메다, 짊어지다　担う 떠맡다, 담당하다

• これを実務担当者にわたせばいいです。 이것을 실무 담당자에게 넘기면 됩니다.
• 肩に担いで持ってきました。 어깨에 짊어지고 가져왔습니다.

0868 ☐☐

党

무리 당 | 黨
10획 | N2

음 とう

| 党派 당파 | 政党 정당 | 悪党 악당 |

・彼のような悪党は見たことがない。 그 사람 같은 악당은 본 적이 없다.
・政党の支持率が上がりました。 정당의 지지율이 높아졌습니다.

0869 ☐☐

糖

엿 당/엿 탕 | 嚴
16획 | N1

음 とう

| 糖分 당분 | 砂糖 설탕 | 製糖 제당 |

・糖分が多いものは控えてください。 당분이 많은 음식은 삼가 주세요.
・砂糖を入れすぎて甘くなりました。 설탕을 너무 많이 넣어서 달아졌습니다.

0870 ☐☐

宅

댁 댁/집 택
6획 | N2

음 たく

| 宅配 택배 | 帰宅 귀가 | 自宅 자택 |

・無料宅配サービスをしております。 무료 택배 서비스를 하고 있습니다.
・帰宅時間は毎日深夜になります。 귀가 시간은 매일 심야가 됩니다.

0871 ☐☐

卵

알 란(난)
7획 | N3

음 らん

| 卵子 난자 | 卵黄 노른자 | 産卵 산란 |

훈 たまご

| 卵 계란 | 卵焼き 계란말이 | 生卵 날달걀, 생계란 |

・さけの産卵期は地域によって違います。 연어의 산란기는 지역에 따라 다릅니다.
・生卵の賞味期限は長くない。 날달걀의 유통 기한은 길지 않다.

0872 ☐☐

乱

어지러울 란(난) | 亂
7획 | N3

음 らん

| 乱暴 난폭 | 反乱 반란 | 混乱 혼란 |

훈 みだれる、みだす

| 乱れる 흐트러지다 | 乱す 흩뜨리다 |

・敵が反乱を起こしました。 적이 반란을 일으켰습니다.
・風のせいで髪が乱れました。 바람 때문에 머리가 흐트러졌습니다.

0873 ☐☐

覧

볼 람 | 覽

17획 | N2

㉠ らん

博覧会 박람회　観覧 관람

・万国博覧会に行ってきました。 만국 박람회에 다녀왔습니다.
・観覧車に乗って夜景を見ます。 관람차를 타고 야경을 봅니다.

0874 ☐☐

朗

밝을 랑(낭) | 朗

10획 | N1

㉠ ろう

朗報 낭보, 기쁜 소식　朗読 낭독　明朗 명랑

㉽ ほがらか

朗らかだ 명랑하다

・図書館で子供のために本を朗読しています。
도서관에서 아이를 위해 책을 낭독하고 있습니다.
・彼女は朗らかな性格です。 그녀는 명랑한 성격입니다.

0875 ☐☐

論

논할 론(논)

15획 | N2

㉠ ろん

論理 논리　論証 논증　議論 의론, 의논

・主張を論理的に話してください。 주장을 논리적으로 이야기해 주세요.
・新商品について議論している。 신상품에 대하여 의논하고 있다.

0876 ☐☐

律

법칙 률(율)

9획 | N2

㉠ りつ、りち

法律 법률　律儀 의리가 두터움, 성실하고 정직함

・彼女は法律に詳しいです。 그녀는 법률에 대해 잘 압니다.
・彼は面白くないが、律儀な人です。 그는 재미없지만 성실한 사람입니다.

0877 ☐☐

裏

속 리(이)

13획 | N2

㉠ り

裏面 이면　表裏 표리　秘密裏 비밀리

㉽ うら

裏 뒤　裏口 뒷문　裏話 비화, 뒷이야기

・政界の裏面を取材しました。 정치계의 이면을 취재했습니다.
・泥棒が裏口から逃げました。 도둑이 뒷문으로 도망쳤습니다.

0878 ☐☐

臨
임할 림(임)
18획 | N1

㉢ りん
㉦ のぞむ

臨時 임시　　臨機応変 임기응변　　君臨 군림
臨む 임하다

• 店を臨時休業しました。 가게를 임시 휴업했습니다.
• 真剣に競技に臨みます。 진지하게 경기에 임합니다.

0879 ☐☐

幕
장막 막
13획 | N1

㉢ まく、ばく

字幕 자막　　開幕 개막　　幕府 막부

• 日本語の字幕が見たいです。 일본어 자막을 보고 싶습니다.
• 授業で幕府時代の歴史を学びました。 수업에서 막부 시대의 역사를 배웠습니다.

0880 ☐☐

晩
늦을 만
12획 | N3

㉢ ばん

晩飯 저녁밥　　今晩 오늘 밤　　大器晩成 대기만성

• 晩飯のメニューはカレーです。 저녁밥 메뉴는 카레입니다.
• 今晩ミュージカルを見に行きませんか。 오늘 밤에 뮤지컬을 보러 가지 않겠습니까?

0881 ☐☐

亡
망할 망
3획 | N2

㉢ ぼう、もう
㉦ ない

亡命 망명　　死亡 사망　　亡者 망자
亡くなる 죽다

• あの政治家は海外に亡命しました。 저 정치가는 해외로 망명했습니다.
• 事故でペットが亡くなりました。 사고로 애완동물이 죽었습니다.

0882 ☐☐

忘
잊을 망
7획 | N3

㉢ ぼう
㉦ わすれる

忘年会 망년회, 송년회　　忘却 망각　　備忘録 비망록
忘れる 잊다　　忘れ物 분실물, 잊은 물건

• 忘年会は居酒屋でしましょう。 망년회는 이자카야에서 합시다.
• 約束を忘れてしまいました。 약속을 잊어버렸습니다.

枚
낱 매
8획 | N3

음 まい

枚数 매수, 장수　一枚 한 장

• 書類の枚数を確認します。 서류 매수를 확인합니다.
• この文書を一枚ずつコピーしてください。 이 문서를 한 장씩 복사해 주세요.

盟
맹세 맹
13획 | N1

음 めい

加盟 가맹　同盟 동맹　連盟 연맹

• 加盟店オーナーを対象にアンケートを始めた。
가맹점 주인을 대상으로 설문 조사를 시작했다.
• 労働者らは同盟を結成した。 노동자들은 동맹을 결성했다.

暮
저물 모
14획 | N2

음 ぼ

朝三暮四 조삼모사

お歳暮 오세보(연말에 보내는 감사 선물)

훈 くれる、くらす

暮れる 해가 지다, 저물다　暮らす 살아가다

• 先生にお歳暮を贈りました。 선생님께 오세보를 보냈습니다.
• 家族と一緒に暮らしています。 가족과 함께 살고 있습니다.

模
본뜰 모/모호할 모
14획 | N1

음 も、ぼ

模造品 모조품　模型 모형　規模 규모

• 模型飛行機を組み立てました。 모형 비행기를 조립했습니다.
• 店の規模を広げるつもりです。 가게 규모를 넓힐 생각입니다.

密
빽빽할 밀
11획 | N1

음 みつ

密度 밀도　密室 밀실　機密 기밀

ひそかに

密かに 남 몰래, 은근히

• 都市は人口密度が高いです。 도시는 인구 밀도가 높습니다.
• 企業の機密は誰にも話せません。 기업 기밀은 누구에게도 이야기할 수 없습니다.

아래의 한자를 보고 빈칸에 읽는 법과 뜻을 써 봅시다.

한자	읽는 법	뜻
예 自己	じこ	자기
01 干渉		
02 遅刻		
03 穀物		
04 貴重		
05 担当		
06 議論		
07 同盟		
08 割引券		
09 規模		
10 看板		
11 感激		
12 尊敬		
13 供給		
14 手段		
15 模型		

정답

01 かんしょう 간섭 02 ちこく 지각 03 こくもつ 곡물 04 きちょう 귀중 05 たんとう 담당
06 ぎろん 의논, 논의 07 どうめい 동맹 08 わりびきけん 할인권 09 きぼ 규모 10 かんばん 간판
11 かんげき 감격 12 そんけい 존경 13 きょうきゅう 공급 14 しゅだん 수단 15 もけい 모형

📍 필순은 별책 부록 쓰기 노트에 있습니다.

0888 ☐☐ --

班

나눌 반

10획 | N1

(음) **はん**

班長 반장　　班別 반별

- うちのクラスの班長は真面目です。 우리 반 반장은 성실합니다.
- 修学旅行の二日目は班別行動となります。 수학여행 이틀째는 반별로 행동합니다.

0889 ☐☐ --

訪

찾을 방

11획 | N3

(음) **ほう、ぼう**

訪問 방문　　来訪 내방　　探訪 탐방

(훈) **おとずれる、たずねる**

訪れる 방문하다　　訪ねる 방문하다

- 歴史探訪キャンプに行ってきました。 역사 탐방 캠프에 갔다 왔습니다.
- 午後、取引先を訪れる予定です。 오후에 거래처를 방문할 예정입니다.

0890 ☐☐ --

拝

절 배　拝

8획 | N2

(음) **はい**

拝見 삼가 봄(겸양어)　　崇拝 숭배　　参拝 참배

(훈) **おがむ**

拝む 공손히 절하다

- ちょっと拝見してもよろしいでしょうか。 잠깐 봐도 괜찮겠습니까?
- 寺で手を合わせて拝みました。 절에서 손을 모으고 절을 했습니다.

0891 ☐☐ --

背

등 배

9획 | N3

(음) **はい**

背景 배경　　背泳 배영　　背後 배후

(훈) **せ**

背 키　　背中 등　　背広 신사복, 양복

せい

背比べ 키 재보기

そむく

背く 등을 돌리다

そむける

背ける (얼굴이나 눈길을) 돌리다

- 海を背景に写真を撮りました。 바다를 배경으로 사진을 찍었습니다.
- 友達の中で一番背が高いです。 친구들 중에서 가장 키가 큽니다.

0892 □□

俳

배우 배

10획 | N1

(음) はい

俳優 배우　俳句 하이쿠(일본 전통시)

・彼は今一番人気がある俳優です。 그는 지금 가장 인기 있는 배우입니다.
・授業で俳句を習いました。 수업에서 하이쿠를 배웠습니다.

0893 □□

並

나란할 병　[竝]

8획 | N3

(음) へい

並立 병립, 양립　並行 병행　並列 병렬

(훈) なみ

並木 가로수

ならべる

並べる 줄지어 놓다, 진열하다

ならぶ

並ぶ 줄을 서다

ならびに

並びに 및, 또

・作家と映画監督を並行してやっています。 작가랑 영화 감독을 병행하고 있습니다.
・うどん屋に人が並んでいます。 우동 가게에 사람이 줄을 서 있습니다.

0894 □□

宝

보배 보　[寶]

8획 | N3

(음) ほう

宝石 보석　国宝 국보　財宝 재산과 보물

(훈) たから

宝物 보물　宝くじ 복권　宝箱 보물 상자

・宝石を保管する箱が要ります。 보석을 보관할 상자가 필요합니다.
・宝くじが当たりました。 복권이 당첨됐습니다.

0895 □□

補

기울 보/도울 보

12획 | N2

(음) ほ

補助 보조　補償 보상　候補 후보

(훈) おぎなう

補う 보충하다

・候補者たちが公約を掲げました。 후보자들이 공약을 내걸었습니다.
・もう少し説明を補ってください。 조금 더 설명을 보충해 주세요.

腹 배 복

13획 | N2

(음) ふく

(훈) はら

腹痛 복통　空腹 공복　満腹 만복

腹 배　裏腹 정반대, 모순됨

- 空腹の時には何でもおいしいです。공복일 때에는 무엇이든 맛있습니다.
- 冷たいものをたくさん食べて腹が痛い。찬 것을 많이 먹어서 배가 아프다.

棒 막대 봉

12획 | N1

(음) ぼう

棒グラフ 막대그래프　鉄棒 철봉　相棒 짝, 동료

- 棒グラフで表すと分かりやすいです。막대그래프로 나타내면 알기 쉽습니다.
- 子供が鉄棒にぶら下がっている。아이가 철봉에 매달려 있다.

否 아닐 부

7획 | N2

(음) ひ

(훈) いな

否定 부정　否認 부인　安否 안부

否 불찬성　否めない 부정할 수 없다

- 災害時に備えて安否確認システムを導入している。
  재해 시에 대비하여 안부 확인 시스템을 도입하고 있다.
- これは否めない事実です。이건 부정할 수 없는 사실입니다.

奮 떨칠 분

16획 | N2

(음) ふん

(훈) ふるう

奮闘 분투　奮発 분발　興奮 흥분

奮う 떨치다, 용기를 내다

- 彼は興奮したら口数が多くなる。그는 흥분하면 말수가 많아진다.
- 勇気を奮って敵に立ち向かった。용기를 내어 적에 맞섰다.

批 비평할 비

7획 | N2

(음) ひ

批評 비평　批判 비판

- 小説の批評を書いています。소설의 비평을 쓰고 있습니다.
- 事実を知らず、批判してはいけません。사실을 모르고서 비판해서는 안 됩니다.

0901

秘 숨길 비
10획 | N1

- 음 ひ
- 훈 ひめる

秘書 비서　秘密 비밀　神秘 신비
秘める 간직하다, 감추다

- 秘密なので誰にも話せません。 비밀이기 때문에 누구에게도 이야기할 수 없습니다.
- 初恋を胸に秘めています。 첫사랑을 가슴에 간직하고 있습니다.

0902

私 사사 사
7획 | N4

- 음 し
- 훈 わたくし、わたし

私立 사립　私服 사복　公私 공사
私 저('わたし'보다 공손한 말씨)　私 나, 저

- 彼は私立高校に通っています。 그는 사립 고등학교에 다니고 있습니다.
- 私は毎日ジョギングをします。 나는 매일 조깅을 합니다.

0903

砂 모래 사
9획 | N2

- 음 さ、しゃ
- 훈 すな
- 특 砂利 자갈

黄砂 황사　砂漠 사막　土砂 토사
砂 모래　砂場 모래밭　砂の城 모래성

- 今年の黄砂は特にひどくて前が見えないくらいだ。
  올해 황사는 특히 심해서 앞이 안 보일 정도다.
- 公園の遊び場で砂の城をつくりました。 공원 놀이터에서 모래성을 만들었습니다.

0904

射 쏠 사
10획 | N2

- 음 しゃ
- 훈 いる

射撃 사격　日射病 일사병　注射 주사
射る 쏘다, 맞히다

- あまりにも暑くて日射病にかかりそうです。 너무 더워서 일사병에 걸릴 것 같습니다.
- 弓を射る練習をします。 활을 쏘는 연습을 합니다.

0905

捨 버릴 사
11획 | N2

- 음 しゃ

取捨 취사(쓸 것은 쓰고 버릴 것은 버림)
喜捨 희사(어떤 목적을 위해 기꺼이 돈이나 물건을 내놓음)

- 훈 すてる

捨てる 버리다

- 状況に合わせて取捨することが必要です。 상황에 맞춰 취사할 필요가 있습니다.
- ゴミはゴミ箱に捨ててください。 쓰레기는 쓰레기통에 버려 주세요.

0906

詞
말 사

12획 | N2

(음) し

歌詞 가사　作詞 작사　品詞 품사

- この曲はとくに歌詞がすばらしいです。 이 곡은 특히 가사가 멋집니다.
- あの歌手は自分で作詞作曲します。 저 가수는 직접 작사 작곡합니다.

0907

傷
다칠 상

13획 | N2

(음) しょう

傷害 상해　負傷 부상　重傷 중상

(훈) いたむ

傷む 상하다, 헤지다

いためる

傷める 상하게 하다, 흠내다

きず

傷 상처　傷口 상처 (입은) 자리　傷つく 상처 입다

- 彼は試合で負傷しました。 그는 시합에서 부상당했습니다.
- 傷が早く治る薬をおすすめください。 상처가 빨리 낫는 약을 추천해 주세요.

0908

署
마을 서　署

13획 | N2

(음) しょ

署名 서명　警察署 경찰서　部署 부서

- メールの最後に署名します。 메일의 마지막에 서명합니다.
- 警察署で免許更新ができます。 경찰서에서 면허 갱신이 가능합니다.

0909

宣
베풀 선

9획 | N1

(음) せん

宣伝 선전　宣言 선언　宣教師 선교사

- 新しい商品を宣伝しているところです。 새로운 상품을 선전하고 있는 중입니다.
- 一人の学生が独立宣言を朗読しました。 한 명의 학생이 독립 선언을 낭독했습니다.

0910

善
착할 선

12획 | N2

(음) ぜん

善良 선량　親善 신선　改善 개선

(훈) よい

善い 좋다, 착하다

- 福祉の改善が必要です。 복지 개선이 필요합니다.
- 危険ですので善い子はまねしないでください。
  위험하므로 착한 아이는 따라하지 마세요.

0911 ☐☐

舌
혀 설
6획 | N2

음 ぜつ

毒舌 독설　　弁舌 말솜씨, 변설　　舌戦 설전

훈 した

舌 혀　　舌先 혀끝

• 彼は有名な毒舌家です。 그는 유명한 독설가입니다.
• うっかり舌を噛んでしまいました。 무심코 혀를 깨물어 버렸습니다.

0912 ☐☐

盛
성할 성
11획 | N2

음 せい、じょう

盛大 성대　　全盛 전성　　繁盛 번성

훈 もる

盛る 쌓아 올리다, 담다

さかる

盛る 번창하다, 활발해지다

さかん

盛んに 왕성하게, 활발히

• 結婚式のあと、盛大な宴会が開かれました。 결혼식 후에 성대한 연회가 열렸습니다.
• ホイップクリームをいっぱい盛ってください。 휘핑크림을 가득 담아 주세요.

0913 ☐☐

誠
정성 성
13획 | N2

음 せい

誠意 성의　　誠実 성실　　忠誠 충성

훈 まこと

誠 진심, 성의　　誠に 진심으로, 정말로

• 国家に忠誠を尽くします。 국가에 충성을 다합니다.
• ご来店、誠にありがとうございます。 내점해 주셔서 정말로 감사합니다.

0914 ☐☐

聖
성인 성
13획 | N1

음 せい

聖書 성서, 성경　　聖地 성지　　神聖 신성

• 神聖な場所では礼を尽くしてください。 신성한 장소에서는 예를 갖추세요.
• 日本のアニメ聖地を訪れてみたいです。 일본의 애니메이션 성지를 가 보고 싶습니다.

0915 ☐☐

洗
씻을 세
9획 | N3

음 せん

洗練 세련　　洗濯 세탁　　洗面 세면, 세수

훈 あらう

洗う 씻다

• 忙しくて洗濯ができませんでした。 바빠서 세탁을 하지 못했습니다.
• 家に帰ったら手を洗います。 집에 돌아오면 손을 씻습니다.

음 しゅう　収入 수입　収穫 수확　回収 회수

훈 おさめる、おさまる　収める 넣다, 담다　収まる 수습되다, 원만해지다

・家族全員で農作物を収穫しています。 가족 전원이서 농작물을 수확하고 있습니다.
・たんすに荷物を収めました。 옷장에 짐을 넣었습니다.

거둘 수　収
4획 | N2

음 すい　垂直 수직　懸垂幕 현수막　懸垂 턱걸이, 매달림

훈 たれる、たらす　垂れる 늘어지다, 드리워지다　垂らす 늘어뜨리다

・体育の時間に懸垂が一番苦手でした。 체육 시간에 턱걸이를 가장 못했습니다.
・彼女は長い髪を垂らしています。 그녀는 긴 머리를 늘어뜨리고 있습니다.

드리울 수
8획 | N1

음 じゅ　樹木 수목　樹立 수립　果樹 과일나무

・週末に家族と果樹園に行ってきました。 주말에 가족과 과수원에 갔다 왔습니다.
・彼女はオリンピック新記録を樹立した。 그녀는 올림픽 신기록을 수립했다.

나무 수
16획 | N1

음 じゅく　熟成 숙성　成熟 성숙　未熟 미숙

훈 うれる　熟れる 익다, 숙성하다

・肉を熟成させると味が変わります。 고기를 숙성시키면 맛이 달라집니다.
・庭にある柿がよく熟れました。 정원에 있는 감이 잘 익었습니다.

익을 숙
15획 | N1

음 じゅん　純情 순정　純粋 순수　単純 단순

・子供は純粋な心を持っています。 어린이는 순수한 마음을 갖고 있습니다.
・単純な計算は暗算することができます。 단순한 계산은 암산을 할 수 있습니다.

순수할 순
10획 | N2

0921

承

이을 승

8획 | N2

- 음 しょう
- 훈 うけたまわる

承知 알아들음, 승낙　承認 승인　了承 승낙, 양해

承る 듣다, 받다(겸양어)

- 支払いには社長の承認が必要です。 지불에는 사장님의 승인이 필요합니다.
- お客様のご注文は私が承りました。 손님의 주문은 제가 받았습니다.

0922

視

볼 시　視

11획 | N2

- 음 し

視野 시야　視力 시력　無視 무시

- 目が悪くなって、視力検査をしました。 눈이 나빠져서 시력 검사를 했습니다.
- 少数意見を無視してはいけません。 소수 의견을 무시하면 안 됩니다.

0923

我

나 아

7획 | N1

- 음 が
- 훈 われ、わ

我慢 참음, 인내, 용서함　自我 자아

我々 우리　我が家 우리 집

- 隣の家の騒音にはもう我慢できません。 이웃집의 소음에는 더 이상 참을 수 없습니다.
- 我々にとっては重大な問題だ。 우리에게는 중대한 문제다.

0924

若

같을 약

8획 | N3

- 음 じゃく、にゃく
- 훈 わかい、もしくは

若干 약간　若年 나이가 젊음　老若男女 남녀노소

若い 젊다　若者 젊은이　若しくは 혹은

- この商品は老若男女を問わず人気を集めている。
  이 상품은 남녀노소를 불문하고 인기를 모으고 있다.
- 年より若く見えます。 나이보다 젊게 보입니다.

0925

厳

엄할 엄

17획 | N1

- 음 げん、ごん
- 훈 おごそか、きびしい

厳重 엄중　厳格 엄격　荘厳 장엄

厳かだ 엄숙하다　厳しい 엄격하다

- 飲酒運転は厳格に取り締まるべきです。 음주 운전은 엄격하게 단속해야 합니다.
- 厳かな雰囲気で式典が行われました。 엄숙한 분위기에서 식전이 이루어졌습니다.

0926 ☐☐ --

域

지경 역

11획 | N2

㉠ いき　　　　　区域 구역　　地域 지역　　領域 영역

• 禁止区域に入らないでください。 금지 구역에 들어가지 말아 주세요.

• 交通が便利な地域に住んでいます。 교통이 편리한 지역에 살고 있습니다.

0927 ☐☐ --

訳

통변할 역　譯

11획 | N2

㉠ やく　　　　　訳文 번역문　　通訳 통역　　翻訳 번역

㉣ わけ　　　　　訳 이유　　内訳 내역, 명세　　言い訳 변명

• 日本語通訳をお願いします。 일본어 통역을 부탁드립니다.

• 取引内訳を出してください。 거래 내역을 제출해 주세요.

0928 ☐☐ --

延

늘일 연

8획 | N2

㉠ えん　　　　　延長 연장　　延期 연기　　遅延 지연

㉣ のびる　　　　延びる 연장되다, 길어지다

　　のべる　　　　延べる 펴다, (기일, 시간을) 연기하다, 늦추다

　　のばす　　　　延ばす 연기하다, 늘이다

• 大会が延期になりました。 대회가 연기되었습니다.

• 時間を延ばしてください。 시간을 늘려 주세요.

0929 ☐☐ --

沿

물 따라갈 연　沿

8획 | N2

㉠ えん　　　　　沿海 연해　　沿岸 연안　　沿革 연혁

㉣ そう　　　　　沿う 따르다

• 会社の沿革を紹介します。 회사의 연혁을 소개합니다.

• 川に沿って学校へ行きます。 강을 따라 학교에 갑니다.

0930 ☐☐ ---

染
물들 염
9획 | N1

(음) せん

感染 감염　　汚染 오염　　伝染 전염

(훈) そめる

染める 물들이다

そまる

染まる 물들다

しみる

染みる 배다, 번지다

しみ

染み 얼룩

• 大気汚染がひどくなりました。 대기오염이 심해졌습니다.
• 髪の毛を染めました。 머리카락을 염색했습니다.

0931 ☐☐ ---

映
비칠 영
9획 | N4

(음) えい

映画 영화　　反映 반영　　上映 상영

(훈) うつる

映る 비치다

うつす

映す 비추다, 비치게 하다

はえる

映える 빛나다

• 明日映画を見に行きませんか。 내일 영화를 보러 가지 않겠습니까?
• 鏡に私の顔が映りました。 거울에 내 얼굴이 비쳤습니다.

0932 ☐☐ ---

預
맡길 예/미리 예
13획 | N2

(음) よ

預金 예금　　預託 예탁

(훈) あずかる、あずける

預かる 떠맡다　　預ける 맡기다

• 銀行で預金を下ろしました。 은행에서 예금을 인출했습니다.
• ホテルに荷物を預けました。 호텔에 짐을 맡겼습니다.

0933 ☐☐ ---

誤
그르칠 오
14획 | N2

(음) ご

誤差 오차　　誤解 오해　　過誤 과오

(훈) あやまる

誤る 틀리다, 실수하다, 잘못하다

• 友達との誤解が解けました。 친구와의 오해가 풀렸습니다.
• 機械の操作を誤りました。 기계 조작을 잘못했습니다.

0934

欲
하고자 할 욕
11획 | N2

음 よく 欲望 욕망　食欲 식욕　意欲 의욕

훈 ほっする、ほしい　欲する 바라다, 원하다　欲しい 갖고 싶다

- 妊娠すると食欲がわいて太る人もいます。 임신하면 식욕이 당겨 살찌는 사람도 있습니다.
- 何か欲しいものがあれば言ってください。 뭔가 갖고 싶은 것이 있으면 말해 주세요.

0935

宇
집 우
6획 | N3

음 う　宇宙 우주　宇治 우지(지명)

- 宇宙飛行士が地球は青いと表現しました。 우주 비행사가 지구는 파랗다고 표현했습니다.
- 宇治抹茶は有名です。 우지 말차는 유명합니다.

0936

郵
우편 우
11획 | N3

음 ゆう　郵便 우편　郵送 우송

- 郵便局は花屋の右側にあります。 우체국은 꽃집 오른쪽에 있습니다.
- 海外に送るのは国内より郵送料が高いです。
  해외에 보내는 것은 국내보다 우송료가 비쌉니다.

0937

優
뛰어날 우
17획 | N3

음 ゆう　優先 우선　優秀 우수　俳優 배우

훈 やさしい、すぐれる　優しい 상냥하다　優れる 뛰어나다

- 妊婦に優先席をゆずりましょう。 임산부에게 우선석을 양보합시다.
- 彼女は優しくて背が高いです。 그녀는 상냥하고 키가 큽니다.

0938

源
근원 원
13획 | N1

음 げん　源泉 원천　資源 자원　電源 전원

훈 みなもと　源 근원, 원천

- アメリカは天然資源が豊かです。 미국은 천연자원이 풍부합니다.
- インターネットは情報の源である。 인터넷은 정보의 원천이다.

254

0939 ☐☐

危
위태할 위
6획 | N3

- 음 き 危険 위험 危機 위기 安危 안위
- 훈 あぶない 危ない 위험하다
   あやうい 危うい 위태롭다
   あやぶむ 危ぶむ 불안해하다, 걱정하다, 의심하다
- 危険物の扱いに気を付けてください。 위험물 취급에 조심해 주세요.
- シートベルトをしめないと危ないです。 안전벨트를 하지 않으면 위험합니다.

0940 ☐☐

胃
밥통 위
9획 | N2

- 음 い 胃 위 胃腸 위장 胃酸 위산
- 胃が悪くて病院に行ってきました。 위가 안 좋아서 병원에 다녀왔습니다.
- 胃腸薬は食後に飲んでください。 위장약은 식후에 먹어 주세요.

0941 ☐☐

幼
어릴 유
5획 | N2

- 음 よう 幼年 유년 幼児 유아 幼稚園 유치원
- 훈 おさない 幼い 어리다 幼馴染 소꿉친구 幼心 어린 마음, 동심
- 幼稚園で学芸会があります。 유치원에서 학예회가 있습니다.
- 彼は幼馴染で今も連絡を取り合っています。
  그는 소꿉친구로 지금도 서로 연락하고 있습니다.

0942 ☐☐

乳
젖 유
8획 | N3

- 음 にゅう 乳児 유아 乳製品 유제품 牛乳 우유
- 훈 ちち、ち 乳 젖, 유방 乳牛 젖소 乳首 유두
- 牛乳でチーズを作ります。 우유로 치즈를 만듭니다.
- 牧場で牛の乳をしぼって飲みました。 목장에서 소젖을 짜서 마셨습니다.

0943 ☐☐

遺
남길 유
15획 | N1

- 음 い、ゆい 遺産 유산 遺伝子 유전자 遺言 유언
- 2013年正式に富士山は世界遺産に登録された。
  2013년 정식으로 후지산은 세계 유산으로 등록되었다.
- 遺言書に必ず日付を記載します。 유언장에 반드시 날짜를 기재합니다.

0944 ☐☐ --

恩

은혜 은

10획 | N1

（음） おん

恩人 은인　恩返し 은혜를 갚음, 보은　恩師 은사

• 山本さんは私の命の恩人です。 야마모토 씨는 나의 생명의 은인입니다.

• 恩を受けた先生に恩返ししました。 은혜를 입은 선생님에게 은혜를 갚았습니다.

0945 ☐☐ --

疑

의심할 의

14획 | N2

（음） ぎ

疑問 의문　容疑 용의　質疑 질의, 질문

（훈） うたがう、うたがわしい

疑う 의심하다　疑わしい 의심스럽다

• 事件の容疑者を捕まえました。 사건의 용의자를 붙잡았습니다.

• 調査の結果には疑う余地がない。 조사 결과에는 의심할 여지가 없다.

0946 ☐☐ --

異

다를 이

11획 | N2

（음） い

異論 이론, 이의　奇異 기이　差異 차이

（훈） こと

異なる 다르다

• 異論がある方は言ってください。 이의 있으신 분은 말해 주세요.

• 事実と異なる情報が出回っている。 사실과 다른 정보가 나돌고 있다.

0947 ☐☐ --

翌

다음날 익　| 翌 |

11획 | N2

（음） よく

翌日 다음 날　翌年 다음 해　翌朝 다음 날 아침

• その翌年、彼は卒業をむかえた。 그 다음 해 그는 졸업을 맞이했다.

• 翌朝10時の船便に乗ります。 다음 날 아침 10시 배편을 탑니다.

0948 ☐☐ --

仁

어질 인

4획 | N1

（음） じん、に

仁義 인의　仁術 인술　仁王 인왕(불교의 신)

• 人として守るべき仁義があります。 사람으로서 지켜야 할 인의가 있습니다.

• 寺に行くと入口の両側に仁王像があります。 절에 가면 입구 양측에 인왕상이 있습니다.

0949 ☐☐

認

알 인

14획 | N2

㊟ にん　　　認定 인정　認識 인식　承認 승인

㈻ みとめる　　認める 인정하다

• ドアロックの認識システムが故障した。 도어록의 인식 시스템이 고장 났다.
• 料理の実力を認められました。 요리 실력을 인정받았습니다.

0950 ☐☐

賃

품삯 임

13획 | N2

㊟ ちん　　　賃貸 임대　賃金 임금　運賃 운임

• 最低賃金は物価と共に上昇する。 최저 임금은 물가와 함께 상승한다.
• 去年より運賃が上がりました。 작년보다 운임이 올라갔습니다.

🔘 이런 차이점에 주의!

💡 **잠깐!**

「尊い」たっとい？ とうとい？ 어느 게 맞는 표현이지?

▶「尊い」의 읽는 법은 たっとい、とうとい 모두 올바른 표현입니다. 옛날에는 たっとい를 더 많이 썼다면 현재는 とうとい라고 읽는 것이 일반적입니다.

💡 **어떻게 다를까?**

「尊い」는 주관적인 마음을 나타낼 때 사용하여, 주로 신이나 사람에 대해 존중해야 마땅한 것, 소중히 여겨야 당연한 것을 나타냅니다.
　예 尊い生き方 귀중한 삶

「貴い」는 원래부터 갖고 있는 객관적인 성질을 나타내며, 주로 물건이나 일에 관하여 가치가 높은 것을 나타냅니다.
　예 貴い体験 소중한 체험

아래의 한자를 보고 빈칸에 읽는 법과 뜻을 써 봅시다.

한자	읽는 법	뜻
예 宝石	ほうせき	보석
01 注射		
02 誠意		
03 神秘		
04 純情		
05 視野		
06 誤解		
07 幼稚園		
08 地域		
09 遺言		
10 運賃		
11 候補		
12 改善		
13 容疑		
14 俳優		
15 繁盛		

정답

01 ちゅうしゃ 주사 02 せいい 성의 03 しんぴ 신비 04 じゅんじょう 순정 05 しや 시야
06 ごかい 오해 07 ようちえん 유치원 08 ちいき 지역 09 ゆいごん 유언 10 うんちん 운임
11 こうほ 후보 12 かいぜん 개선 13 ようぎ 용의 14 はいゆう 배우 15 はんじょう 번성

6학년 한자 익히기 ③

📍 필순은 별책 부록 쓰기 노트에 있습니다.

0951 ☐☐

姿 모양 자

9획 | N2

음 し 姿態 자태 姿勢 자세 容姿 얼굴 모양이나 몸매

훈 すがた 姿 모습

• バレエの姿勢がいいです。 발레 자세가 좋습니다.
• 暗闇の中から怪しい姿が見えます。 어둠 속에서 수상한 모습이 보입니다.

0952 ☐☐

磁 자석 자

14획 | N1

음 じ 磁気 자기(자석이 갖는 성질) 磁石 자석

　　　　　陶磁器 도자기

• 実験には強力な磁石が要ります。 실험에는 강력한 자석이 필요합니다.
• これは江戸時代の陶磁器です。 이것은 에도 시대의 도자기입니다.

0953 ☐☐

蚕 누에 잠 蠶

10획 | N1

음 さん 蚕糸 명주실 養蚕 양잠(누에를 기름)

훈 かいこ 蚕 누에

• 養蚕はとても長い歴史があります。 양잠은 아주 긴 역사가 있습니다.
• 蚕は桑の葉しか食べません。 누에는 뽕잎밖에 먹지 않습니다.

0954 ☐☐

将 장차 장/장수 장 將

10획 | N2

음 しょう 将来 장래 将軍 장군 主将 주장

특 女将 (요릿집·여관 등의) 여주인

• 将来の夢は外交官になることです。 장래의 꿈은 외교관이 되는 것입니다.
• 彼女はハンドボール部の主将です。 그녀는 핸드볼부의 주장입니다.

0955 ☐☐

装 꾸밀 장 裝

12획 | N2

음 そう、しょう 装置 장치 服装 복장 衣装 의상

훈 よそおう 装う 치장하다, 꾸미다, 가장하다

• 服装と衣装が同じ漢字であることに気づきましたか。
　복장과 의상이 같은 한자인 것을 눈치채셨나요?
• 店内を春向きに装いました。 가게 안을 봄 분위기로 꾸몄습니다.

0956

腸
창자 장
13획 | N1

음 ちょう

腸 장, 창자　盲腸 맹장　胃腸 위장

- 子供の時、盲腸の手術をしました。 어렸을 때 맹장 수술을 했습니다.
- 消化不良で、胃腸薬を飲みました。 소화 불량으로 위장약을 먹었습니다.

0957

障
막을 장
14획 | N1

음 しょう

障子 미닫이　障害 장해, 장애　故障 고장

훈 さわる

障る 방해가 되다, 거슬리다

- スマホが故障してしまいました。 스마트폰이 고장 나 버렸습니다.
- 耳に障る音がして集中できなかった。 귀에 거슬리는 소리가 나서 집중할 수 없었다.

0958

蔵
감출 장　藏
15획 | N2

음 ぞう

所蔵 소장　冷蔵 냉장　秘蔵 비장, 소중히 간직함

훈 くら

蔵 창고　酒蔵 술 창고, 술 곳간

- この美術館は多くの名画を所蔵している。 이 미술관은 많은 명화를 소장하고 있다.
- 30年伝統のある酒蔵を見学しました。 30년 전통 있는 술 곳간을 견학했습니다.

0959

臓
오장 장　臓
19획 | N2

음 ぞう

臓器 장기　心臓 심장　内臓 내장

- 臓器移植手術を受けました。 장기 이식 수술을 받았습니다.
- アマゾンは地球の心臓と呼ばれます。 아마존은 지구의 심장이라고 불립니다.

0960

裁
옷 마를 재
12획 | N1

음 さい

裁判 재판　体裁 체재　仲裁 중재

훈 たつ、さばく

裁つ 재단하다　裁く 재판하다

- 裁判所に見学に行くことができます。 재판소에 견학갈 수 있습니다.
- 判事は罪を裁きます。 판사는 죄를 재판합니다.

0961 ☐☐

著

나타날 저 [著]

11획 | N2

음 ちょ
著者 저자　著名 저명　著作権 저작권

훈 あらわす、いちじるしい
著す 저술하다　著しい 현저하다, 두드러지다

• 将来のために著作権法を勉強しています。 장래를 위해서 저작권법을 공부하고 있습니다.
• あの選手の実力が著しく伸びた。 저 선수의 실력이 현저하게 늘었다.

0962 ☐☐

敵

대적할 적

15획 | N2

음 てき
敵対 적대　強敵 강적　無敵 무적

훈 かたき
敵 원수, 적수　敵役 악역, 미움받는 역할

• 強敵チームが現れました。 강적 팀이 나타났습니다.
• 碁敵に勝てる秘訣があります。 바둑의 적수를 이길 수 있는 비결이 있습니다.

0963 ☐☐

専

오로지 전 [専]

9획 | N3

음 せん
専門 전문　専用 전용　専念 전념

훈 もっぱら
専ら 오로지, 한결같이

• ここは女性専用トイレです。 여기는 여성 전용 화장실입니다.
• 専ら部屋でゲームばかりしている。 오로지 방에서 게임만 하고 있다.

0964 ☐☐

展

펼 전

10획 | N3

음 てん
展開 전개　展示 전시　発展 발전

• 卒業展示会に行ってきました。 졸업 전시회에 다녀왔습니다.
• 科学技術はますます発展しています。 과학 기술은 점점 발전하고 있습니다.

0965 ☐☐

銭

돈 전 [銭]

14획 | N1

음 せん
銭湯 대중목욕탕　金銭 금전　一銭 푼돈, 적은 돈

훈 ぜに
小銭 잔돈

• 金銭の貸し借りは絶対にしないでください。 금전의 대차(거래)는 절대로 하지 마세요.
• もう小銭がいらない時代になったようだ。 이제 잔돈이 필요 없는 시대가 된 듯하다.

頂
정수리 정
11획 | N2

(음) ちょう 頂上 정상 頂点 정점 絶頂 절정

(훈) いただく 頂く 받다(겸양어), 받들다, 모시다

いただき 頂 꼭대기, 정상

• 富士山の頂上まで登りたいです。 후지산 정상까지 올라가고 싶습니다.
• 部長にお土産を頂きました。 부장님께 선물을 받았습니다.

諸
모두 제 諸
15획 | N2

(음) しょ 諸君 제군, 여러분 諸国 제국, 여러 나라

• 諸君、あともう少し頑張ってください。 제군들 앞으로 조금만 더 힘내세요.
• 昔は諸国と戦争が多かったです。 옛날에는 여러 나라들과 전쟁이 많았습니다.

除
덜 제
10획 | N3

(음) じょ、じ 除外 제외 削除 삭제 掃除 청소

(훈) のぞく 除く 제외하다

• 母を手伝って部屋を掃除しました。 어머니를 도와서 방을 청소했습니다.
• 未成年者は除いて列に並んでください。 미성년자는 제외하고 줄을 서 주세요.

済
건널 제 濟
11획 | N3

(음) さい、ざい 返済 변제 救済 구제 経済 경제

(훈) すむ、すます 済む 끝나다, 완료되다 済ます 끝내다, 마치다

• 毎日経済新聞を読みます。 매일 경제 신문을 읽습니다.
• パンとコーヒーで朝食を済ませました。 빵과 커피로 아침 식사를 마쳤습니다.

潮
밀물 조/조수 조
15획 | N1

(음) ちょう 潮流 조류 満潮 만조

(훈) しお 潮 바닷물 潮風 바닷바람 潮時 물때, 적당한 때

• ここは特に潮流が強くて危険です。 여기는 특히 조류가 세서 위험합니다.
• 日差しは強くても潮風が涼しいです。 햇볕은 강해도 바닷바람이 시원합니다.

0971 ☐☐

操

잡을 조

16획 | N1

음 そう

操作 조작　体操 체조　節操 절조, 지조

훈 みさお、あやつる

操 절조, 정조　操る 조종하다, 말을 잘 구사하다

• 世界体操選手権大会が開催されます。 세계 체조 선수권 대회가 개최됩니다.
• 誰かが後ろで人形を操っています。 누군가가 뒤에서 인형을 조종하고 있습니다.

0972 ☐☐

存

있을 존

6획 | N2

음 そん、ぞん

存在 존재　存分 마음껏, 실컷　保存 보존

• 私は神の存在を信じています。 나는 신의 존재를 믿고 있습니다.
• 古代の文書を保存しています。 고대의 문서를 보존하고 있습니다.

0973 ☐☐

尊

높을 존　尊

12획 | N2

음 そん

尊厳 존엄　尊敬 존경　尊重 존중

훈 とうとい

尊い 귀중하다, (신분이) 높다

たっとい

尊い 귀중하다, (신분이) 높다

とうとぶ

尊ぶ 존중하다, 존경하다

たっとぶ

尊ぶ 존중하다, 존경하다

• どんな偉人より母を尊敬しています。 어떤 위인보다 어머니를 존경하고 있습니다.
• 動物の生命を尊重すべきです。 동물의 생명을 존중해야 합니다.

0974 ☐☐

宗

마루 종

8획 | N1

음 しゅう、そう

宗教 종교　改宗 개종, 종교를 바꿈　宗家 종가

• 豚肉を食べない宗教があります。 돼지고기를 먹지 않는 종교가 있습니다.
• 日本では宗家といえば伝統の技、芸をうけつぐ家を言う。
일본에서는 종가라고 하면 전통 기예를 계승하는 집을 말한다.

従

좇을 종 | 従

10획 | N2

음	じゅう	従**業員** 종업원　従**事** 종사　**服**従 복종
	しょう	従**容** 침착한 모양
	じゅ	従**一位** 종 1품
훈	したがう	従う 따르다, 뒤따르다
	したがえる	従える 따르게 하다, 데리고 가다

• 都市ではサービス業に従事する人が多いです。
　도시에는 서비스업에 종사하는 사람이 많습니다.

• 部長の指示に従います。 부장님의 지시에 따릅니다.

縦

세로 종 | 縦

16획 | N1

| 음 | じゅう | 縦**断** 종단　縦**列** 종렬(세로 줄지은 열)　**操**縦 조종 |
| 훈 | たて | 縦 세로 |

• 台風が大陸を縦断しました。 태풍이 대륙을 종단했습니다.

• 字が縦に書いてありました。 글자가 세로로 쓰여 있었습니다.

座

자리 좌

10획 | N3

| 음 | ざ | 座**席** 좌석　座**布団** 방석　**星**座 별자리 |
| 훈 | すわる | 座る 앉다 |

• 私の星座はいて座です。 나의 별자리는 사수자리입니다.

• 隣の席に座ってもいいですか。 옆자리에 앉아도 될까요?

宙

집 주

8획 | N3

| 음 | ちゅう | 宙**返り** 공중제비, 공중회전　**宇**宙 우주 |

• 彼は宙返りセレモニーをしました。 그는 공중제비 세리머니를 했습니다.

• 未来には宇宙旅行ができるかもしれません。
　미래에는 우주여행이 가능할지도 모릅니다.

0979 ☐☐ --

奏
아뢸 주
9획 | N1

음 そう

훈 かなでる

奏楽 주악(음악을 연주함)　合奏 합주　演奏 연주

奏でる 연주하다

• 来週、合奏会の練習があります。 다음 주에 합주회 연습이 있습니다.
• ギターを奏でながら歌っています。 기타를 연주하면서 노래를 부르고 있습니다.

0980 ☐☐ --

株
그루 주
10획 | N1

음 かぶ

株価 주가　株式 주식　株主 주주

• 今週も株価が上がり続けています。 이번 주도 주가는 계속 오르고 있습니다.
• 株式市場の見通しはきびしいです。 주식 시장의 전망은 혹독합니다.

0981 ☐☐ --

衆
무리 중
12획 | N1

음 しゅう、しゅ

公衆 공중　聴衆 청중　衆生 중생(불교 용어)

• このごろは公衆電話を見かけません。 요즘은 공중전화가 눈에 띄지 않습니다.
• 聴衆が会場にあふれるほど集まりました。 청중이 회장에 넘칠 정도로 모였습니다.

0982 ☐☐ --

蒸
찔 증
13획 | N1

음 じょう

훈 むす

　 むれる

　 むらす

蒸気 증기　蒸発 증발　蒸留 증류

蒸す 무덥다, 찌다　蒸し暑い 무덥다, 습하게 덥다

蒸れる 뜸들다

蒸らす 뜸들이다

• 蒸気機関車の前で写真を撮りました。 증기 기관차 앞에서 사진을 찍었습니다.
• 今年の夏は蒸し暑いです。 올해 여름은 무덥습니다.

0983 ☐☐ --

至
이를 지
6획 | N1

음 し

훈 いたる

至当 지당　至急 급히, 매우 급함　夏至 하지

至る 이르다, 도달하다

• 至急、ご返信ください。 급히 답변 주세요.
• 一行はようやく山頂に至りました。 일행은 겨우 산 정상에 도달했습니다.

0984 ☐☐

誌
기록할 지

14획 | N2

(음) し

誌面 (잡지의) 지면　日誌 일지　雑誌 잡지

- 多くの誌面を割いて広告を載せました。 많은 지면을 할애하여 광고를 실었습니다.
- 毎日当番日誌を書きます。 매일 당번 일지를 씁니다.

0985 ☐☐

窓
창 창

11획 | N3

(음) そう

車窓 차창, 기차나 자동차 등의 창문　同窓 동창

(훈) まど

窓 창문　窓口 창구　窓側 창가

- 同窓会で初恋の人に会いました。 동창회에서 첫사랑을 만났습니다.
- 相談の窓口はあちらです。 상담 창구는 저쪽입니다.

0986 ☐☐

創
비롯할 창

12획 | N1

(음) そう

創作 창작　倉庫 창고　独創的 독창적

(훈) つくる

創る 만들다, 창조하다

- 彼のデザインは独創的で人気があります。 그의 디자인은 독창적이어서 인기가 있습니다.
- 今までなかった新しい雑誌を創りました。 지금까지 없었던 새로운 잡지를 만들었습니다.

0987 ☐☐

冊
책 책

5획 | N3

(음) さつ、さく

冊子 책자　何冊 몇 권　別冊 별책
短冊 단자쿠(글씨를 쓸 수 있는 좁고 긴 종이)

- 一日に何冊まで借りることができますか。 하루에 몇 권까지 빌릴 수 있습니까?
- 七夕に使う短冊を用意しました。 칠석에 쓸 단자쿠를 준비했습니다.

0988 ☐☐

策
꾀 책

12획 | N1

(음) さく

策略 책략, 계략　対策 대책　政策 정책

- 彼の策略にはまってだまされた。 그의 책략에 빠져 속고 말았다.
- 緊急対策を立てるため会議を開いた。 긴급 대책을 세우기 위해 회의를 열었다.

0989 ☐☐ --

処
곳 처 處
5획 | N2

음 しょ

処分 처분　処置 조치, 처치　対処 대처

• 急いで応急処置をしました。 서둘러 응급조치를 했습니다.
• 事故に対処する方法を考えます。 사고에 대처할 방법을 생각합니다.

0990 ☐☐ --

尺
자 척
4획 | N1

음 しゃく

尺度 척도, 자, 길이　縮尺 축척

• 自分の尺度に合わせて価値を判断します。 자신의 척도에 맞추어 가치를 판단합니다.
• 設計するには縮尺図が必要です。 설계하기 위해서는 축척도가 필요합니다.

0991 ☐☐ --

泉
샘 천
9획 | N2

음 せん

泉水 천수, 샘물　温泉 온천　源泉 원천

훈 いずみ

泉 샘, 샘물　平泉 히라이즈미(지명)

• 温泉なら箱根が有名です。 온천이라면 하코네가 유명합니다.
• アイディアが泉のように湧きます。 아이디어가 샘물처럼 샘솟습니다.

0992 ☐☐ --

庁
관청 청 廳
5획 | N3

음 ちょう

庁舎 청사　気象庁 기상청　官公庁 관공서

• 東京都庁舎は新宿にあります。 도쿄도 청사는 신주쿠에 있습니다.
• 官公庁は行政事務を行う。 관공서는 행정 사무를 본다.

0993 ☐☐ --

寸
마디 촌
3획 | N1

음 すん

寸法 길이, 치수, 척도　一寸 한 치, 짧은 거리, 잠깐

• 洋服の寸法を計っています。 옷의 치수를 재고 있습니다.
• 一寸先も見えない状況です。 한 치 앞도 보이지 않는 상황입니다.

推

밀 추

11획 | N1

(음) すい

推進 추진　　推理 추리　　推定 추정

(훈) おす

推す 밀다, 추대하다

・話題の推理小説が映画化されました。 화제의 추리 소설이 영화화 됐습니다.
・吉田さんを学級委員に推します。 요시다 씨를 학급 위원으로 추천합니다.

縮

줄일 축

17획 | N2

(음) しゅく

縮小 축소　　短縮 단축　　収縮 수축

(훈) ちぢむ

縮む 줄다

ちぢまる

縮まる 오그라들다

ちぢめる

縮める 줄이다

ちぢれる

縮れる 주름이 지다

ちぢらす

縮らす 오그라들게 하다, 곱슬곱슬하게 만들다

・今日は短縮授業で早く終わりました。 오늘은 단축 수업으로 일찍 끝났습니다.
・洗濯したら、服が縮んでしまった。 세탁했더니 옷이 줄어들고 말았다.

忠

충성 충

8획 | N2

(음) ちゅう

忠実 충실, 성실　　忠犬 충견　　忠告 충고

・原文に忠実なほんやくをしました。 원문에 충실한 번역을 했습니다.
・ハチは日本の忠犬として有名です。 하치는 일본의 충견으로 유명합니다.

就

나아갈 취

12획 | N1

(음) しゅう、じゅ

就航 취항　　就任 취임　　成就 성취

(훈) つく

就く 취임하다, 취업하다

つける

就ける (자리나 지위에) 앉히다, 취임시키다

・新しい社長が就任しました。 새로운 사장이 취임했습니다.
・今年から管理職に就きました。 올해부터 관리직에 취임했습니다.

0998

層
층 층 層

14획 | N2

- 음 そう
- 地層 지층 高層 고층 階層 계층
- 高層マンションに住みたいです。 고층 맨션에 살고 싶습니다.
- 所得によって社会階層を分ける傾向があります。
  소득에 따라 사회 계층을 나누는 경향이 있습니다.

0999

値
값 치

10획 | N3

- 음 ち
- 数値 수치 価値 가치
- 훈 あたい、ね
- 値する 가치가 있다, 상당하다 値段 가격
- 世の中に価値のない人はいません。 세상에는 가치 없는 사람은 없습니다.
- これは一万円に値する料理です。 이것은 만 엔의 가치가 있는 요리입니다.

1000

針
바늘 침

10획 | N2

- 음 しん
- 針路 침로, 항로 秒針 초침 方針 방침
- 훈 はり
- 針 바늘, 침 針金 철사 針仕事 바느질, 재봉
- 時計の秒針が止まっています。 시계 초침이 멈춰 있습니다.
- ハチの針に刺されました。 벌의 침에 쏘였습니다.

1001

誕
낳을 탄

15획 | N2

- 음 たん
- 誕生 탄생, 출생 誕生日 생일 聖誕祭 성탄절
- 誕生日にケーキをもらいました。 생일에 케이크를 받았습니다.
- 聖誕祭に恋人と教会で過ごします。 성탄절에 연인과 교회에서 보냅니다.

1002

探
찾을 탐

11획 | N3

- 음 たん
- 探求 탐구 探訪 탐방 探査 탐사
- 훈 さぐる、さがす
- 探る 뒤지다, 살피다 探す 찾다
- 面接の時には探求心をアピールするのもいい。
  면접 때에는 탐구심을 어필 하는 것도 좋다.
- 新しい職を探しています。 새로운 일자리를 찾고 있습니다.

討

칠 토

10획 | N1

(음) とう

討議 토의　討論 토론　検討 검토

(훈) うつ

討つ 베어 죽이다, (원수를) 갚다, 토벌하다

• 部長に書類の検討をお願いしました。 부장님에게 서류 검토를 부탁드렸습니다.
• 前回は負けたが今回そのかたきを討った。 저번에는 졌지만 이번에 그 원수를 갚았다.

痛

아플 통

12획 | N3

(음) つう

痛快 통쾌　苦痛 고통　悲痛 비통

(훈) いたい

痛い 아프다

　　いたむ

痛む 아프다, 괴롭다, 슬프다

　　いためる

痛める 아프게 하다

• 本当に痛快な話ですね。 정말로 통쾌한 이야기군요.
• 食べ過ぎてお腹が痛いです。 너무 많이 먹어서 배가 아픕니다.

물러날 퇴

9획 | N3

(음) たい

退職 퇴직　引退 은퇴　後退 후퇴

(훈) しりぞく、しりぞける

退く 물러나다　退ける 물리치다

• 去年、現役から引退しました。 작년에 현역에서 은퇴했습니다.
• 後ろに一歩退いてください。 뒤로 한 발 물러나 주세요.

갈래 파　派

9획 | N3

(음) は

派生 파생　派遣 파견　立派 훌륭함

• あの人は派遣社員です。 저 사람은 파견 사원입니다.
• 立派な業績を残しました。 훌륭한 업적을 남겼습니다.

조각 편

4획 | N3

(음) へん

紙片 종잇조각　破片 파편　断片 단편

(훈) かた

片方 한쪽　片手 한 손　片仮名 가타카나

(특) 欠片 조각, 단편

• ガラスの破片に気を付けてください。 유리 파편을 조심해 주세요.
• 片手でテーブルを持つのは大変です。 한 손으로 테이블을 드는 것은 힘듭니다.

1008

肺

허파 **폐**

9획 | N2

(음) はい

肺 폐　肺活量 폐활량　心肺 심폐

- タバコは肺によくありません。 담배는 폐에 좋지 않습니다.
- 水泳をして肺活量が多いです。 수영을 해서 폐활량이 좋습니다.

1009

閉

닫을 **폐**

11획 | N4

(음) へい

閉店 폐점　閉館 폐관　密閉 밀폐

(훈) とじる

閉じる 닫다

とざす

閉ざす 닫다, 폐쇄하다

しめる

閉める 닫다

しまる

閉まる 닫히다

- 週末の閉店時間は6時です。 주말 폐점 시간은 6시입니다.
- 寒いから窓を閉めてください。 추우니까 창문을 닫아 주세요.

1010

陛

대궐 섬돌 **폐**

10획 | N1

(음) へい

陛下 폐하　女王陛下 여왕 폐하

- 「陛下」は始皇帝の頃から使われたことばだ。 '폐하'는 진시황제 때부터 쓰던 말이다.
- 来月、女王陛下が来韓します。 다음 달에 여왕 폐하가 내한합니다.

1011

俵

나누어줄 **표**

10획 | N1

(음) ひょう

一俵 한 가마니　土俵 씨름판

(훈) たわら

米俵 쌀가마니

- 土俵の上で試合が行われます。 씨름판 위에서 시합이 실시됩니다.
- 米俵を盗まれました。 쌀가마니를 도둑맞았습니다.

1012

割 벨 할
12획 | N2

- (음) かつ — 割愛 할애　分割 분할
- (훈) わる、われる — 割る 나누다　割れる 갈라지다, 깨지다
- わり — 割合 비율　割引 할인　時間割 (수업, 작업의) 시간표
- さく — 割く 가르다, 갈라놓다, 할애하다

- 支払いは分割払いでお願いします。 지불은 분할 계산(할부)으로 부탁드립니다.
- ラーメン屋の割引券があります。 라멘 가게의 할인권이 있습니다.

1013

郷 시골 향　郷
11획 | N1

- (음) きょう、ごう — 郷土 향토　理想郷 이상향　故郷 고향
　近郷 근교, 도시에 가까운 시골

- せっかく来たから郷土料理が食べたいです。
　모처럼 왔으니까 향토 요리가 먹고 싶습니다.
- 祭りには近郷近在から人々が集まってきます。
　축제 때 근교로부터 사람들이 모여듭니다.

1014

憲 법 헌
16획 | N1

- (음) けん — 憲章 헌장　憲法 헌법　立憲 입헌

- 憲法が新しく改正されました。 헌법이 새롭게 개정되었습니다.
- 立憲君主制はイギリスから始まった。 입헌군주제는 영국에서 시작됐다.

1015

革 가죽 혁
9획 | N2

- (음) かく — 革命 혁명　革新 혁신　改革 개혁
- (훈) かわ — 革 가죽　革靴 가죽 구두

- 政府が改革案を出しました。 정부가 개혁안을 내놓았습니다.
- 羊の革で作ったかばんがあります。 양가죽으로 만든 가방이 있습니다.

1016

穴 굴 혈
5획 | N3

- (음) けつ — 墓穴 묘혈, 무덤 구멍　虎穴 호랑이 굴
- (훈) あな — 穴 구멍　毛穴 모공, 땀구멍　洞穴 동굴

- 自分で墓穴をほってしまった。 스스로 제무덤을 파고 말았다.
- 靴下に穴があいています。 양말에 구멍이 나 있습니다.

1017 ☐☐

呼
부를 호
8획 │ N3

- 음 こ
- 훈 よぶ

呼応 호응　　呼吸 호흡　　点呼 점호

呼ぶ 부르다

- 呼吸運動をすると心が落ち着きます。 호흡 운동을 하면 마음이 안정됩니다.
- 荷物が多いのでタクシーを呼んでください。 짐이 많으니까 택시를 불러 주세요.

1018 ☐☐

紅
붉을 홍
9획 │ N2

- 음 こう、く
- 훈 べに、くれない

紅一点 홍일점　　紅茶 홍차　　真紅 진홍, 짙은 빨강

口紅 립스틱, 입술 연지　　紅 다홍

- 色んな種類の紅茶があります。 다양한 종류의 홍차가 있습니다.
- 赤い口紅をぬりました。 빨간 립스틱을 발랐습니다.

1019 ☐☐

拡
넓힐 확 擴
8획 │ N1

- 음 かく

拡大 확대　　拡張 확장　　拡声器 확성기

- 見やすいように地図を拡大しました。 보기 편하도록 지도를 확대했습니다.
- 店舗を拡張することになりました。 점포를 확장하게 되었습니다.

1020 ☐☐

皇
임금 황
9획 │ N1

- 음 こう、おう
- 특 天皇 일왕

皇族 황족　　皇室 황실　　皇子 황제의 아들

- 皇室の家系図はたいへん複雑です。 황실의 가계도는 매우 복잡합니다.
- 天皇が新年の挨拶をしました。 일왕이 신년 인사를 했습니다.

1021 ☐☐

灰
재 회
6획 │ N3

- 음 かい
- 훈 はい

灰白色 잿빛, 회백색　　石灰 석회

灰皿 재떨이　　火山灰 화산재

- 石灰岩のどうくつに行ってきました。 석회암 동굴에 갔다 왔습니다.
- 車の上に火山灰が積もりました。 차 위에 화산재가 쌓였습니다.

1022

孝

효도 효

7획 | N1

(음) こう

おやこうこう	おやふこう	ちゅうこう
親孝行 효도	親不孝 불효	忠孝 충효

- 親孝行旅行の場所を決めました。 효도 여행 장소를 정했습니다.
- 自分のことを親不孝だと思っています。 제 자신을 불효자(녀)라고 생각합니다.

1023

后

임금 후

6획 | N1

(음) こう

こうごう	こうたいごう
皇后 황후	皇太后 황태후

- 皇后は美しい衣装をまとっています。 황후는 아름다운 의상을 입고 있습니다.
- 皇太后宮を再建しました。 황태후 궁을 재건했습니다.

1024

揮

휘두를 휘

12획 | N1

(음) き

きはつゆ	はっき	しき
揮発油 휘발유, 가솔린	発揮 발휘	指揮 지휘

- 練習した実力を発揮してください。 연습한 실력을 발휘해 주세요.
- 指揮者に合わせながら演奏をします。 지휘자에게 맞춰 가면서 연주를 합니다.

1025

胸

가슴 흉

10획 | N2

(음) きょう

きょうぞう	きょうちゅう	きょうぶ
胸像 흉상	胸中 흉중, 속마음	胸部 흉부

(훈) むね、むな

むね	むなさわぎ
胸 가슴	胸騒ぎ (불길한 예감) 가슴이 두근거림

- 親友にだけは胸中を明かしました。 친구에게만은 속마음을 털어놓았습니다.
- 急に胸が苦しくなりました。 갑자기 가슴이 답답해졌습니다.

1026

吸

마실 흡

6획 | N3

(음) きゅう

きゅうにゅう	きゅうしゅう	こきゅう
吸入 흡입	吸収 흡수	呼吸 호흡

(훈) すう

す
吸う 들이마시다, 빨다

- 他の会社に吸収合併されました。 다른 회사에 흡수 합병되었습니다.
- 公園でタバコを吸ってはいけません。 공원에서 담배를 피우면 안 됩니다.

아래의 한자를 보고 빈칸에 읽는 법과 뜻을 써 봅시다.

한자	읽는 법	뜻
예 将来	しょうらい	장래
01 短縮		
02 推理		
03 数値		
04 呼吸		
05 削除		
06 引退		
07 頂上		
08 著作権		
09 政策		
10 故障		
11 公衆		
12 操作		
13 心臓		
14 親孝行		
15 胸騒ぎ		

정답

01 たんしゅく 단축 02 すいり 추리 03 すうち 수치, 값 04 こきゅう 호흡 05 さくじょ 삭제 06 いんたい 은퇴
07 ちょうじょう 정상 08 ちょさくけん 저작권 09 せいさく 정책 10 こしょう 고장 11 こうしゅう 공중
12 そうさ 조작 13 しんぞう 심장 14 おやこうこう 효도, 효도하는 사람 15 むなさわぎ (불길한 예감으로) 가슴이 두근거림

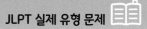

⚙ 밑줄 친 단어의 올바른 발음을 찾아 봅시다.

1. おばあさんの家を訪れました。
   ① ゆれました　　② ながれました　　③ おとずれました　④ もれました

2. 担当者変更をお知らせします。
   ① だんとう　　② たんとう　　③ だんと　　④ たんと

3. 納得がいかないことがあれば聞いてください。
   ① なっとう　　② のうとく　　③ のうどく　　④ なっとく

4. この辺は工業地域です。
   ① ちえき　　② じいき　　③ ちいき　　④ じえき

5. ちゃわんにご飯をたくさん盛りました。
   ① もりました　　② あがりました　　③ おりました　　④ のぼりました

6. チケットは窓口で買えます。
   ① まどくち　　② まとぐち　　③ まどぐち　　④ まとくち

7. 土曜日にオーケストラの合奏会があります。
   ① ごうそうかい　　② がっそうかい　　③ ごうそかい　　④ がっそかい

8. スマホの使用量について討論をしました。
   ① とろん　　② とうろん　　③ とんろん　　④ どうろん

9. 初恋を心の中に秘めています。
   ① そめて　　② とめて　　③ しめて　　④ ひめて

10. 仕事の環境を改善してください。
   ① かいせん　　② がいぜん　　③ かいぜん　　④ がいせん

정답   1③   2②   3④   4③   5①   6③   7②   8②   9④   10③

⚙ 밑줄 친 단어의 올바른 한자를 찾아 봅시다.

1 昨日彼氏と<u>えいが</u>を見ました。
① 英画　　　　② 栄画　　　　③ 瑛画　　　　④ 映画

2 チケットを買おうとする人が<u>ならん</u>でいます。
① 併んで　　　② 並んで　　　③ 列んで　　　④ 伴んで

3 <u>しゅうしょく</u>活動をしています。
① 就職　　　　② 参職　　　　③ 参織　　　　④ 就織

4 期日までに必ず<u>へんさい</u>してください。
① 反斉　　　　② 反済　　　　③ 返斉　　　　④ 返済

5 初デートなので<u>むね</u>がドキドキします。
① 腰　　　　　② 腕　　　　　③ 胸　　　　　④ 脚

6 日本の<u>せんとう</u>に行ったことがあります。
① 銭陽　　　　② 浅陽　　　　③ 銭湯　　　　④ 浅陽

7 自分の罪を<u>みとめ</u>ました。
① 認めました　② 読めました　③ 忍めました　④ 観めました

8 意見を<u>ろんりてき</u>に話してください。
① 論理的　　　② 輪理的　　　③ 輪里的　　　④ 論里的

9 山田さんを部長に<u>おし</u>ます。
① 押し　　　　② 推し　　　　③ 勧し　　　　④ 進し

10 思ったより<u>ねだん</u>が高くありません。
① 値段　　　　② 根段　　　　③ 根断　　　　④ 値断

정답 1④ 2② 3① 4④ 5③ 6③ 7① 8① 9② 10①

술술 문제가 풀린다 문제 해석

📍 제1장 (p.33~34)

한자 읽기

1. 내일은 눈이 옵니까?
2. 가방은 의자 아래에 있습니다.
3. 저는 축구 선수가 되고 싶습니다.
4. 그는 글자를 예쁘게 씁니다.
5. 가족과 바다에 갑니다.
6. 사과를 여덟 개 주세요.
7. 나는 대학생입니다.
8. 다음 역에서 하차해 주세요.
9. 기운을 내세요.
10. 하루 종일 친구와 놀았습니다.

한자 읽기

1. 쉬는 날에 가족과 온천에 갑니다.
2. 형/오빠가 하얀 티셔츠를 줬습니다.
3. 어제 하늘은 매우 파랬습니다.
4. 오른쪽에 자동차가 있습니다.
5. 나는 책을 샀습니다.
6. 개의 눈이 큽니다.
7. 날씨가 좋아서 기분이 좋습니다.
8. 엄마는 꽃을 좋아합니다.
9. 나는 일기를 씁니다.
10. 아침 일찍 회사에 갑니다.

📍 제2장 (p.75~76)

한자 읽기

1. 파스타를 만드는 방법을 가르쳐 주세요.
2. 나는 소고기를 가장 좋아합니다.
3. 그와 친해지고 싶습니다.
4. 중국은 인구가 많습니다.
5. 나는 가수가 되고 싶습니다.
6. 학교는 역에서 멀리 있습니다.
7. 언어를 공부하는 것은 재미있습니다.
8. 어제는 매우 재밌었습니다.
9. 내일은 태풍이 온다고 합니다.
10. 일본 신사에 간 적이 있습니다.

한자 읽기

1. 책방은 남쪽 출구에 있습니다.
2. 내일 여동생이 초등학교에 입학합니다.
3. 컴퓨터를 고쳤습니다.
4. 나는 봄을 좋아합니다.
5. 점심밥은 무엇을 먹습니까?
6. 나의 꿈은 기자가 되는 것입니다.
7. 빨리 그녀를 만나고 싶습니다.
8. 겨울 방학 계획은 정했습니까?
9. 회사 앞에 있는 식당은 유명합니다.
10. 책을 읽고 있습니다.

제3장 (p.126~127)

한자 읽기

1. 내일까지 지도를 돌려주세요.
2. 그에게는 타산적인 면이 있습니다.
3. 공을 던지는 연습을 합니다.
4. 모든 사람은 평등하다.
5. 충치가 아파서 병원에 갔습니다.
6. 수하물은 15킬로까지 무료입니다.
7. 주방에서 그릇을 씻습니다.
8. 해외에 있는 친구에게 편지를 보냅니다.
9. 판매 타깃을 정했습니다.
10. 그는 근성이 있습니다.

한자 읽기

1. 이 레스토랑은 온화한 분위기이군요.
2. 조금 휴식을 취하세요.
3. 여러분, 이쪽을 주목해 주세요.
4. 정원에 꽃을 심었습니다.
5. 태풍으로 인해 버스 운행은 중지되었습니다.
6. 사원들의 의견을 조사했습니다.
7. 선생님은 마치 천사 같습니다.
8. 이 게임은 젊은 사람들에게 인기가 있습니다.
9. 선생님의 지시에 따라 주세요.
10. 쿠폰을 나누어 주었습니다.

제4장 (p.178~179)

한자 읽기

1. 요리를 만들 재료를 샀습니다.
2. 편지를 그녀에게 전해 주세요.
3. 매상 이익이 올랐습니다.
4. 사람은 사회를 이루는 동물입니다.
5. 아들이 군대에 들어갔습니다.
6. 다음 주 중요한 세미나가 있습니다.
7. 감기에 걸려서 결석했습니다.
8. 결혼식 사회를 맡았습니다.
9. 새로운 명함을 인쇄했습니다.
10. 그에게 정나미가 떨어졌습니다.

한자 읽기

1. 제가 공연장까지 안내하겠습니다.
2. 이번에는 워크숍에 참가할 생각입니다.
3. 최고의 서비스에 힘쓰고 있습니다.
4. 세계 일주를 하고 싶습니다.
5. 자연 보호에 힘을 쏟아야 합니다.
6. 회의가 있어서 먼저 실례하겠습니다.
7. 냄비가 뜨거우니 손을 대지 말아 주세요.
8. 일본에서 유학한 경험이 있습니다.
9. 라멘이 식기 전에 드세요.
10. 많은 사람 앞에서 말하는 것은 용기가 필요합니다.

📍 제5장 (p.227~228)

한자 읽기

1. 리포트 제출 기한은 오늘까지입니다.
2. 어느 쪽이 키가 큰지 비교해 봅시다.
3. 나의 혈액형은 A형입니다.
4. 학교 규칙을 지키세요.
5. 지금 터널을 통과했습니다.
6. 감기를 예방하기 위해서 운동을 합니다.
7. 운동량이 적으니 조금 늘리세요.
8. 에세이를 출판한 적이 있습니다.
9. 그 호텔은 룸에 어메니티(서비스 용품)를 갖추고 있습니다.
10. 공공장소에서 질서를 지킵시다.

한자 읽기

1. 잊은 물건이 없도록 다시 한 번 확인해 주세요.
2. 일본 항공사에 취직했습니다.
3. 제주도로 수학여행을 갔습니다.
4. 형/오빠가 자전거를 빌려주었습니다.
5. 자신의 미래를 상상해 봅시다.
6. 꼭 우리 집에 놀러 오세요.
7. 오사카까지의 왕복표를 샀습니다.
8. 우리는 21세기를 살아가고 있습니다.
9. 우산이 찢어져서 새 우산을 샀습니다.
10. 손님에게 질 높은 서비스를 제공합니다.

📍 제6장 (p.276~277)

한자 읽기

1. 할머니 집에 방문했습니다.
2. 담당자 변경을 알려드립니다.
3. 납득이 안 되는 것이 있으면 물어보세요.
4. 이 주변은 공업 지역입니다.
5. 밥공기에 밥을 가득 담았습니다.
6. 티켓은 창구에서 살 수 있습니다.
7. 토요일에 오케스트라의 합주회가 있습니다.
8. 스마트폰의 사용량에 관해 토론을 했습니다.
9. 첫사랑을 마음속에 간직하고 있습니다.
10. 업무 환경을 개선해 주세요.

한자 읽기

1. 어제 남자 친구와 영화를 봤습니다.
2. 티켓을 사려고 하는 사람이 줄 서 있습니다.
3. 취업 활동을 하고 있습니다.
4. 기일까지 반드시 갚아 주세요.
5. 첫 데이트라서 가슴이 두근두근합니다.
6. 일본의 대중목욕탕에 간 적이 있습니다.
7. 자신의 죄를 인정했습니다.
8. 의견을 논리적으로 얘기해 주세요.
9. 야마다 씨를 부장으로 추천합니다.
10. 생각보다 가격이 비싸지 않습니다.

색인

총11획

착! 붙는 일본어

상용한자
1026

초판발행	2024년 3월 5일
1판 3쇄	2024년 10월 10일

저자	일본어 공부기술연구소
감수	황영아
책임 편집	조은형, 김성은, 오은정, 무라야마 토시오
펴낸이	엄태상
디자인	권진희, 이건화
조판	이서영
콘텐츠 제작	김선웅, 장형진
마케팅	이승욱, 왕성석, 노원준, 조성민, 이선민
경영기획	조성근, 최성훈, 김다미, 최수진, 오희연
물류	정종진, 윤덕현, 신승진, 구윤주

펴낸곳	시사일본어사(시사북스)
주소	서울시 종로구 자하문로 300 시사빌딩
주문 및 교재 문의	1588-1582
팩스	0502-989-9592
홈페이지	www.sisabooks.com
이메일	book_japanese@sisadream.com
등록일자	1977년 12월 24일
등록번호	제 300-2014-92호

ISBN 978-89-402-9392-8 13730

착! 붙는 일본어

상용한자
1026

쓰기 노트

시사일본어사

0001	一						
一 한 일	一						

0002	二 二						
二 두 이	二						

0003	三 三 三						
三 석 삼	三						

0004	四 四 四 四 四						
四 넉 사	四						

0005	五 五 五 五						
五 다섯 오	五						

0006	六 六 六 六						
六 여섯 륙(육)	六						

0007	七 七						
七 일곱 칠	七						

0008	八 八						
八 여덟 팔	八						

0009 九 아홉 구	九 九 九
0010 十 열 십	十 十 十
0011 百 일백 백	百 百 百 百 百 百 百
0012 千 일천 천	千 千 千 千
0013 円 둥글 원	円 円 円 円 円
0014 年 해 년(연)	年 年 年 年 年 年 年
0015 日 날 일	日 日 日 日 日
0016 月 달 월	月 月 月 月 月

0017 火 불 화	火 火 火 火					
0018 水 물 수	水 水 水 水					
0019 木 나무 목	木 木 木 木					
0020 金 쇠 금/성 김	金 金 金 金 金 金 金 金					
0021 土 흙 토	土 十 土					
0022 夕 저녁 석	ノ ク 夕					
0023 天 하늘 천	天 天 天 天					
0024 空 빌 공	空 空 空 空 空 空 空 空					

0025	雨雨雨雨雨雨雨雨				
雨 비 우	雨				

0026	山山山				
山 메 산	山				

0027	川川川				
川 내 천	川				

0028	花花花花花花花				
花 꽃 화	花				

0029	草草草草草草草草草				
草 풀 초	草				

0030	竹竹竹竹竹竹				
竹 대 죽	竹				

0031	石石石石石				
石 돌 석	石				

0032	虫虫虫虫虫虫				
虫 벌레 충	虫				

0033 **貝** 조개 패	貝 冂 冃 目 貝 貝 貝				
	貝				

0034 **林** 수풀 림(임)	林 林 林 林 林 林 林 林				
	林				

0035 **森** 수풀 삼	森 森 森 森 森 森 森 森 森 森 森 森				
	森				

0036 **村** 마을 촌	村 村 村 村 村 村 村				
	村				

0037 **田** 밭 전	田 田 田 田 田				
	田				

0038 **町** 밭두둑 정	町 町 町 町 町 町 町				
	町				

0039 **人** 사람 인	人 人				
	人				

0040 **子** 아들 자	子 子 子				
	子				

0041 男 사내 남	男 男 男 男 男 男 男						
	男						

0042 女 여자 녀(여)	女 女 女						
	女						

0043 王 임금 왕	王 王 王 王						
	王						

0044 犬 개 견	犬 犬 犬 犬						
	犬						

0045 口 입 구	口 口 口						
	口						

0046 目 눈 목	目 目 目 目 目						
	目						

0047 耳 귀 이	耳 耳 耳 耳 耳 耳						
	耳						

0048 手 손 수	手 手 手 手						
	手						

| 0049 足 발 족 | 足足足足足足足 |
| 足 | |

| 0050 気 기운 기 | 気気気気気気 |
| 気 | |

| 0051 白 흰 백 | 白白白白白 |
| 白 | |

| 0052 赤 붉을 적 | 赤赤赤赤赤赤赤 |
| 赤 | |

| 0053 青 푸를 청 | 青青青青青青青青 |
| 青 | |

| 0054 上 윗 상 | 上上上 |
| 上 | |

| 0055 下 아래 하 | 下下下 |
| 下 | |

| 0056 左 왼 좌 | 左左左左左 |
| 左 | |

0057 右 오른 우	右 右 右 右 右					
	右					
0058 大 큰 대	大 大 大					
	大					
0059 中 가운데 중	中 中 中 中					
	中					
0060 小 작을 소	小 小 小					
	小					
0061 出 날 출	出 出 出 出 出					
	出					
0062 入 들 입	入 入					
	入					
0063 学 배울 학	学 学 学 学 学 学 学 学					
	学					
0064 校 학교 교	校 校 校 校 校 校 校 校 校 校					
	校					

0065 先 먼저 선	先先先先先先
0066 生 날 생	生生生生生
0067 文 글월 문	文文文文
0068 字 글자 자	字字字字字字
0069 本 근본 본	本十才木本
0070 名 이름 명	名夕夕名名名
0071 見 볼 견	見見見見見見見
0072 力 힘 력(역)	力力

11

0073 立 설 립(입)	立立立立立
0074 糸 실 사	糸糸糸糸糸糸
0075 玉 구슬 옥	玉玉玉玉玉
0076 音 소리 음	音音音音音音音音音
0077 正 바를 정	正正正正正
0078 早 이를 조	早早早早早早
0079 車 수레 차(거)	車車車車車車車
0080 休 쉴 휴	休休休休休休

0081 親 친할 친	親 親 親 親 親 親 親 親 親 親 親 親 親 親 親 親				
	親				

0082 父 아비 부	父 父 父 父				
	父				

0083 母 어미 모	ㄴ 母 母 母 母				
	母				

0084 兄 형 형	兄 兄 兄 兄 兄				
	兄				

0085 弟 아우 제	弟 弟 弟 弟 弟 弟 弟				
	弟				

0086 姉 윗누이 자	姉 姉 姉 姉 姉 姉 姉 姉				
	姉				

0087 妹 누이 매	妹 妹 妹 妹 妹 妹 妹 妹				
	妹				

0088 友 벗 우	友 友 友 友				
	友				

13

| 0089 頭 머리 두 | 頭頭頭頭頭頭頭頭頭頭頭頭頭頭頭 | | | | |
| 頭 | | | | | |

| 0090 顔 낯 안 | 顔顔顔顔顔顔顔顔顔顔顔顔顔顔顔 | | | | |
| 顔 | | | | | |

| 0091 首 머리 수 | 首首首首首首首首首 | | | | |
| 首 | | | | | |

| 0092 体 몸 체 | 体体体体体休体 | | | | |
| 体 | | | | | |

| 0093 心 마음 심 | 心心心心 | | | | |
| 心 | | | | | |

| 0094 声 소리 성 | 声声声声声声声 | | | | |
| 声 | | | | | |

| 0095 毛 털 모 | 毛毛毛毛 | | | | |
| 毛 | | | | | |

| 0096 時 때 시 | 時時時時時時時時時 | | | | |
| 時 | | | | | |

0097 春 봄 춘	春 春 春 春 春 春 春 春 春						
	春						

0098 夏 여름 하	夏 夏 夏 夏 夏 夏 夏 夏 夏 夏						
	夏						

0099 秋 가을 추	秋 秋 秋 秋 秋 秋 秋 秋 秋						
	秋						

0100 冬 겨울 동	冬 冬 冬 冬 冬						
	冬						

0101 朝 아침 조	朝 朝 朝 朝 朝 朝 朝 朝 朝 朝 朝						
	朝						

0102 昼 낮 주	昼 昼 昼 昼 昼 昼 昼 昼 昼						
	昼						

0103 夜 밤 야	夜 夜 夜 夜 夜 夜 夜 夜						
	夜						

0104 午 낮 오	午 午 午 午						
	午						

0105 前 앞 전	前前前前前前前前前
	前

0106 後 뒤 후	後後後後後後後後後
	後

0107 今 이제 금	今今今今
	今

0108 古 옛 고	古古古古古
	古

0109 每 매양 매	每每每每每每
	每

0110 週 주일 주	週週週週週週週週週週
	週

0111 曜 빛날 요	曜曜曜曜曜曜曜曜曜曜曜曜曜曜曜曜曜曜
	曜

0112 地 땅 지	地地地地地地
	地

| 0113 雲 구름 운 | 雲雲雲雲雲雲雲雲雲雲雲雲 |
| | 雲 | | | | |

| 0114 雪 눈 설 | 雪雪雪雪雪雪雪雪雪雪雪 |
| | 雪 | | | | |

| 0115 風 바람 풍 | 風風風風風風風風風 |
| | 風 | | | | |

| 0116 海 바다 해 | 海海海海海海海海海 |
| | 海 | | | | |

| 0117 池 못 지 | 池池池池池池 |
| | 池 | | | | |

| 0118 里 마을 리 | 里里里里里里里 |
| | 里 | | | | |

| 0119 野 들 야 | 野野野野野野野野野野野 |
| | 野 | | | | |

| 0120 谷 골 곡 | 谷谷谷谷谷谷谷 |
| | 谷 | | | | |

| 0121 岩 바위 암 | 岩 岩 岩 岩 岩 岩 岩 岩 | | | | |
| 岩 | | | | | |

| 0122 原 언덕 원/ 근원 원 | 原 原 原 原 原 原 原 原 原 原 | | | | |
| 原 | | | | | |

| 0123 星 별 성 | 星 星 星 星 星 星 星 星 星 | | | | |
| 星 | | | | | |

| 0124 牛 소 우 | 牛 牛 牛 牛 | | | | |
| 牛 | | | | | |

| 0125 馬 말 마 | 馬 馬 馬 馬 馬 馬 馬 馬 馬 馬 | | | | |
| 馬 | | | | | |

| 0126 鳥 새 조 | 鳥 鳥 鳥 鳥 鳥 鳥 鳥 鳥 鳥 鳥 鳥 | | | | |
| 鳥 | | | | | |

| 0127 羽 깃 우 | 羽 羽 羽 羽 羽 羽 | | | | |
| 羽 | | | | | |

| 0128 魚 물고기 어 | 魚 魚 魚 魚 魚 魚 魚 魚 魚 魚 魚 | | | | |
| 魚 | | | | | |

| 0129 肉 고기 육 | 肉 肉 内 内 肉 肉 |
| | 肉 |

| 0130 米 쌀 미 | 米 米 米 米 米 米 |
| | 米 |

| 0131 麦 보리 맥 | 麦 麦 麦 麦 麦 麦 麦 |
| | 麦 |

| 0132 茶 차 다(차) | 茶 茶 茶 茶 茶 茶 茶 茶 茶 |
| | 茶 |

| 0133 黄 누를 황 | 黄 黄 黄 黄 黄 苗 苗 苗 苗 黄 黄 |
| | 黄 |

| 0134 黒 검을 흑 | 黒 黒 黒 黒 黒 黒 黒 黒 黒 黒 黒 |
| | 黒 |

| 0135 遠 멀 원 | 遠 遠 遠 遠 遠 遠 遠 遠 遠 遠 遠 遠 |
| | 遠 |

| 0136 近 가까울 근 | 近 近 近 近 近 近 近 |
| | 近 |

| 0137 内 안 내 | 内内内内 |
| 内 |

| 0138 外 바깥 외 | 外外外外外 |
| 外 |

| 0139 多 많을 다 | 多多多多多多 |
| 多 |

| 0140 少 적을 소 | 少少少少 |
| 少 |

| 0141 太 클 태 | 太大大太 |
| 太 |

| 0142 細 가늘 세 | 細細細細細細細細細細 |
| 細 |

| 0143 強 굳셀 강 | 強強強強強強強強強強 |
| 強 |

| 0144 弱 약할 약 | 弱弱弱弱弱弱弱弱弱弱 |
| 弱 |

0145 高 높을 고	高高高高高高高高高高				
	高				

0146 東 동녘 동	東東東東東東東東				
	東				

0147 西 서녘 서	西西西西西西				
	西				

0148 南 남녘 남	南南南南南南南南南				
	南				

0149 北 북녘 북/질 배	北北北北北				
	北				

0150 国 나라 국	国国国国国国国国				
	国				

0151 歌 노래 가	歌歌歌歌歌歌歌歌歌歌歌歌歌歌				
	歌				

0152 家 집 가	家家家家家家家家家家				
	家				

0153 **角** 뿔 각	角角角角角角角
	角

0154 **間** 사이 간	間間間間間間間間間間間
	間

0155 **京** 서울 경	京京京京京京京京
	京

0156 **計** 셀 계	計計計計計計計計計
	計

0157 **考** 생각할 고/ 살필 고	考考考考考考
	考

0158 **公** 공평할 공	公公公公
	公

0159 **工** 장인 공	工工工
	工

0160 **科** 과목 과	科科科科科科科科科
	科

0161 広 넓을 광	広広広広広					
0162 光 빛 광	光光光光光光					
0163 教 가르칠 교	教教教教教教教教教教					
0164 交 사귈 교	交交交交交交					
0165 弓 활 궁	弓弓弓					
0166 帰 돌아갈 귀	帰帰帰帰帰帰帰帰帰帰					
0167 記 기록할 기	記記記記記記記記記記					
0168 汽 물 끓는 김 기	汽汽汽汽汽汽汽					

| 0169 答 대답 답 | 答 答 答 答 答 答 答 答 答 答 答 答 | | | | | | |
| 答 | | | | | | | |

| 0170 当 마땅할 당 | 当 当 当 当 当 当 | | | | | | |
| 当 | | | | | | | |

| 0171 台 별 태/대 대 | 台 台 台 台 台 | | | | | | |
| 台 | | | | | | | |

| 0172 図 그림 도 | 図 図 図 図 図 図 図 | | | | | | |
| 図 | | | | | | | |

| 0173 道 길 도 | 道 道 道 道 道 道 道 道 道 道 道 道 | | | | | | |
| 道 | | | | | | | |

| 0174 刀 칼 도 | 刀 刀 | | | | | | |
| 刀 | | | | | | | |

| 0175 読 읽을 독/ 구절 두 | 読 読 読 読 読 読 読 読 読 読 読 読 読 読 | | | | | | |
| 読 | | | | | | | |

| 0176 同 한가지 동 | 同 同 同 同 同 同 | | | | | | |
| 同 | | | | | | | |

0177 楽 즐길 락(낙)/ 풍류 악	楽 楽 楽 楽 楽 楽 楽 楽 楽 楽 楽 楽				
	楽				

0178 来 올 래(내)	来 来 来 来 来 来 来				
	来				

0179 理 다스릴 리(이)	理 理 理 理 理 理 理 理 理 理				
	理				

0180 万 일만 만	万 万 万				
	万				

0181 売 팔 매	売 売 売 売 売 売 売				
	売				

0182 買 살 매	買 買 買 買 買 買 買 買 買 買 買 買				
	買				

0183 明 밝을 명	明 明 明 明 明 明 明 明				
	明				

0184 鳴 울 명	鳴 鳴 鳴 鳴 鳴 鳴 鳴 鳴 鳴 鳴 鳴 鳴 鳴 鳴				
	鳴				

0185 門 문 문	門門門門門門門門
	門
0186 聞 들을 문	聞聞聞聞聞聞聞聞聞聞聞聞聞聞
	聞
0187 半 반 반	半半半半半
	半
0188 方 모 방	方方方方
	方
0189 番 차례 번	番番番番番番番番番番番
	番
0190 步 걸음 보	步步步步步步步步
	步
0191 分 나눌 분	分分分分
	分
0192 社 모일 사	社社社社社社社
	社

0193	思 思 思 思 思 思 思 思					
思 생각 사	思					

0194	寺 寺 寺 寺 寺 寺					
寺 절 사	寺					

0195	算 算 算 算 算 算 算 算 算 算 算 算 算 算					
算 셈할 산	算					

0196	色 色 色 色 色 色					
色 빛 색	色					

0197	書 書 書 書 書 書 書 書 書 書					
書 글 서	書					

0198	船 船 船 船 船 船 船 船 船 船					
船 배 선	船					

0199	線 線 線 線 線 線 線 線 線 線 線 線 線 線 線					
線 줄 선	線					

0200	数 数 数 数 数 数 数 数 数 数 数 数					
数 셀 수	数					

0201 市 저자 시	市 市 市 市 市					
	市					

0202 矢 화살 시	矢 矢 矢 矢 矢					
	矢					

0203 食 먹을 식	食 食 食 食 食 食 食 食 食					
	食					

0204 新 새 신	新 新 新 新 新 新 新 新 新 新 新 新 新					
	新					

0205 室 집 실	室 室 室 室 室 室 室 室 室					
	室					

0206 言 말씀 언	言 言 言 言 言 言 言					
	言					

0207 語 말씀 어	語 語 語 語 語 語 語 語 語 語 語 語 語					
	語					

0208 用 쓸 용	用 用 用 用 用					
	用					

0209 元 으뜸 원	元 元 元 元					
	元					

0210 園 동산 원	園 園 園 園 園 園 園 園 園 園 園 園					
	園					

0211 引 끌 인	引 引 引 引					
	引					

0212 自 스스로 자	自 自 自 自 自 自					
	自					

0213 作 지을 작	作 作 作 作 作 作 作					
	作					

0214 長 긴 장	長 長 長 長 長 長 長 長					
	長					

0215 場 마당 장	場 場 場 場 場 場 場 場 場 場 場					
	場					

0216 才 재주 재	才 才 才					
	才					

0217 電 번개 전	電電電電電電電電電電電電電					
	電					
0218 切 끊을 절/ 온통 체	切 切 切 切					
	切					
0219 店 가게 점	店店店店店店店店					
	店					
0220 点 점 점	点 点 点 点 点 点 点 点 点					
	点					
0221 組 짤 조	組組組組組組組組組組組					
	組					
0222 走 달릴 주	走 走 走 走 走 走 走					
	走					
0223 止 그칠 지	止 止 止 止					
	止					
0224 知 알 지	知 知 知 知 知 知 知					
	知					

0225 紙 종이 **지**	紙 紙 紙 紙 紙 紙 紙 紙 紙 紙
0226 直 곧을 **직**	直 直 直 直 直 直 直 直
0227 晴 갤 **청**	晴 晴 晴 晴 晴 晴 晴 晴 晴 晴 晴
0228 通 통할 **통**	通 通 通 通 通 通 通 通 通 通
0229 何 어찌 **하**	何 何 何 何 何 何 何
0230 合 합할 **합**	合 合 合 合 合 合
0231 行 다닐 **행**	行 行 行 行 行 行
0232 形 모양 **형**	形 形 形 形 形 形 形

| 0233 戸 집 호 | 戸 戸 戸 戸 | | | | |
| 戸 | 戸 | | | | |

| 0234 画 그림 화/ 그을 획 | 画 画 画 画 画 画 画 画 | | | | |
| 画 | 画 | | | | |

| 0235 話 말씀 화 | 話 話 話 話 話 話 話 話 話 話 話 話 | | | | |
| 話 | 話 | | | | |

| 0236 丸 둥글 환 | 九 九 丸 | | | | |
| 丸 | 丸 | | | | |

| 0237 活 살 활 | 活 活 活 活 活 活 活 活 活 | | | | |
| 活 | 活 | | | | |

| 0238 回 돌아올 회 | 回 回 回 回 回 回 | | | | |
| 回 | 回 | | | | |

| 0239 会 모일 회 | 会 会 会 会 会 会 | | | | |
| 会 | 会 | | | | |

| 0240 絵 그림 회 | 絵 絵 絵 絵 絵 絵 絵 絵 絵 絵 | | | | |
| 絵 | 絵 | | | | |

0241 感 느낄 **감**	感 感 感 感 感 感 感 感 感 感 感 感					
	感					

0242 開 열 **개**	開 開 開 開 開 門 門 門 門 開 開 開					
	開					

0243 客 손 **객**	客 客 客 客 客 客 客 客 客					
	客					

0244 去 갈 **거**	去 去 去 去 去					
	去					

0245 決 결단할 **결**	決 決 決 決 決 決 決					
	決					

0246 輕 가벼울 **경**	輕 輕 輕 輕 輕 車 輕 輕 輕 輕 輕					
	輕					

0247 界 지경 **계**	界 界 界 界 界 界 界 界 界					
	界					

0248 係 맬 **계**	係 係 係 係 係 係 係 係					
	係					

0249 階 섬돌 계	階階階階階階階階階階階	
	階	
0250 苦 쓸 고	苦苦苦苦苦苦苦苦	
	苦	
0251 庫 곳집 고	庫庫庫庫庫庫庫庫庫庫	
	庫	
0252 曲 굽을 곡	曲曲曲曲曲曲	
	曲	
0253 館 집 관	館館館館館館館館館館館館館館館	
	館	
0254 橋 다리 교	橋橋橋橋橋橋橋橋橋橋橋橋橋橋	
	橋	
0255 区 구역 구	区区区区	
	区	
0256 究 연구할 구	究究究究究究究	
	究	

0257 具 갖출 구	具 刂 刂 貝 具 具 具 具
	具

0258 球 공 구	球 球 球 球 球 球 球 球 球 球 球
	球

0259 局 판 국	局 局 局 局 局 局 局
	局

0260 君 임금 군	君 君 君 君 君 君 君
	君

0261 宮 집 궁	宮 宮 宮 宮 宮 宮 宮 宮 宮 宮
	宮

0262 根 뿌리 근	根 根 根 根 根 根 根 根 根 根
	根

0263 急 급할 급	急 急 急 急 急 急 急 急 急
	急

0264 級 등급 급	級 級 級 級 級 級 級 級 級
	級

0265 起 일어날 기	起 起 起 起 起 起 起 起 起					
	起					

0266 期 기약할 기	期 期 期 期 期 期 期 期 期 期 期					
	期					

0267 農 농사 농	農 農 農 農 農 農 農 農 農 農 農 農 農					
	農					

0268 短 짧을 단	短 短 短 短 短 短 短 短 短 短 短 短					
	短					

0269 談 말씀 담	談 談 談 談 談 談 談 談 談 談 談 談 談 談 談					
	談					

0270 代 대신할 대	代 代 代 代 代					
	代					

0271 対 대할 대	対 対 対 対 対 対 対					
	対					

0272 待 기다릴 대	待 待 待 待 待 待 待 待 待					
	待					

0273 度 법도 **도**	度度度度度度度度度 度					
0274 島 섬 **도**	島島島島島島島島島島 島					
0275 都 도읍 **도**	都都都都都者者者都都都 都					
0276 動 움직일 **동**	動動動動動動動動動動 動					
0277 童 아이 **동**	童童童童童音音音童童童 童					
0278 豆 콩 **두**	豆豆豆豆豆豆豆 豆					
0279 等 무리 **등**	等等等等等等等等等等等 等					
0280 登 오를 **등**	登登登登登登登登登登登 登					

0281 落 떨어질 락(낙)	落落落落落落落荗荗落落落
	落
0282 両 두 량(양)	両両両両両両
	両
0283 旅 나그네 려(여)	旅旅旅旅旅旅旅旅旅旅
	旅
0284 練 익힐 련(연)	練練練練練練練練練練練練練
	練
0285 列 벌릴 렬(열)	列列列列列列
	列
0286 礼 예절 례(예)	礼礼礼礼礼
	礼
0287 路 길 로(노)	路路路路路路路路路路路路
	路
0288 緑 초록빛 록(녹)	緑緑緑緑緑緑緑緑緑緑緑緑緑
	緑

| 0289 流 흐를 류(유) | 流流流流流流流流流流 |
| 流 | |

| 0290 面 낯 면 | 面面面面面面面面面 |
| 面 | |

| 0291 勉 힘쓸 면 | 勉勉勉勉勉勉勉勉勉勉 |
| 勉 | |

| 0292 皿 그릇 명 | 皿皿皿皿皿 |
| 皿 | |

| 0293 命 목숨 명 | 命命命命命命命命 |
| 命 | |

| 0294 問 물을 문 | 問問問問問問問問問問 |
| 問 | |

| 0295 物 물건 물 | 物物物物物物物物 |
| 物 | |

| 0296 味 맛 미 | 味味味味味味味味 |
| 味 | |

0297 美 아름다울 미	美 美 美 美 美 美 美 美 美	
	美	
0298 反 돌이킬 반/ 돌아올 반	反 反 反 反	
	反	
0299 返 돌이킬 반	返 返 返 返 返 返 返	
	返	
0300 発 필 발	発 発 発 発 発 発 発 発 発	
	発	
0301 放 놓을 방	放 放 放 放 放 放 放 放	
	放	
0302 倍 곱 배	倍 倍 倍 倍 倍 倍 倍 倍 倍	
	倍	
0303 配 나눌 배	配 配 配 配 配 配 配 配 配 配	
	配	
0304 病 병 병	病 病 病 病 病 病 病 病 病	
	病	

0305 服 옷 복	服服服服服服服服
	服

0306 福 복 복	福福福福福福福福福福福福
	福

0307 負 질 부	負負負負負負負負負
	負

0308 部 떼 부	部部部部部部部部部部部
	部

0309 悲 슬플 비	悲悲悲悲悲悲悲悲悲悲
	悲

0310 鼻 코 비	鼻鼻鼻鼻鼻鼻鼻鼻鼻鼻鼻鼻鼻鼻
	鼻

0311 氷 얼음 빙	氷氷氷氷氷
	氷

0312 仕 섬길 사	仕仕仕仕仕
	仕

0313 写 베낄 사	写写写写写				
	写				

0314 死 죽을 사	死死死死死死				
	死				

0315 使 부릴 사	使使使使使使使				
	使				

0316 事 일 사	事事事事事事事事				
	事				

0317 商 장사 상	商商商商商商商商商商商				
	商				

0318 相 서로 상	相相相相相相相相相				
	相				

0319 想 생각 상	想想想想想想想想想想想想				
	想				

0320 箱 상자 상	箱箱箱箱箱箱箱箱箱箱箱箱箱箱				
	箱				

0321 暑 더울 서	暑 暑 暑 暑 暑 暑 暑 暑 暑 暑 暑 暑					
	暑					

0322 昔 예 석	昔 昔 昔 昔 昔 昔 昔 昔					
	昔					

0323 世 인간 세	世 世 世 世 世					
	世					

0324 所 바 소	所 所 所 所 所 所 所 所					
	所					

0325 昭 밝을 소	昭 昭 昭 昭 昭 昭 昭 昭 昭					
	昭					

0326 消 사라질 소	消 消 消 消 消 消 消 消 消 消					
	消					

0327 速 빠를 속	速 速 速 速 速 速 速 速 速 速					
	速					

0328 送 보낼 송	送 送 送 送 送 送 送 送 送					
	送					

| 0329 守 지킬 수 | 守守守守守守 |
| 守 | | | | |

| 0330 受 받을 수 | 受受受受受受受受 |
| 受 | | | | |

| 0331 宿 잘 숙 | 宿宿宿宿宿宿宿宿宿宿宿 |
| 宿 | | | | |

| 0332 習 익힐 습 | 習習習習習習習習習習習 |
| 習 | | | | |

| 0333 拾 주울 습/열 십 | 拾拾拾拾拾拾拾拾拾 |
| 拾 | | | | |

| 0334 乘 탈 승 | 乘乘乘乘乘乘乘乘乘 |
| 乘 | | | | |

| 0335 勝 이길 승 | 勝勝勝勝勝勝勝勝勝勝勝勝 |
| 勝 | | | | |

| 0336 始 비로소 시 | 始始始始始始始 |
| 始 | | | | |

0337 詩 시 시	詩 詩 詩 詩 詩 詩 詩 詩 詩 詩 詩 詩 詩				
	詩				

0338 式 법 식	式 式 式 式 式 式				
	式				

0339 息 쉴 식	息 息 息 息 息 息 息 息 息 息				
	息				

0340 植 심을 식	植 植 植 植 植 植 植 植 植 植 植 植				
	植				

0341 申 납 신/펼 신	申 申 申 申 申				
	申				

0342 身 몸 신	身 身 身 身 身 身 身				
	身				

0343 神 귀신 신	神 神 神 神 神 神 神 神 神				
	神				

0344 実 열매 실	実 実 実 実 実 実 実 実				
	実				

| 0345 深 깊을 심 | 深深深深深深深深深深深 |
| 深 | |

| 0346 惡 악할 악/ 미워할 오 | 惡惡惡惡惡惡惡惡惡惡惡 |
| 惡 | |

| 0347 安 편안할 안 | 安安安安安安 |
| 安 | |

| 0348 岸 언덕 안 | 岸岸岸岸岸岸岸岸 |
| 岸 | |

| 0349 暗 어두울 암 | 暗暗暗暗暗暗暗暗暗暗暗暗 |
| 暗 | |

| 0350 央 가운데 앙 | 央央央央央 |
| 央 | |

| 0351 藥 약 약 | 藥藥藥藥藥藥藥藥藥藥藥藥藥藥藥藥藥 |
| 藥 | |

| 0352 羊 양 양 | 羊羊羊羊羊羊 |
| 羊 | |

0353 洋 큰 바다 양	洋洋洋洋洋洋洋洋洋						
	洋						

0354 様 모양 양	様様様様様様様様様様様様様						
	様						

0355 陽 볕 양	陽陽陽陽陽陽陽陽陽陽陽陽						
	陽						

0356 業 업 업	業業業業業業業業業業業業						
	業						

0357 役 부릴 역	役役役役役役役						
	役						

0358 駅 정거장 역	駅駅駅駅駅駅駅駅駅駅駅駅駅駅						
	駅						

0359 研 갈 연	研研研研研研研研						
	研						

0360 葉 잎 엽	葉葉葉葉葉葉葉葉葉葉葉葉						
	葉						

| 0361 泳 헤엄칠 영 | 泳泳泳泳泳泳泳泳 |
| 泳 | |

| 0362 予 미리 예 | 予予予予 |
| 予 | |

| 0363 屋 집 옥 | 屋屋屋屋屋屋屋屋屋 |
| 屋 | |

| 0364 温 따뜻할 온 | 温温温温温温温温温温温温温 |
| 温 | |

| 0365 運 옮길 운 | 運運運運運運運運運運運運 |
| 運 | |

| 0366 員 인원 원 | 員員員員員員員員員員 |
| 員 | |

| 0367 院 집 원 | 院院院院院院院院院院院 |
| 院 | |

| 0368 委 맡길 위 | 委委委委委委委委 |
| 委 | |

| 0369 有 있을 유 | 有 有 有 有 有 有 | | | | | | | |

有

| 0370 由 말미암을 유 | 由 由 由 由 由 | | | | | | | |

由

| 0371 油 기름 유 | 油 油 油 油 油 油 油 油 | | | | | | | |

油

| 0372 遊 놀 유 | 遊 遊 方 方 扩 扩 斿 斿 游 游 遊 | | | | | | | |

遊

| 0373 育 기를 육 | 育 育 育 育 育 育 育 育 | | | | | | | |

育

| 0374 銀 은 은 | 銀 銀 銀 銀 銀 銀 銀 銀 銀 銀 銀 銀 銀 銀 | | | | | | | |

銀

| 0375 飲 마실 음 | 飲 飲 飲 飲 飲 飲 飲 飲 飲 飲 飲 飲 | | | | | | | |

飲

| 0376 医 의원 의 | 医 医 医 医 医 医 医 | | | | | | | |

医

0377 意 뜻 의	意 意 意 意 意 意 意 意 意 意 意							
	意							
0378 者 놈 자	者 者 者 者 者 者 者 者							
	者							
0379 章 글 장	章 章 章 章 章 章 章 章 章 章							
	章							
0380 帳 장막 장	帳 帳 帳 帳 帳 帳 帳 帳 帳 帳							
	帳							
0381 笛 피리 적	笛 笛 笛 笛 笛 笛 笛 笛 笛 笛 笛							
	笛							
0382 全 온전 전	全 全 全 全 全 全							
	全							
0383 畑 화전 전	畑 畑 畑 畑 畑 畑 畑 畑 畑							
	畑							
0384 転 구를 전	転 転 転 転 転 転 転 転 転 転							
	転							

| 0385 丁 고무래 정/ 장정 정 | 丁 丁 |
| 丁 | |

| 0386 定 정할 정 | 定 定 定 定 定 定 定 定 |
| 定 | |

| 0387 庭 뜰 정 | 庭 庭 庭 庭 庭 庭 庭 庭 庭 |
| 庭 | |

| 0388 整 가지런할 정 | 整 整 整 整 整 整 整 整 整 整 整 整 整 整 整 |
| 整 | |

| 0389 祭 제사 제 | 祭 祭 祭 祭 祭 祭 祭 祭 祭 祭 祭 |
| 祭 | |

| 0390 第 차례 제 | 第 第 第 第 第 第 第 第 第 第 第 |
| 第 | |

| 0391 題 제목 제 | 題 題 題 題 題 題 題 題 題 題 題 題 題 題 題 題 |
| 題 | |

| 0392 助 도울 조 | 助 助 助 助 助 助 助 |
| 助 | |

| 0393 調 고를 조 | 調 調 調 調 調 調 調 調 調 調 調 調 調 調 |
| 調 | |

| 0394 族 겨레 족 | 族 族 族 族 族 族 族 族 族 族 族 |
| 族 | |

| 0395 終 마칠 종 | 終 終 終 終 終 終 終 終 終 終 |
| 終 | |

| 0396 州 고을 주 | 州 州 州 州 州 州 |
| 州 | |

| 0397 主 임금 주/ 주인 주 | 主 主 主 主 主 |
| 主 | |

| 0398 住 살 주 | 住 住 住 住 住 住 住 |
| 住 | |

| 0399 注 부을 주 | 注 注 注 注 注 注 注 注 |
| 注 | |

| 0400 柱 기둥 주 | 柱 柱 柱 柱 柱 柱 柱 柱 柱 |
| 柱 | |

0401 酒 술 주	酒 酒 酒 酒 酒 酒 酒 酒 酒 酒					
	酒					

0402 重 무거울 중	重 重 重 重 重 重 重 重 重					
	重					

0403 指 가리킬 지	指 指 指 指 指 指 指 指					
	指					

0404 持 가질 지	持 持 持 持 持 持 持 持					
	持					

0405 真 참 진	真 真 真 真 真 真 真 真 真 真					
	真					

0406 進 나아갈 진	進 進 進 進 進 進 進 進 進 進					
	進					

0407 集 모을 집	集 集 集 集 集 集 集 集 集 集 集					
	集					

0408 次 버금 차	次 次 次 次 次 次					
	次					

| 0409 着 붙을 착 | 着着着着着着着着着着着着 |
| | 着 |

| 0410 鉄 쇠 철 | 鉄鉄鉄鉄鉄鉄鉄鉄鉄鉄鉄鉄鉄 |
| | 鉄 |

| 0411 秒 분초 초 | 秒秒秒秒秒秒秒秒秒 |
| | 秒 |

| 0412 追 쫓을 추/ 따를 추 | 追追追追追追追追追 |
| | 追 |

| 0413 取 가질 취 | 取取取取取取取取 |
| | 取 |

| 0414 歯 이 치 | 歯歯歯歯歯歯歯歯歯歯歯歯 |
| | 歯 |

| 0415 他 다를 타 | 他他他他他 |
| | 他 |

| 0416 打 칠 타 | 打打打打打 |
| | 打 |

| 0417 炭 숯 탄 | 炭炭炭炭炭炭炭炭炭 |
| 炭 | |

| 0418 湯 끓일 탕 | 湯湯湯湯湯湯湯湯湯湯湯湯 |
| 湯 | |

| 0419 投 던질 투 | 投投投投投投投 |
| 投 | |

| 0420 波 물결 파 | 波波波波波波波波 |
| 波 | |

| 0421 坂 고개 판 | 坂坂坂坂坂坂坂 |
| 坂 | |

| 0422 板 널 판 | 板板板板板板板板 |
| 板 | |

| 0423 平 평평할 평 | 平平平平平 |
| 平 | |

| 0424 表 겉 표 | 表表表表表表表表 |
| 表 | |

0425 品 물건 품	品 品 品 品 品 品 品 品				
	品				

0426 皮 가죽 피	皮 皮 皮 皮 皮				
	皮				

0427 筆 붓 필	筆 筆 筆 筆 筆 筆 筆 筆 筆 筆 筆 筆				
	筆				

0428 荷 멜 하	荷 荷 荷 荷 荷 荷 荷 荷 荷 荷				
	荷				

0429 寒 찰 한	寒 寒 寒 寒 寒 寒 寒 寒 寒 寒 寒 寒				
	寒				

0430 漢 한나라 한	漢 漢 漢 漢 漢 漢 漢 漢 漢 漢 漢 漢 漢 漢				
	漢				

0431 港 항구 항	港 港 港 港 港 港 港 港 港 港 港 港				
	港				

0432 幸 다행 행	幸 幸 幸 幸 幸 幸 幸 幸				
	幸				

0433 向 향할 향	向向向向向向
	向

0434 県 고을 현	県県県県県県県県県
	県

0435 血 피 혈	血血血血血血
	血

0436 号 부를 호	号号号号号
	号

0437 湖 호수 호	湖湖湖湖湖湖湖湖湖湖湖湖
	湖

0438 化 될 화	化化化化
	化

0439 和 화할 화	和和和和和和和和
	和

0440 横 가로 횡	横横横横横横横横横横横横横横
	横

0441 加 더할 가	加 加 加 加 加				
	加				

0442 街 거리 가	街 街 街 街 街 街 街 街 街 街				
	街				

0443 各 각각 각	各 各 各 各 各 各				
	各				

0444 覺 깨달을 각	覺 覺 覺 覺 覺 覺 覺 覺 覺 覺 覺 覺				
	覺				

0445 岡 산등성이 강	岡 岡 岡 岡 岡 岡 岡 岡				
	岡				

0446 康 편안할 강	康 康 康 康 康 康 康 康 康 康				
	康				

0447 改 고칠 개	改 改 改 改 改 改 改				
	改				

0448 擧 들 거	擧 擧 擧 擧 擧 擧 擧 擧 擧 擧				
	擧				

0449 建 세울 건	建建建建建建建建建					
0450 健 굳셀 건	健健健健健健健健健健					
0451 欠 이지러질 결	欠欠欠欠					
0452 結 맺을 결	結結結結結結結結結結結					
0453 径 지름길 경	径径径径径径径径					
0454 景 볕 경	景景景景景景景景景景景景					
0455 鏡 거울 경	鏡鏡鏡鏡鏡鏡鏡鏡鏡鏡鏡鏡鏡鏡鏡鏡鏡鏡					
0456 競 다툴 경	競競競競競競競競競競競競競競競競競競競競					

0457 季 계절 계	季季季季季季季季
	季
0458 械 기계 계	械械械械械械械械械械械
	械
0459 固 굳을 고	固固固固固固固固
	固
0460 共 한가지 공	共共共共共共
	共
0461 功 공 공	功功功功功
	功
0462 果 실과 과/ 열매 과	果果果果果果果果
	果
0463 課 공부할 과/ 과정 과	課課課課課課課課課課課課課課
	課
0464 官 벼슬 관	官官官官官官官官
	官

| 0465 管 대롱 관/ 주관할 관 | 管管管管管管管管管管管管管管 |
| 管 | |

| 0466 関 관계할 관 | 関関閇閇閇関門門門閇関関関 |
| 関 | |

| 0467 観 볼 관 | 観観観観観観観観観観観観観観観観観 |
| 観 | |

| 0468 求 구할 구 | 求求求求求求求 |
| 求 | |

| 0469 軍 군사 군 | 軍軍軍軍軍軍軍軍軍 |
| 軍 | |

| 0470 郡 고을 군 | 郡郡郡尹君君君郡郡 |
| 郡 | |

| 0471 群 무리 군 | 群群群尹君群君君群群群群群 |
| 群 | |

| 0472 極 극진할 극/ 다할 극 | 極極極杭杭杭桓極極極極 |
| 極 | |

61

0473 給 줄 급	給 給 給 給 給 給 給 給 給 給 給				
	給				

0474 岐 갈림길 기	岐 岐 岐 岐 岐 岐 岐				
	岐				

0475 崎 험할 기	崎 崎 崎 崎 崎 崎 崎 崎 崎 崎				
	崎				

0476 埼 갑 기	埼 埼 埼 埼 埼 埼 埼 埼 埼 埼				
	埼				

0477 旗 기 기	旗 旗 旗 旗 旗 旗 旗 旗 旗 旗 旗 旗				
	旗				

0478 器 그릇 기	器 器 器 器 器 器 器 器 器 器 器 器 器 器				
	器				

0479 機 틀 기	機 機 機 機 機 機 機 機 機 機 機 機 機 機				
	機				

0480 奈 어찌 나	奈 奈 奈 奈 奈 奈 奈 奈				
	奈				

| 0481 念 생각 념(염) | 念念念念念念念念 |
| 念 | | | | |

| 0482 努 힘쓸 노 | 努努努努努努努努 |
| 努 | | | | |

| 0483 単 홑 단 | 単単単単単単単単単 |
| 単 | | | | |

| 0484 達 통달할 달 | 達達達達達達達達達達達 |
| 達 | | | | |

| 0485 帯 띠 대 | 帯帯帯帯帯帯帯帯帯帯 |
| 帯 | | | | |

| 0486 隊 무리 대 | 隊隊隊隊隊隊隊隊隊隊隊隊 |
| 隊 | | | | |

| 0487 徳 큰 덕/덕 덕 | 徳徳徳徳徳徳徳徳徳徳徳徳 |
| 徳 | | | | |

| 0488 徒 무리 도 | 徒徒徒徒徒徒徒徒徒 |
| 徒 | | | | |

0489 働 일할 동	働 働 働 働 働 働 働 働 働 働 働 働					
	働					

0490 灯 등잔 등	灯 灯 灯 灯 灯 灯					
	灯					

0491 冷 찰 랭(냉)	冷 冷 冷 冷 冷 冷 冷					
	冷					

0492 良 어질 량(양)	良 良 良 良 良 良 良					
	良					

0493 量 헤아릴 량(양)	量 量 量 量 量 量 量 量 量 量 量 量					
	量					

0494 連 잇닿을 련(연)	連 連 連 連 連 連 連 連 連 連					
	連					

0495 令 하여금 령	令 令 令 令 令					
	令					

0496 例 법식 례(예)	例 例 例 例 例 例 例 例					
	例					

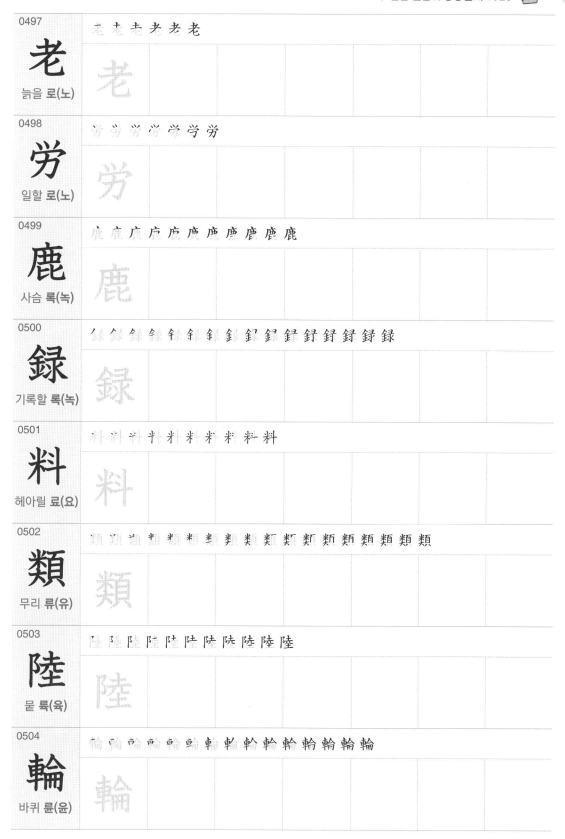

0497 老 늙을 로(노)	耂 耂 耂 耂 老 老					
0498 労 일할 로(노)	労 労 労 労 学 学 労					
0499 鹿 사슴 록(녹)	鹿 鹿 庐 庐 庐 鹿 鹿 鹿 鹿 鹿					
0500 録 기록할 록(녹)	録 録 録 録 録 録 録 録 録 録 録 録 録 録 録 録					
0501 料 헤아릴 료(요)	料 料 半 半 米 米 米 米 料 料					
0502 類 무리 류(유)	類 類 類 類 類 類 类 类 类 類 類 類 類 類 類 類 類 類					
0503 陸 뭍 륙(육)	陸 陸 陸 陸 陸 陸 陸 陸 陸 陸 陸					
0504 輪 바퀴 륜(윤)	輪 輪 輪 輪 輪 車 車 輪 輪 輪 輪 輪 輪 輪					

| 0505 利 이로울 리(이) | 利利利利利利利 |
| 利 | |

| 0506 梨 배나무 리(이) | 梨梨梨梨梨梨梨梨梨梨梨 |
| 梨 | |

| 0507 滿 찰 만 | 滿滿滿滿滿滿滿滿滿滿滿滿 |
| 滿 | |

| 0508 末 끝 말 | 末末末末末 |
| 末 | |

| 0509 望 바랄 망 | 望望望望望望望望望望望 |
| 望 | |

| 0510 梅 매화 매 | 梅梅梅梅梅梅梅梅梅梅 |
| 梅 | |

| 0511 牧 칠 목 | 牧牧牧牧牧牧牧牧 |
| 牧 | |

| 0512 無 없을 무 | 無無無無無無無無無無無 |
| 無 | |

| 0513 未 아닐 **미** | 未 末 丰 未 未 |
| 未 | |

| 0514 民 백성 **민** | 尺 民 尺 民 民 |
| 民 | |

| 0515 博 넓을 **박** | 博 博 博 博 博 博 博 博 博 博 博 博 |
| 博 | |

| 0516 飯 밥 **반** | 飯 飯 飯 飯 飯 飯 飯 飯 飯 飯 飯 |
| 飯 | |

| 0517 法 법 **법** | 法 法 法 法 法 法 法 法 |
| 法 | |

| 0518 辺 가 **변** | 辺 辺 辺 辺 辺 |
| 辺 | |

| 0519 変 변할 **변** | 変 変 変 変 変 変 変 変 変 |
| 変 | |

| 0520 別 나눌 **별**/ 다를 **별** | 別 別 別 別 別 別 別 |
| 別 | |

0521 兵 병사 **병**	兵兵兵兵兵兵兵						
	兵						

0522 不 아닐 **부(불)**	不不不不						
	不						

0523 夫 지아비 **부**	夫夫夫夫						
	夫						

0524 付 줄 **부**	付付付付付						
	付						

0525 府 마을 **부**	府府府府府府府府						
	府						

0526 阜 언덕 **부**	阜阜阜阜阜阜阜阜						
	阜						

0527 副 버금 **부**	副副副副副副副副副副副						
	副						

0528 富 부유할 **부**	富富富富富富富富富富富富						
	富						

0529 飛 날 비	飛飛飛飛飛飛飛飛飛
0530 司 맡을 사	司司司司司
0531 辞 말씀 사	辞辞辞辞舌舌舌舌辞辞辞辞
0532 産 낳을 산	産産産産産産産産産産
0533 散 흩을 산	散散散散散散散散散散散
0534 席 자리 석	席席席席席席席席席席
0535 潟 개펄 석	潟潟潟潟潟潟潟潟潟潟潟潟潟潟
0536 選 가릴 선	選選選選選選選選選選選選選

0537	説 説 説 説 説 説 説 説 説 説 説 説 説 説				
説 말씀 설/ 달랠 세	説				
0538	成 成 成 成 成 成				
成 이룰 성	成				
0539	城 城 城 城 城 城 城 城 城				
城 재 성	城				
0540	省 省 省 省 省 省 省 省 省				
省 살필 성/ 덜 생	省				
0541	笑 笑 笑 笑 笑 笑 笑 笑 笑 笑				
笑 웃음 소	笑				
0542	巢 巢 巢 巢 巢 巢 巢 巢 單 單 巢				
巢 새집 소	巢				
0543	燒 燒 燒 燒 燒 燒 燒 燒 燒 燒 燒 燒				
燒 불사를 소	燒				
0544	束 束 束 束 束 束 束				
束 묶을 속/ 약속할 속	束				

0545 続 이을 속	続 続 続 続 続 続 続 続 続 続 続 続 続					
	続					

0546 孫 손자 손	孫 孫 孫 孫 孫 孫 孫 孫 孫 孫					
	孫					

0547 松 소나무 송	松 松 松 松 松 松 松 松					
	松					

0548 刷 인쇄할 쇄	刷 刷 刷 刷 刷 刷 刷 刷					
	刷					

0549 順 순할 순	順 順 順 順 順 順 順 順 順 順 順					
	順					

0550 繩 노끈 승	繩 繩 繩 繩 繩 繩 繩 繩 繩 繩 繩 繩 繩					
	繩					

0551 試 시험 시	試 試 試 試 試 試 試 試 試 試 試 試 試					
	試					

0552 臣 신하 신	臣 臣 臣 臣 臣 臣 臣					
	臣					

| 0553 信 믿을 신 | 信信信信信信信信 |
| 信 | |

| 0554 失 잃을 실 | 失失失失失 |
| 失 | |

| 0555 氏 각시 씨/ 성씨 씨 | 氏氏氏氏 |
| 氏 | |

| 0556 児 아이 아 | 児児児児児児児 |
| 児 | |

| 0557 芽 싹 아 | 芽芽芽芽芽芽芽芽 |
| 芽 | |

| 0558 案 책상 안 | 案案案案案案案案案案 |
| 案 | |

| 0559 愛 사랑 애 | 愛愛愛愛愛愛愛愛愛愛愛愛愛 |
| 愛 | |

| 0560 約 맺을 약 | 約約約約約約約約 |
| 約 | |

0561 養 기를 **양**	養 養 養 養 養 養 美 美 美 養 養 養 養 養
	養

0562 漁 고기 잡을 **어**	漁 漁 漁 漁 漁 漁 漁 漁 漁 漁 漁 漁 漁 漁
	漁

0563 億 억 **억**	億 億 億 億 億 億 億 億 億 億 億 億 億
	億

0564 然 그럴 **연**	然 然 然 然 夕 外 外 然 然 然 然 然
	然

0565 熱 더울 **열**	熱 熱 熱 圡 圡 圡 幸 幸 刲 執 執 執 熱 熱 熱
	熱

0566 塩 소금 **염**	塩 十 圡 圡 圹 圹 圷 圷 塩 塩 塩 塩
	塩

0567 英 꽃부리 **영**	英 英 英 英 节 苹 英 英
	英

0568 栄 영화로울 **영**/ 꽃 **영**	栄 栄 栄 栄 学 学 学 栄
	栄

0569 芸 재주 예	芸芸芸芸芸芸芸					
	芸					
0570 完 완전할 완	完完完完完完完					
	完					
0571 要 요긴할 요	要要要要要要要要要					
	要					
0572 浴 목욕할 욕	浴浴浴浴浴浴浴浴浴浴					
	浴					
0573 勇 날랠 용	勇勇勇勇勇勇勇勇勇					
	勇					
0574 熊 곰 웅	熊熊熊熊熊熊熊熊熊熊熊熊熊熊					
	熊					
0575 媛 여자 원	媛媛媛媛媛媛媛媛媛媛媛媛					
	媛					
0576 願 원할 원	願願願願願願願願願願願願願願願願					
	願					

0577 位 자리 위	位位位位位位位
	位

0578 泣 울 읍	泣泣泣泣泣泣泣
	泣

0579 衣 옷 의	衣衣衣衣衣衣
	衣

0580 議 의논할 의	議議議議議議議議議議議議議議議議議議
	議

0581 以 써 이	以以以以以
	以

0582 印 도장 인	印印印印印印
	印

0583 茨 지붕 일 자	茨茨茨茨茨茨茨茨茨
	茨

0584 滋 불을 자	滋滋滋滋滋滋滋滋滋滋滋滋
	滋

| 0585
昨
어제 작 | 昨昨昨昨昨昨昨昨 |
| 昨 | |

| 0586
殘
남을 잔 | 殘殘殘殘殘殘殘殘殘殘 |
| 殘 | |

| 0587
材
재목 재 | 材材材材材材材 |
| 材 | |

| 0588
爭
다툴 쟁 | 爭爭爭爭爭爭 |
| 爭 | |

| 0589
低
낮을 저 | 低低低低低低低 |
| 低 | |

| 0590
底
밑 저 | 底底底底底底底底 |
| 底 | |

| 0591
的
과녁 적 | 的的的的的的的的 |
| 的 | |

| 0592
積
쌓을 적 | 積積積積積積積積積積積積積積 |
| 積 | |

0593 伝 전할 전	伝 伝 伝 伝 伝 伝				
0594 典 법 전	典 口 内 典 典 典 典 典				
0595 戦 싸움 전	戦 戦 戦 戦 戦 戦 単 単 単 戦 戦 戦				
0596 折 꺾을 절	折 扌 折 折 折 折 折				
0597 節 마디 절	節 節 節 節 節 節 節 節 節 節 節 節				
0598 井 우물 정	丼 二 丼 井				
0599 静 고요할 정	静 靑 靑 靑 靑 靑 靑 静 静 静 静 静				
0600 兆 조 조	兆 兆 兆 兆 兆 兆				

0601 照 비칠 조	照 照 照 照 照 照 照 照 照 照 照 照 照			
	照			

0602 卒 마칠 졸	卒 卒 卒 卒 卒 卒 卒 卒			
	卒			

0603 種 씨 종	種 種 種 種 種 種 種 種 種 種 種 種 種			
	種			

0604 佐 도울 좌	佐 佐 佐 佐 佐 佐 佐			
	佐			

0605 周 두루 주	周 周 周 周 周 周 周 周			
	周			

0606 仲 버금 중	仲 仲 仲 仲 仲 仲			
	仲			

0607 借 빌릴 차	借 借 借 借 借 借 借 借 借 借			
	借			

0608 差 다를 차	差 差 差 差 差 差 差 差 差			
	差			

| 0609 | 札札札札札 |
| 札 편지 **찰**/뽑을 **찰** | 札 |

| 0610 | 察察察察察察察察察察察察察察 |
| 察 살필 **찰** | 察 |

| 0611 | 参参参参矣矣矣参参 |
| 参 참여할 **참**/석 **삼** | 参 |

| 0612 | 倉倉倉今今今倉倉倉倉 |
| 倉 곳집 **창** | 倉 |

| 0613 | 唱唱唱唱唱唱唱唱唱唱 |
| 唱 부를 **창** | 唱 |

| 0614 | 菜菜菜菜菜菜菜菜苹菜菜 |
| 菜 나물 **채** | 菜 |

| 0615 | 浅浅浅浅浅浅浅浅浅 |
| 浅 얕을 **천** | 浅 |

| 0616 | 清清清清清清清清清清清 |
| 清 맑을 **청** | 清 |

0617 初 처음 초	初初初初初初初
	初
0618 最 가장 최	最最最最最最最最最最最
	最
0619 祝 빌 축	祝祝祝祝祝祝祝祝祝
	祝
0620 沖 화할 충/ 찌를 충	沖沖沖沖沖沖沖
	沖
0621 側 곁 측	側側側側側側側側側側側
	側
0622 治 다스릴 치	治治治治治治治治
	治
0623 置 둘 치	置置置置置置置置置置置置
	置
0624 特 특별할 특	特特特特特特特特特
	特

0625 阪 언덕 판	阪阪阪阪阪阪阪
0626 敗 패할 패	敗敗敗敗敗敗敗敗敗敗敗
0627 便 편할 편	便便便便便便便便便
0628 包 쌀 포	包包包包包
0629 票 표 표	票票票票票票票票票票票
0630 標 표할 표	標標標標標標標標標標標標標標標
0631 必 반드시 필	必必必必必
0632 賀 하례할 하	賀賀賀賀賀賀賀賀賀賀賀

0633 害 해할 해	害害害害害害害害害害			
	害			
0634 香 향기 향	香香香香香香香香香			
	香			
0635 驗 시험 험	驗驗驗驗驗驗驗驗驗驗驗驗驗驗驗驗			
	驗			
0636 協 화합할 협	協協協協協協協協			
	協			
0637 好 좋을 호	好好好好好好			
	好			
0638 貨 재물 화	貨貨貨貨貨貨貨貨貨貨貨			
	貨			
0639 栃 상수리나무 회	栃栃栃栃栃栃栃栃栃			
	栃			
0640 候 기후 후	候候候候候候候候候			
	候			

0641 訓 가르칠 훈	訓 訓 訓 訓 訓 訓 訓 訓 訓 訓				
	訓				

0642 希 바랄 희	希 希 希 希 希 希 希				
	希				

0643 可 옳을 가	可 可 可 可 可				
	可				

0644 仮 거짓 가	仮 仮 仮 仮 仮 仮				
	仮				

0645 価 값 가	価 価 価 価 価 価 価				
	価				

0646 刊 새길 간	刊 刊 刊 刊 刊				
	刊				

0647 幹 줄기 간	幹 幹 幹 幹 幹 幹 幹 幹 幹 幹 幹				
	幹				

0648 減 덜 감	減 減 減 減 減 減 減 減 減 減 減 減				
	減				

0649 講 외울 강	講 講 講 講 講 講 講 講 講 講 講 講 講 講 講
	講

0650 個 낱 개	個 個 個 個 個 個 個 個 個 個
	個

0651 居 살 거	居 居 居 居 居 居 居 居
	居

0652 件 물건 건	件 件 件 件 件 件 件
	件

0653 檢 검사할 검	檢 檢 檢 檢 檢 檢 檢 檢 檢 檢 檢 檢
	檢

0654 格 격식 격/ 가지 각	格 格 格 格 格 格 格 格 格 格
	格

0655 潔 깨끗할 결	潔 潔 潔 潔 潔 潔 潔 潔 潔 潔 潔 潔 潔 潔 潔
	潔

0656 耕 밭 갈 경	耕 耕 耕 耕 耕 耕 耕 耕 耕 耕
	耕

| 0657 経 지날 경 | 経 経 経 経 経 経 経 経 経 経 | | | | | |
| 経 | | | | | | |

| 0658 境 지경 경 | 境 境 境 境 境 境 境 境 境 境 境 境 | | | | | |
| 境 | | | | | | |

| 0659 告 고할 고 | 告 告 告 告 告 告 告 | | | | | |
| 告 | | | | | | |

| 0660 故 연고 고 | 故 故 故 故 故 故 故 故 故 | | | | | |
| 故 | | | | | | |

| 0661 過 지날 과 | 過 過 過 過 過 過 過 過 過 過 過 過 | | | | | |
| 過 | | | | | | |

| 0662 慣 익숙할 관 | 慣 慣 慣 慣 慣 慣 慣 慣 慣 慣 慣 慣 慣 慣 | | | | | |
| 慣 | | | | | | |

| 0663 鉱 쇳돌 광/ 광물 광 | 鉱 鉱 鉱 鉱 鉱 鉱 鉱 鉱 鉱 鉱 鉱 鉱 鉱 | | | | | |
| 鉱 | | | | | | |

| 0664 久 오랠 구 | 久 久 久 | | | | | |
| 久 | | | | | | |

0665 句 글귀 구	句 句 句 句 句					
	句					

0666 旧 옛 구	旧 旧 旧 旧 旧					
	旧					

0667 救 구원할 구	救 救 救 救 救 救 救 救 救 救 救					
	救					

0668 構 얽을 구	構 構 構 構 構 構 構 構 構 構 構 構					
	構					

0669 規 법 규	規 規 規 規 規 規 規 規 規 規 規					
	規					

0670 均 고를 균	均 均 均 均 均 均 均					
	均					

0671 禁 금할 금	禁 禁 禁 禁 禁 禁 禁 禁 禁 禁 禁 禁 禁					
	禁					

0672 技 재주 기	技 技 技 技 技 技 技					
	技					

0673 紀 벼리 기	紀 紀 紀 紀 紀 紀 紀 紀 紀				
	紀				

0674 基 터 기	基 基 基 基 基 其 其 其 基 基				
	基				

0675 寄 부칠 기	寄 寄 寄 寄 寄 寄 寄 寄 寄 寄 寄				
	寄				

0676 能 능할 능	能 能 能 能 能 能 能 能 能 能				
	能				

0677 団 둥글 단	団 団 団 団 団 団				
	団				

0678 断 끊을 단	断 断 断 断 断 断 断 断 断 断 断				
	断				

0679 堂 집 당	堂 堂 堂 堂 堂 堂 堂 堂 堂 堂 堂				
	堂				

0680 貸 빌릴 대	貸 貸 貸 貸 貸 貸 貸 貸 貸 貸 貸				
	貸				

0681	導 導 導 導 導 導 導 導 導 導 道 導 導 導				
導 인도할 도	導				

0682	毒 毒 毒 毒 毒 毒 毒 毒				
毒 독 독	毒				

0683	独 独 独 独 独 独 独 独 独				
独 홀로 독	独				

0684	銅 銅 銅 銅 銅 銅 銅 銅 銅 銅 銅 銅 銅 銅				
銅 구리 동	銅				

0685	得 得 得 得 得 得 得 得 得 得				
得 얻을 득	得				

0686	略 略 略 略 田 略 略 略 略 略				
略 간략할 략(약)	略				

0687	歷 歷 歷 歷 歷 歷 歷 歷 歷 歷 歷 歷 歷				
歷 지날 력(역)	歷				

0688	領 領 領 領 領 領 領 領 領 領 領 領 領				
領 거느릴 령(영)	領				

0689 留 머무를 **류(유)**	留留留留留留留留留留
	留

0690 脈 줄기 **맥**	脈脈脈脈脈脈脈脈脈脈
	脈

0691 綿 솜 **면**	綿綿綿綿綿綿綿綿綿綿綿綿綿綿
	綿

0692 夢 꿈 **몽**	夢夢夢夢夢夢夢夢夢夢夢夢夢
	夢

0693 墓 무덤 **묘**	墓墓墓墓墓墓墓墓墓墓墓墓墓
	墓

0694 武 호반 **무**	武武武武武武武武
	武

0695 務 힘쓸 **무**	務務務務務務務務務務
	務

0696 貿 무역할 **무**	貿貿貿貿貿貿貿貿貿貿貿
	貿

0697 迷 미혹할 미	迷迷迷迷迷迷迷迷迷				
	迷				
0698 防 막을 방	防防防防防防防				
	防				
0699 犯 범할 범	犯犯犯犯犯				
	犯				
0700 弁 고깔 변	弁弁弁弁弁				
	弁				
0701 保 지킬 보	保保保保保保保保				
	保				
0702 報 갚을 보/ 알릴 보	報報報報報報報報報報報				
	報				
0703 復 회복할 복/ 다시 부	復復復復復復復復復復復				
	復				
0704 複 겹칠 복	複複複複複複複複複複複複				
	複				

0705	婦婦婦婦婦婦婦婦婦婦婦
婦 며느리 **부**	婦

0706	粉粉粉粉粉粉粉粉粉粉
粉 가루 **분**	粉

0707	仏仏仏仏
仏 부처 **불**	仏

0708	比比比比
比 견줄 **비**	比

0709	非非非非非非非非
非 아닐 **비**	非

0710	肥肥肥肥肥肥肥肥
肥 살찔 **비**	肥

0711	費費費費費費費費費費費費
費 쓸 **비**	費

0712	備備備備備備備備備備備
備 갖출 **비**	備

0713 貧 가난할 빈	貧 貧 貧 貧 貧 貧 貧 貧 貧 貧 貧				
	貧				
0714 士 선비 사	士 十 士				
	士				
0715 史 사기 사	史 史 史 史 史				
	史				
0716 似 닮을 사	似 似 似 似 似 似 似				
	似				
0717 舍 집 사	舍 舍 舍 舍 舍 舍 舍 舍				
	舍				
0718 査 조사할 사	査 査 査 査 査 査 査 査 査				
	査				
0719 師 스승 사	師 師 師 師 師 師 師 師 師 師				
	師				
0720 飼 기를 사	飼 飼 飼 飼 飼 飼 飼 飼 飼 飼 飼 飼 飼				
	飼				

0721 謝 사례할 사	謝 謝 謝 謝 謝 謝 謝 謝 謝 謝 謝 謝 謝 謝 謝 謝
0722 酸 실 산	酸 酸 酸 酸 酸 酸 酸 酸 酸 酸 酸 酸 酸
0723 殺 죽일 살	殺 殺 殺 殺 殺 殺 殺 殺 殺 殺
0724 狀 형상 상/ 문서 장	狀 狀 狀 狀 狀 狀 狀
0725 常 항상 상	常 常 常 常 常 常 常 常 常 常 常
0726 賞 상줄 상	賞 賞 賞 賞 賞 賞 賞 賞 賞 賞 賞 賞 賞 賞 賞
0727 象 코끼리 상	象 象 象 象 象 象 象 象 象 象 象 象
0728 像 모양 상	像 像 像 像 像 像 像 像 像 像 像 像

0729 序 차례 서	序序序序序序序					
	序					

0730 設 베풀 설	設設設設設設設設設設設					
	設					

0731 性 성품 성	性性性性性性性性					
	性					

0732 稅 세금 세	稅稅稅稅稅稅稅稅稅稅稅稅					
	稅					

0733 勢 형세 세	勢勢勢勢勢勢勢勢勢勢勢勢					
	勢					

0734 素 본디 소	素素素素素素素素素素					
	素					

0735 屬 무리 속	屬屬屬屬屬屬屬屬屬屬屬屬					
	屬					

0736 損 덜 손	損損損損損損損損損損損損					
	損					

0737 率 거느릴 솔/ 비율 률(율)	率 率 率 率 玄 玄 率 率 率 率 率					
	率					

0738 修 닦을 수	修 修 修 修 修 修 修 修 修 修					
	修					

0739 授 줄 수	授 授 授 授 授 授 授 授 授 授					
	授					

0740 輸 보낼 수	輸 輸 輸 輸 輸 輸 輸 輸 輸 輸 輸 輸 輸 輸 輸					
	輸					

0741 述 펼 술	述 述 述 述 述 述 述 述					
	述					

0742 術 재주 술	術 術 術 術 術 術 術 術 術 術 術					
	術					

0743 示 보일 시	示 示 示 示 示					
	示					

0744 識 알 식	識 識 識 識 識 識 識 識 識 識 識 識 識 識 識 識 識 識					
	識					

0745 眼 눈 안	眼眼眼眼眼眼眼眼眼眼眼眼 眼
0746 圧 누를 압	圧圧圧圧圧 圧
0747 液 진 액	液液液液液液液液液液液液 液
0748 額 이마 액	額額額額額額額額額額額額額額額額額 額
0749 桜 앵두나무 앵	桜桜桜桜桜桜桜桜桜桜 桜
0750 余 남을 여	余余余余余余余余 余
0751 易 바꿀 역/ 쉬울 이	易易易易易易易易 易
0752 逆 거스릴 역	逆逆逆逆逆逆逆逆逆 逆

| 0753 演 펼 연 | 演演演演演演演演演演演演演演 |
| 演 |

| 0754 燃 탈 연 | 燃燃燃燃燃燃燃燃燃燃燃燃燃燃燃燃 |
| 燃 |

| 0755 永 길 영 | 永永永永永 |
| 永 |

| 0756 営 경영할 영 | 営営営営営営営営営営営営 |
| 営 |

| 0757 往 갈 왕 | 往往往往往往往往 |
| 往 |

| 0758 容 얼굴 용 | 容容容容容容容容容容 |
| 容 |

| 0759 囲 둘레 위 | 囲囲囲囲囲囲囲 |
| 囲 |

| 0760 衛 지킬 위 | 衛衛衛衛衛衛衛衛衛衛衛衛衛衛衛衛 |
| 衛 |

0761 応 응할 응	応 応 応 応 応 応 応					
	応					
0762 義 옳을 의	義 義 義 義 義 義 義 義 義 義 義 義					
	義					
0763 移 옮길 이	移 移 移 移 移 移 移 移 移 移 移					
	移					
0764 益 더할 익	益 益 益 益 益 益 益 益 益 益					
	益					
0765 因 인할 인	因 因 因 因 因 因					
	因					
0766 任 맡길 임	任 任 任 任 任 任					
	任					
0767 資 재물 자	資 資 資 資 資 資 資 資 資 資 資 資 資					
	資					
0768 雜 섞일 잡	雜 雜 雜 雜 雜 雜 雜 雜 雜 雜 雜 雜 雜					
	雜					

0769 張 베풀 장	張 張 張 張 張 張 張 張 張 張 張 張
0770 再 두 재	再 再 冊 再 再 再 再
0771 在 있을 재	在 在 在 在 在 在 在
0772 災 재앙 재	災 災 災 災 災 災 災 災
0773 財 재물 재	財 財 財 財 財 財 財 財 財 財 財
0774 貯 쌓을 저	貯 貯 貯 貯 貯 貯 貯 貯 貯 貯 貯 貯 貯
0775 適 맞을 적	適 適 適 適 適 適 適 適 適 適 適 適 適 適
0776 績 길쌈할 적	績 績 績 績 績 績 績 績 績 績 績 績 績 績 績

| 0777 絶 끊을 절 | 絶 絶 絶 絶 絶 絶 絶 絶 絶 絶 絶 |
| 絶 | |

| 0778 接 이을 접 | 接 接 接 接 接 接 接 接 接 接 |
| 接 | |

| 0779 停 머무를 정 | 停 停 停 停 停 停 停 停 停 停 |
| 停 | |

| 0780 情 뜻 정 | 情 情 情 情 情 情 情 情 情 情 |
| 情 | |

| 0781 政 정사 정 | 政 政 政 政 政 政 政 政 政 |
| 政 | |

| 0782 程 한도 정 | 程 程 程 程 程 程 程 程 程 程 程 |
| 程 | |

| 0783 精 정할 정 | 精 精 精 精 精 精 精 精 精 精 精 精 |
| 精 | |

| 0784 提 끌 제 | 提 提 提 提 提 提 提 提 提 提 提 |
| 提 | |

| 0785 制 절제할 제 | 制 制 制 制 制 制 制 制 |
| 制 | |

| 0786 製 지을 제 | 製 製 製 製 製 製 製 製 製 製 製 製 |
| 製 | |

| 0787 際 즈음 제 | 際 際 際 際 際 際 際 際 際 際 際 際 |
| 際 | |

| 0788 祖 할아버지 조/ 조상 조 | 祖 祖 祖 祖 祖 祖 祖 祖 |
| 祖 | |

| 0789 造 지을 조 | 造 造 造 造 造 造 造 造 造 |
| 造 | |

| 0790 条 조목 조 | 条 条 条 条 条 条 条 |
| 条 | |

| 0791 罪 허물 죄 | 罪 罪 罪 罪 罪 罪 罪 罪 罪 罪 罪 罪 罪 |
| 罪 | |

| 0792 準 준할 준 | 準 準 準 準 準 準 準 準 準 準 準 準 準 |
| 準 | |

0793 証 증거 증	証 証 証 証 証 証 証 証 証 証 証
	証

0794 增 더할 증	增 增 增 增 增 增 增 增 增 增 增 增 增
	增

0795 志 뜻 지	志 志 志 志 志 志 志
	志

0796 支 지탱할 지	支 支 支 支
	支

0797 枝 가지 지	枝 枝 枝 枝 枝 枝 枝 枝
	枝

0798 織 짤 직	織 織 織 織 織 織 織 織 織 織 織 織 織 織 織 織 織
	織

0799 職 직분 직	職 職 職 職 職 職 職 職 職 職 職 職 職 職 職 職
	職

0800 質 바탕 질	質 質 質 質 質 質 質 質 質 質 質 質 質 質
	質

| 0801 **贊** 도울 찬 | 贊 贊 贊 贊 贊 贊 贊 贊 贊 贊 贊 贊 贊 贊 贊 |
| | 贊 |

| 0802 **採** 캘 채 | 採 採 採 採 採 採 採 採 採 採 採 |
| | 採 |

| 0803 **責** 꾸짖을 책 | 責 責 責 責 責 責 責 責 責 責 責 |
| | 責 |

| 0804 **妻** 아내 처 | 妻 妻 妻 妻 妻 妻 妻 妻 |
| | 妻 |

| 0805 **招** 부를 초 | 招 招 招 招 招 招 招 招 |
| | 招 |

| 0806 **総** 거느릴 총 | 総 総 総 総 総 総 総 総 総 総 総 総 総 総 |
| | 総 |

| 0807 **築** 쌓을 축 | 築 築 築 築 築 築 築 築 築 築 築 築 築 築 築 築 |
| | 築 |

| 0808 **則** 법칙 칙 | 則 則 則 則 則 則 則 則 則 |
| | 則 |

0809 測 헤아릴 측	測 測 測 測 測 測 測 測 測 測 測 測					
	測					

0810 快 쾌할 쾌	快 快 快 快 快 快 快					
	快					

0811 態 모습 태	態 態 態 態 態 態 態 態 態 態 態 態					
	態					

0812 統 거느릴 통	統 統 統 統 統 統 統 統 統 統 統 統					
	統					

0813 破 깨뜨릴 파	破 破 破 破 破 破 破 破 破 破					
	破					

0814 判 판단할 판	判 判 判 判 判 判 判					
	判					

0815 版 판목 판	版 版 版 版 版 版 版 版					
	版					

0816 編 엮을 편	編 編 編 編 編 編 編 編 編 編 編 編 編 編					
	編					

0817 評 평할 평	評評評評評評評評評評評評
0818 布 베 포	布布布布布
0819 暴 사나울 폭	暴暴暴暴暴暴暴暴暴暴暴暴暴暴
0820 豊 풍년 풍	豊豊豊豊豊豊豊豊豊豊豊豊豊
0821 河 물 하	河河河河河河河河
0822 限 한할 한	限限限限限限限限限
0823 航 배 항	航航航航航航航航航航
0824 解 풀 해	解解解解解解解解解解

0825 許 허락할 허	許 許 許 許 許 許 許 許 許 許 許					
	許					

0826 險 험할 험	險 險 險 險 險 險 險 險 險 險 險					
	險					

0827 現 나타날 현	現 現 現 現 現 現 現 現 現 現 現					
	現					

0828 型 모형 형	型 型 型 型 型 型 型 型 型					
	型					

0829 護 도울 호	護 護 護 護 護 護 護 護 護 護 護 護 護 護 護 護 護 護 護					
	護					

0830 混 섞을 혼	混 混 混 混 混 混 混 混 混 混 混					
	混					

0831 確 굳을 확	確 確 確 確 確 確 確 確 確 確 確 確 確 確					
	確					

0832 效 본받을 효	效 效 效 效 效 效 效 效					
	效					

| 0833 厚 두터울 후 | 厚厚厚厚厚厚厚厚厚 厚 | | | | |

| 0834 興 일 흥 | 興興興興興興興興興興興興興興興 興 | | | | |

| 0835 喜 기쁠 희 | 喜喜喜喜喜喜喜喜喜喜喜喜 喜 | | | | |

| 0836 刻 새길 각 | 刻刻刻刻刻刻刻刻 刻 | | | | |

| 0837 閣 집 각 | 閣閣閣閣閣閣閣閣閣閣閣閣閣閣 閣 | | | | |

| 0838 干 방패 간 | 干干干 干 | | | | |

| 0839 看 볼 간 | 看看看看看看看看看 看 | | | | |

| 0840 簡 대쪽 간 | 簡簡簡簡簡簡簡簡簡簡簡簡簡簡簡簡簡 簡 | | | | |

0841 降 내릴 강/ 항복할 항	降 降 降 降 降 降 降 降 降					
	降					

0842 鋼 강철 강	鋼 鋼 鋼 鋼 鋼 鋼 鋼 鋼 鋼 鋼 鋼 鋼 鋼 鋼 鋼 鋼					
	鋼					

0843 激 격할 격	激 激 激 激 激 激 激 激 激 激 激 激 激 激 激 激					
	激					

0844 絹 비단 견	絹 絹 絹 絹 絹 絹 絹 絹 絹 絹 絹 絹 絹					
	絹					

0845 敬 공경 경	敬 敬 敬 敬 芍 苟 敬 苟 敬 敬 敬 敬					
	敬					

0846 警 깨우칠 경/ 경계할 경	警 警 警 芍 苟 苟 苟 警 警 敬 敬 敬 警 警 警 警 警 警					
	警					

0847 系 이어맬 계	系 系 系 系 系 系 系					
	系					

0848 届 이를 계	届 届 届 届 届 届 届 届					
	届					

0849 穀 곡식 곡	穀 穀 穀 穀 穀 穀 穀 穀 穀 穀 穀 穀 穀 穀				
	穀				

0850 困 곤할 곤	困 困 困 困 困 困 困				
	困				

0851 骨 뼈 골	骨 骨 骨 骨 骨 骨 骨 骨 骨 骨				
	骨				

0852 供 이바지할 공	供 供 供 供 供 供 供 供				
	供				

0853 券 문서 권	券 券 券 券 券 券 券 券				
	券				

0854 巻 책 권	巻 巻 巻 巻 巻 巻 巻 巻				
	巻				

0855 権 권세 권	権 権 権 権 権 権 権 権 権 権 権 権 権 権				
	権				

0856 机 책상 궤	机 机 机 机 机 机				
	机				

0857 貴 귀할 귀	貴 貴 貴 貴 貴 貴 貴 貴 貴 貴 貴			
	貴			

0858 劇 심할 극	劇 劇 劇 劇 劇 劇 劇 劇 劇 劇 劇 劇 劇 劇 劇			
	劇			

0859 筋 힘줄 근	筋 筋 筋 筋 筋 筋 筋 筋 筋 筋 筋 筋			
	筋			

0860 勤 부지런할 근	勤 勤 勤 勤 勤 勤 勤 勤 勤 勤 勤 勤			
	勤			

0861 己 몸 기	己 己 己			
	己			

0862 暖 따뜻할 난	暖 暖 暖 暖 暖 暖 暖 暖 暖 暖 暖 暖			
	暖			

0863 難 어려울 난	難 難 難 難 難 難 難 難 難 難 難 難 難 難 難 難 難			
	難			

0864 納 들일 납	納 納 納 納 納 納 納 納 納 納			
	納			

110

0865 **脳** 머리 뇌	脳 脳 脳 脳 脳 脳 脳 脳 脳 脳 脳
	脳

0866 **段** 층계 단	段 段 段 段 段 段 段 段 段
	段

0867 **担** 멜 담	担 担 担 担 担 担 担 担
	担

0868 **党** 무리 당	党 党 党 党 党 党 党 党 党 党
	党

0869 **糖** 엿 당/ 엿 탕	糖 糖 糖 糖 糖 糖 糖 糖 糖 糖 糖 糖 糖 糖 糖
	糖

0870 **宅** 댁 댁/ 집 택	宅 宅 宅 宅 宅 宅
	宅

0871 **卵** 알 란(난)	卵 卵 卵 卵 卵 卵 卵
	卵

0872 **乱** 어지러울 란(난)	乱 乱 乱 乱 乱 乱 乱
	乱

0873 **覽** 볼 람	覽 覽 覽 覽 覽 覽 覽 覽 覽 覽 覽 覽 覽 覽 覽 覽				
	覽				
0874 **朗** 밝을 랑(낭)	朗 朗 朗 朗 朗 朗 朗 朗 朗 朗				
	朗				
0875 **論** 논할 론(논)	論 論 論 論 論 論 論 論 論 論 論 論 論 論 論				
	論				
0876 **律** 법칙 률(율)	律 律 律 律 律 律 律 律 律				
	律				
0877 **裏** 속 리(이)	裏 裏 裏 裏 裏 裏 裏 裏 裏 裏 裏 裏				
	裏				
0878 **臨** 임할 림(임)	臨 臨 臨 臨 臨 臨 臨 臨 臨 臨 臨 臨 臨 臨 臨 臨				
	臨				
0879 **幕** 장막 막	幕 幕 幕 幕 幕 幕 幕 幕 幕 幕 幕 幕				
	幕				
0880 **晚** 늦을 만	晚 晚 晚 晚 晚 晚 晚 晚 晚 晚 晚				
	晚				

0881 亡 망할 망	亡亡亡
0882 忘 잊을 망	忘忘忘忘忘忘忘
0883 枚 낱 매	枚枚枚枚枚枚枚枚
0884 盟 맹세 맹	盟盟盟盟盟盟明明明盟盟盟盟
0885 暮 저물 모	暮暮暮暮暮暮暮莫莫莫暮暮暮
0886 模 본뜰 모/ 모호할 모	模模模模模模模模模模模模模模
0887 密 빽빽할 밀	密密密密密密密密密密密
0888 班 나눌 반	班班班班班班班班班

0889 訪 찾을 방	訪 訪 訪 訪 訪 訪 訪 訪 訪 訪 訪				
	訪				
0890 拜 절 배	拜 拜 拜 拜 拜 拜 拜 拜				
	拜				
0891 背 등 배	背 背 背 背 背 背 背 背				
	背				
0892 俳 배우 배	俳 俳 俳 俳 俳 俳 俳 俳 俳 俳				
	俳				
0893 並 나란할 병	並 並 並 並 並 並 並 並				
	並				
0894 宝 보배 보	宝 宝 宝 宝 宝 宝 宝 宝				
	宝				
0895 補 기울 보/ 도울 보	補 補 補 補 補 補 補 補 補 補 補				
	補				
0896 腹 배 복	腹 腹 腹 腹 腹 腹 腹 腹 腹 腹 腹				
	腹				

0897 棒 막대 **봉**	棒 棒 棒 棒 棒 棒 棒 棒 棒 棒 棒 棒				
	棒				

0898 否 아닐 **부**	否 否 否 否 否 否 否				
	否				

0899 奮 떨칠 **분**	奮 奮 奮 奮 奮 奮 奮 奮 奮 奮 奮 奮 奮 奮 奮 奮				
	奮				

0900 批 비평할 **비**	批 批 批 批 批 批 批				
	批				

0901 秘 숨길 **비**	秘 秘 秘 秘 秘 秘 秘 秘 秘 秘				
	秘				

0902 私 사사 **사**	私 私 私 私 私 私 私				
	私				

0903 砂 모래 **사**	砂 砂 砂 砂 砂 砂 砂 砂 砂				
	砂				

0904 射 쏠 **사**	射 射 射 射 射 射 射 射 射				
	射				

0905 捨 버릴 사	捨捨捨捨捨捨捨捨捨捨捨							
	捨							
0906 詞 말 사	詞詞詞詞詞詞詞詞詞詞詞詞							
	詞							
0907 傷 다칠 상	傷傷傷傷傷傷傷傷傷傷傷傷							
	傷							
0908 署 마을 서/	署署署署署署署署署署署署署							
	署							
0909 宣 베풀 선	宣宣宣宣宣宣宣宣宣							
	宣							
0910 善 착할 선	善善善善善善善善善善善善							
	善							
0911 舌 혀 설	舌舌舌舌舌舌							
	舌							
0912 盛 성할 성	盛盛盛盛盛盛盛盛盛盛盛							
	盛							

0913 誠 정성 성	誠誠誠誠誠誠誠誠誠誠誠誠				
	誠				

0914 聖 성인 성	聖聖聖聖聖聖聖聖聖聖聖				
	聖				

0915 洗 씻을 세	洗洗洗洗洗洗洗洗洗				
	洗				

0916 収 거둘 수	収収収収				
	収				

0917 垂 드리울 수	垂垂垂垂垂垂垂垂				
	垂				

0918 樹 나무 수	樹樹樹樹樹樹樹樹樹樹樹樹樹樹樹樹				
	樹				

0919 熟 익을 숙	熟熟熟熟熟熟熟熟熟熟熟熟熟熟				
	熟				

0920 純 순수할 순	純純純純純純純純純純				
	純				

| 0921 承 이을 승 | 承承承承承承承承 |
| 視 視 |
| 0922 視 볼 시 | 視視視視視視視視視視視 |
| 視 視 |
| 0923 我 나 아 | 我我我我我我我 |
| 我 |
| 0924 若 같을 약 | 若若若若若若若若 |
| 若 |
| 0925 嚴 엄할 엄 | 嚴嚴嚴嚴嚴嚴嚴嚴嚴嚴嚴嚴嚴嚴嚴嚴 |
| 嚴 |
| 0926 域 지경 역 | 域域域域域域域域域域域 |
| 域 |
| 0927 訳 통변할 역 | 訳訳訳訳訳訳訳訳訳訳訳 |
| 訳 |
| 0928 延 늘일 연 | 延延延延延延延延 |
| 延 |

0929 沿 물 따라갈 **연**	沿沿沿沿沿沿沿沿
	沿

0930 染 물들 **염**	染染染染染染染染染
	染

0931 映 비칠 **영**	映映映映映映映映映
	映

0932 預 맡길 **예**/ 미리 **예**	預預預預預預預預預預預預預
	預

0933 誤 그르칠 **오**	誤誤誤誤誤誤誤誤誤誤誤誤誤誤
	誤

0934 欲 하고자 할 **욕**	欲欲欲欲欲欲欲欲欲欲欲
	欲

0935 宇 집 **우**	宇宇宇宇宇宇
	宇

0936 郵 우편 **우**	郵郵郵郵郵郵郵郵郵郵郵
	郵

0937 優 뛰어날 우	優 優 優 優 優 優 優 優 優 優 優 優 優 優 優 優
	優
0938 源 근원 원	源 源 源 源 源 源 源 源 源 源 源 源
	源
0939 危 위태할 위	危 危 危 危 危 危
	危
0940 胃 밥통 위	胃 胃 胃 胃 胃 胃 胃 胃 胃
	胃
0941 幼 어릴 유	幼 幼 幼 幼 幼
	幼
0942 乳 젖 유	乳 乳 乳 乳 乳 乳 乳 乳
	乳
0943 遺 남길 유	遺 遺 遺 遺 遺 遺 遺 遺 遺 遺 遺 遺 遺 遺
	遺
0944 恩 은혜 은	恩 恩 恩 恩 恩 恩 恩 恩 恩 恩
	恩

0945 疑 의심할 의	疑 疑 疑 疑 疑 疑 疑 疑 疑 疑 疑 疑 疑
	疑

0946 異 다를 이	異 異 異 異 異 異 異 異 異 異 異
	異

0947 翌 다음날 익	翌 翌 翌 翌 翌 翌 翌 翌 翌 翌
	翌

0948 仁 어질 인	仁 仁 仁 仁
	仁

0949 認 알 인	認 認 認 認 認 認 認 認 認 認 認 認 認 認
	認

0950 賃 품삯 임	賃 賃 賃 賃 賃 賃 賃 賃 賃 賃 賃 賃
	賃

0951 姿 모양 자	姿 姿 姿 姿 姿 姿 姿 姿 姿
	姿

0952 磁 자석 자	磁 磁 磁 磁 磁 磁 磁 磁 磁 磁 磁 磁 磁
	磁

| 0953 蚕 누에 잠 | 蚕 蚕 蚕 蚕 蚕 蚕 蚕 蚕 蚕 蚕 |
| 蚕 | |

| 0954 将 장차 장/ 장수 장 | 将 将 将 将 将 将 将 将 将 将 |
| 将 | |

| 0955 裝 꾸밀 장 | 裝 裝 裝 裝 裝 裝 裝 裝 裝 裝 裝 裝 |
| 裝 | |

| 0956 腸 창자 장 | 腸 腸 腸 腸 腸 腸 腸 腸 腸 腸 腸 腸 腸 |
| 腸 | |

| 0957 障 막을 장 | 障 障 障 障 障 障 障 障 障 障 障 障 障 |
| 障 | |

| 0958 蔵 감출 장 | 蔵 蔵 蔵 蔵 蔵 蔵 蔵 蔵 蔵 蔵 蔵 蔵 蔵 蔵 蔵 |
| 蔵 | |

| 0959 臟 오장 장 | 臟 臟 臟 臟 臟 臟 臟 臟 臟 臟 臟 臟 臟 臟 臟 臟 臟 |
| 臟 | |

| 0960 裁 옷 마를 재 | 裁 裁 裁 裁 裁 裁 裁 裁 裁 裁 裁 |
| 裁 | |

| 0961 著
나타날 저 | 著 著 著 著 著 著 著 著 著 著 |
| 著 | |

| 0962 敵
대적할 적 | 敵 敵 敵 敵 敵 敵 敵 敵 敵 敵 敵 敵 敵 敵 |
| 敵 | |

| 0963 專
오로지 전 | 專 專 專 專 專 專 專 專 專 |
| 專 | |

| 0964 展
펼 전 | 展 展 展 展 展 展 展 展 展 展 |
| 展 | |

| 0965 錢
돈 전 | 錢 錢 錢 錢 錢 錢 錢 錢 錢 錢 錢 錢 錢 |
| 錢 | |

| 0966 頂
정수리 정 | 頂 頂 頂 頂 頂 頂 頂 頂 頂 頂 頂 |
| 頂 | |

| 0967 諸
모두 제 | 諸 諸 諸 諸 諸 諸 諸 諸 諸 諸 諸 諸 諸 諸 諸 |
| 諸 | |

| 0968 除
덜 제 | 除 除 除 除 除 除 除 除 除 除 |
| 除 | |

0969 济 건널 제	济济济济济济济济济济					
潮						
0970 潮 밀물 조/ 조수 조	潮潮潮潮潮潮潮潮潮潮潮潮潮潮潮					
潮						
0971 操 잡을 조	操操操操操操操操操操操操操操操操					
操						
0972 存 있을 존	存存存存存存					
存						
0973 尊 높을 존	尊尊尊尊尊尊尊尊尊尊尊尊					
尊						
0974 宗 마루 종	宗宗宗宗宗宁宗宗					
宗						
0975 從 좇을 종	從從從從從從從從從從					
從						
0976 縱 세로 종	縱縱縱縱縱縱縱縱縱縱縱縱縱縱縱					
縱						

0977 座 자리 좌	座座座座座座座座座座 座
0978 宙 집 주	宙宙宙宙宙宙宙 宙
0979 奏 아뢸 주	奏奏奏奏奏奏奏奏奏 奏
0980 株 그루 주	株株株株株株株株株株 株
0981 衆 무리 중	衆衆衆衆衆衆衆衆衆衆衆衆 衆
0982 蒸 찔 증	蒸蒸蒸蒸蒸蒸蒸蒸蒸蒸蒸蒸蒸 蒸
0983 至 이를 지	至至至至至至 至
0984 誌 기록할 지	誌誌誌誌誌誌誌誌誌誌誌誌誌 誌

0985 窓 창 창	窓窓窓窓窓窓窓窓窓窓窓				
	窓				
0986 創 비롯할 창	創創創創創創創創創創創創				
	創				
0987 冊 책 책	冊冊冊冊冊				
	冊				
0988 策 꾀 책	策策策策策策策策策策策策				
	策				
0989 処 곳 처	処処処処処				
	処				
0990 尺 자 척	尺尺尺尺				
	尺				
0991 泉 샘 천	泉泉泉泉泉泉泉泉泉				
	泉				
0992 庁 관청 청	庁庁庁庁庁				
	庁				

0993 寸 마디 촌	寸 寸 寸
	寸

0994 推 밀 추	推 推 推 推 推 推 推 推 推 推 推
	推

0995 縮 줄일 축	縮 縮 縮 縮 縮 縮 縮 縮 縮 縮 縮 縮 縮 縮 縮 縮
	縮

0996 忠 충성 충	忠 忠 忠 忠 忠 忠 忠 忠
	忠

0997 就 나아갈 취	就 就 就 就 就 就 就 就 就 就 就
	就

0998 層 층 층	層 層 層 層 層 層 層 層 層 層 層 層 層
	層

0999 値 값 치	値 値 値 値 値 値 値 値 値
	値

1000 針 바늘 침	針 針 針 針 針 針 針 針 針
	針

| 1001 誕 낳을 탄 | 誕 誕 誕 誕 誕 誕 誕 誕 誕 誕 誕 誕 誕 誕 |
| 誕 | |

| 1002 探 찾을 탐 | 探 探 探 探 探 探 探 探 探 探 探 |
| 探 | |

| 1003 討 칠 토 | 討 討 討 討 討 討 討 討 討 討 |
| 討 | |

| 1004 痛 아플 통 | 痛 痛 痛 痛 痛 痛 痛 痛 痛 痛 痛 |
| 痛 | |

| 1005 退 물러날 퇴 | 退 退 退 退 退 退 退 退 退 |
| 退 | |

| 1006 派 갈래 파 | 派 派 派 派 派 派 派 派 派 |
| 派 | |

| 1007 片 조각 편 | 片 片 片 片 |
| 片 | |

| 1008 肺 허파 폐 | 肺 肺 肺 肺 肺 肺 肺 肺 肺 |
| 肺 | |

1009 閉 닫을 폐	閉 閉 閉 閉 閉 閉 閉 閉 閉 閉 閉							
	閉							

1010 陛 대궐 섬돌 폐	陛 陛 陛 陛 陛 陛 陛 陛 陛 陛							
	陛							

1011 俵 나누어줄 표	俵 俵 俵 俵 俵 俵 俵 俵 俵 俵							
	俵							

1012 割 벨 할	割 割 割 割 割 割 割 割 割 割 割 割							
	割							

1013 鄕 시골 향	鄕 鄕 鄕 鄕 鄕 鄕 鄕 鄕 鄕 鄕							
	鄕							

1014 憲 법 헌	憲 憲 憲 憲 憲 憲 憲 憲 憲 憲 憲 憲 憲 憲 憲 憲							
	憲							

1015 革 가죽 혁	革 革 革 革 革 革 革 革 革							
	革							

1016 穴 굴 혈	穴 穴 穴 穴 穴							
	穴							

| 1017 呼 부를 호 | 呼呼呼呼呼呼呼呼 |
| | 呼 |

| 1018 紅 붉을 홍 | 紅紅紅紅紅紅紅紅紅 |
| | 紅 |

| 1019 拡 넓힐 확 | 拡拡拡拡拡拡拡拡 |
| | 拡 |

| 1020 皇 임금 황 | 皇皇皇皇皇皇皇皇皇 |
| | 皇 |

| 1021 灰 재 회 | 灰灰灰灰灰灰 |
| | 灰 |

| 1022 孝 효도 효 | 孝孝孝孝孝孝孝 |
| | 孝 |

| 1023 后 임금 후 | 后后后后后后 |
| | 后 |

| 1024 揮 휘두를 휘 | 揮揮揮揮揮揮揮揮揮揮 |
| | 揮 |

1025	胸 胸 胸 胸 胸 胸 胸 胸 胸 胸				
胸 가슴 흉	胸				

1026	吸 吸 吸 吸 吸 吸				
吸 마실 흡	吸				